生生不息
甘肃文化的传承（全四卷）
把多勋 主编　梁旺兵 副主编

甘肃黄河文化
（第二卷）

Gansu Yellow River Culture

Gansu Culture

梁旺兵　甘伟
席武辉　魏欣
编著

中国社会科学出版社

图书在版编目（CIP）数据

生生不息：甘肃文化的传承．甘肃黄河文化／梁旺兵等编著．—北京：中国社会科学出版社，2023.9

ISBN 978-7-5227-2620-5

Ⅰ.①生… Ⅱ.①梁… Ⅲ.①黄河—文化史—甘肃 Ⅳ.①K294.2②K928.42

中国国家版本馆 CIP 数据核字（2023）第 176742 号

出 版 人	赵剑英
责任编辑	马 明 郭 鹏
责任校对	刘文奇
责任印制	王 超

出　　版	中国社会科学出版社
社　　址	北京鼓楼西大街甲 158 号
邮　　编	100720
网　　址	http://www.csspw.cn
发 行 部	010-84083685
门 市 部	010-84029450
经　　销	新华书店及其他书店
印　　刷	北京明恒达印务有限公司
装　　订	廊坊市广阳区广增装订厂
版　　次	2023 年 9 月第 1 版
印　　次	2023 年 9 月第 1 次印刷
开　　本	710×1000　1/16
印　　张	16.5
插　　页	2
字　　数	230 千字
定　　价	369.00 元（全四卷）

凡购买中国社会科学出版社图书，如有质量问题请与本社营销中心联系调换
电话：010-84083683
版权所有　侵权必究

前　言

习近平总书记在黄河流域生态保护和高质量发展座谈会上指出，要保护、传承、弘扬黄河文化。[①] 黄河文化是中华民族传统文化的重要组成部分，黄河在甘肃流经甘南、临夏、兰州、白银四市（州），也在甘肃创造了绚丽多姿的甘肃黄河特色文化。长期以来，社会对黄河文化的关注，更多地集中在河南、山东地区，对作为黄河中上游重要地区的甘肃黄河文化则鲜有关注。

黄河文化蕴含的内容相当丰富，政治、经济、文化、饮食、建筑、艺术等各个方面均有所涉及。黄河文化发展的时间相当的早，在新石器时代初期，黄河流域便出现了简单的农业生产，典型的代表如南庄头文化遗址中出土的一些家畜遗骸、可种植的草本植物、简单的农业工具等。在黄河的影响下，甘肃地区也早早地出现了人类文明，大约在5300年前，甘肃中部的马家窑地区的先民不仅铸造了我国年代最早的青铜刀，而且制作了大量具有精湛工艺的彩陶艺术珍品。4000多年前，以山丹四坝和玉门火烧沟为代表的河西先民，开始使用大量的铜器，并从事畜牧业和农牧业，将河西地区带进了历史上的第一个繁荣期。在甘肃广河县齐家坪发现的齐家文化遗址，已有4000多年的历史，是继仰韶文化之后重要的文化遗存，标志着广河一带先民已进入铜石并用阶段。

近现代以来，特别是在改革开放之后，黄河文化逐渐地跟不上

[①]《习近平著作选读》第2卷，人民出版社2023年版，第261页。

国家的大发展。尤其是甘肃地区，由于地处西北内陆，经济发展落后于东南沿海，重重因素也使得甘肃黄河文化面临衰落。到今天，江南文化、岭南文化、川渝文化等南方文化广受社会追捧，而大众对黄河文化尤其是甘肃黄河文化的认知仅仅停留在感知层面。在国家新一轮西部大开发的机遇下，将甘肃黄河文化再度记录、传承、开发起来，是作为新一代甘肃黄河人的使命和责任。

本书主要分为四个部分：第一部分将对黄河文化和华夏文化做一个整体的介绍，分析了黄河文化从古至今的发展历程；第二部分对甘肃黄河文化做了一个概述，包括甘肃黄河文化的地脉、文脉特征和发展脉络；第三部分则具体介绍了甘肃黄河流域内具体的文化表现，包括农耕文化、宗教文化、建筑文化、民间文化、文学、饮食文化、艺术等等各方面；第四部分对甘肃黄河文化的品牌构建和传承保护提出了一些建议措施，以及能够在新时代实现甘肃黄河文化的弘扬和发展的方法。

本书是在国家大力弘扬、保护黄河文化的背景下，将甘肃黄河流域流传的一些文化加以系统的整理，希望为研究甘肃黄河文化提供一份翔实的基础资料，也可以成为一本通俗读本，帮助甘肃黄河文化的传播发展。本书在编写时尽量使用通俗的语言，希望激起更多普通民众的兴趣，将原先束之高阁的学术内容转化为便于传播的通俗文字，让甘肃黄河文化真正的走向大众。

目　　录

第一篇　源远流长

第一章　黄河文化的内涵 …………………………………………（3）
　第一节　黄河与黄河文化 ……………………………………（3）
　第二节　概念内涵和特点 ……………………………………（13）
　第三节　黄河文化区的划分 …………………………………（17）
　第四节　黄河文化在中华文化中的地位 ……………………（22）

第二章　黄河文化的萌芽 …………………………………………（24）
　第一节　文明的三大要素 ……………………………………（24）
　第二节　新石器时代：农业与文明的初始 …………………（26）
　第三节　仰韶文化至龙山文化时期 …………………………（29）
　第四节　夏商周统治下的奴隶王朝 …………………………（33）
　第五节　诸侯争霸与秦的统一 ………………………………（34）

第三章　黄河文化的发展 …………………………………………（37）
　第一节　中央政权与少数民族的权力争夺 …………………（37）
　第二节　黄河文化与其他文化的交流 ………………………（43）
　第三节　黄河文化的衰落 ……………………………………（51）

第四章　黄河文化的融合 …………………………………（54）
第一节　明清时期黄河文化的发展 ……………………（54）
第二节　黄河文化与西方文化的融合 ……………………（60）

第二篇　时空交织

第五章　甘肃黄河文化的地脉特征 …………………………（71）
第一节　甘肃省黄河流域概况 ……………………………（71）
第二节　甘肃省黄河流域水系 ……………………………（71）
第三节　甘肃境内黄河流域的地理环境 …………………（78）
第四节　甘肃黄河流域的生态保护与建设 ………………（89）

第六章　甘肃黄河文化的形象特征 …………………………（91）
第一节　甘肃黄河文化 ……………………………………（91）
第二节　黄河文化的特征内涵及其存在空间 ……………（93）
第三节　甘肃黄河文化的特点 ……………………………（97）
第四节　甘肃黄河文化滋养和影响下的城市文化特质 ……（99）
第五节　甘肃节事活动与旅游演艺 ………………………（104）
第六节　甘肃黄河文化的形象 ……………………………（109）

第七章　甘肃黄河文化的发展脉络 …………………………（112）
第一节　黄河文化的生成历程 ……………………………（112）
第二节　甘肃黄河的文化脉络 ……………………………（114）
第三节　黄河文化的作用与地位 …………………………（122）

第三篇　碰撞交融

第八章　甘肃黄河文化与农耕文化 …………………………（127）
第一节　四季有别的农事活动 ……………………………（127）

第二节　历史悠久的水利开发 …………………………………（134）

第九章　甘肃黄河文化与民间文化、民族宗教文化 …………（137）
　　第一节　甘肃民俗文化 …………………………………………（138）
　　第二节　民间口头文化 …………………………………………（168）
　　第三节　甘肃民间艺术 …………………………………………（175）
　　第四节　甘肃民族节日 …………………………………………（184）

第十章　甘肃黄河文化与建筑文化 ……………………………（200）
　　第一节　各具特色的居住特征 …………………………………（200）
　　第二节　美观合理的住宅布局 …………………………………（203）
　　第三节　等级分明的房屋分置 …………………………………（206）
　　第四节　古风犹存的屋内陈设 …………………………………（208）
　　第五节　功能多样的防护设施 …………………………………（211）
　　第六节　世代传承的建筑惯制 …………………………………（214）

第十一章　甘肃文化与彩陶文化 ………………………………（218）
　　第一节　甘肃彩陶的起源 ………………………………………（218）
　　第二节　甘肃的彩陶文化 ………………………………………（220）
　　第三节　制陶工艺与制陶技术 …………………………………（222）

第十二章　甘肃文化与饮食文化 ………………………………（226）
　　第一节　甘肃饮食文化起源 ……………………………………（226）
　　第二节　古代甘肃先民的饮食种类 ……………………………（227）
　　第三节　甘肃古代农民小麦种植技术的发展 …………………（228）
　　第四节　甘肃特色美食 …………………………………………（230）

第四篇　传承与展望

第十三章　甘肃黄河流域生态保护与高质量发展 ……………（237）

  第一节 战略定位 …………………………………………（238）
  第二节 现实问题 …………………………………………（240）
  第三节 发展建议 …………………………………………（241）

第十四章 甘肃黄河文化遗产系统保护 ……………………（244）
  第一节 开展黄河文化资源普查整理 ……………………（244）
  第二节 加大黄河文物保护力度 …………………………（245）
  第三节 加强黄河非物质文化遗产保护传承 ……………（246）

第十五章 甘肃黄河文化旅游新格局的构建 ………………（247）
  第一节 建设黄河国家文化公园 …………………………（247）
  第二节 放大黄河文化旅游综合效应 ……………………（248）
  第三节 创新培育黄河文化旅游品牌 ……………………（249）
  第四节 优化黄河文化旅游服务功能 ……………………（251）

参考文献 ………………………………………………………（252）

后 记 …………………………………………………（256）

第一篇
源远流长

第一章

黄河文化的内涵

第一节 黄河与黄河文化

一 黄河

(一) 黄河及其发源

黄河历史悠久、流域绵长，被称为中华民族的"母亲河"，是华夏文明最重要的发祥地。她是中国第二长河，世界第五长河，发源于青海省青藏高原巴颜喀拉山脉北麓，全长约5464公里，流域面积约752443平方公里。黄河自西向东分别流经青海省、四川省、甘肃省、宁夏回族自治区、内蒙古自治区、陕西省、山西省、河南省以及山东省9个省份，入海口位于渤海海域，呈"几"字形。黄河中上游地貌以山地为主，中下游地貌以平原、丘陵为主。由于黄河中段流经我国黄土高原地区，从而挟带了大量的泥沙，被称为世界上含沙量最多的河流。

黄河的河源区为青海省玛多县多石峡以上地区，面积为2.28万平方公里，是青海高原的一部分，属湖盆宽谷带，海拔在4200米以上。盆地四周，山势雄浑，西有雅拉达泽山，东有阿尼玛卿山（又称积石山），北有布尔汗布达山脉，南以巴颜喀拉山与长江流域为界。湖盆西端的约古宗列，是黄河发源地。

最早有关黄河源的记载是战国时代的《尚书·禹贡》，有"导河积石，至于龙门"之说。所指"积石"，在今青海省循化撒拉族自治县附近，距河源尚有相当的距离。唐太宗贞观九年（公元635年），侯君集与李道宗奉命征击吐谷浑，兵次星宿川（即星宿海）达柏海（即扎陵湖）望积石山，观览河源。唐穆宗长庆元年（公元821年）刘元鼎奉使入蕃，途经河源区，得知河源出紫山（即今巴颜喀拉山）。

正式派员勘察河源，是在元代至元十七年（1280年），世祖命荣禄公都实为招讨使，佩金虎符，往求河源，历时4个月，查明两大湖的位置（元史称"二巨泽"，合称"阿剌脑儿"），并上溯到星宿海，之后绘出黄河源地区最早的地图。

清康熙四十三年（1704年），命拉锡、舒兰探河源。探源后他们绘有《星宿河源图》，并撰有《河源记》，指出"源出三支河"东流入扎陵湖，均可当作黄河源。康熙五十六年（1717年），遣喇嘛楚尔沁藏布、兰木占巴等前往河源测图。乾隆年间齐召南撰写的《水道提纲》中指出：黄河上源三条河，中间一条叫阿尔坦河（即玛曲）是黄河的"本源"。

1952年黄河水利委员会组织黄河河源查勘队，进行黄河河源及从通天河调水入黄可能性的查勘测量，历时4个月，确认历史上所指的玛曲是黄河正源。1978年青海省人民政府和青海省军区邀请有关单位组成考察组，进行实地考察，提出卡日曲作为河源的建议。1985年黄委会根据历史传统和各家意见确认玛曲为黄河正源，并在约古宗列盆地西南隅的玛曲曲果，东经95°59′24″、北纬35°01′18″处，树立了河源标志。

（二）黄河的地质年代

黄河是一条相对年轻的河流。在距今115万年前的晚早更新世，流域内还只有一些互不连通的湖盆，各自形成独立的内陆水系。此后，随着西部高原的抬升，河流侵蚀、夺袭，历经105万年的中更新世，各湖盆间逐渐连通，构成黄河水系的雏形。到距今10万至1万年间的晚更新世，黄河才逐步演变成为从河源到入海口上下贯通的大河。

已有的地学资料表明，中生代燕山运动奠定了中国大陆的轮廓，新生代喜马拉雅运动塑造出中国自西向东三大阶梯的地貌格局。黄河的形成与发展即受制于这一地质、地貌条件。据地学家的研究，黄河约有150万年孕育发展的历史，先后经历过若干独立的内陆湖盆水系的孕育期和各湖盆水系逐渐贯通的成长期，最后形成一统的海洋水系。

1. 古黄河胚胎孕育期

在第三纪和第四纪的早更新世（距今150万—115万年），华北—塔里木古陆块上有着许多古湖盆，在现在黄河所在的区域内，自西而东有：共和、西宁、陇西、宁南、银川、河套、陕北、晋西、陇东、汾渭、洛阳、沁阳及华北等古湖盆。直到晚早更新世西部又增添了古扎陵湖、鄂陵湖和古若尔盖湖。由于西高东低梯形台地的形成，每个湖盆都是当地河流的归宿，今天的渤海，当时也是湖。这些湖盆水系互不联通，各自成为独立的内陆水系，拉加寺以下共和湖盆水系，刘家峡以下银川湖盆水系，由河曲以下一系列小型湖泊汇入的汾渭湖盆水系，以及华北湖盆水系。这些湖盆水系的形成与发展，孕育着黄河的诞生。

2. 古黄河诞生成长期

中更新世（距今115万—10万年），本区地壳产生明显的差异性构造运动，湖盆之间的隆起带上升强烈，引起河流急剧下切，不仅使早期已具雏形的古河道继续加深增宽，而且区域性水文网络开始出现，某些地段由于水流强烈的溯源侵蚀逐步连通形成大河，有的湖盆萎缩，甚至被疏干涸。大体上在早中更新世（距今115万—50万年）阿尼玛卿山以东地区地壳出现大面积抬升，隆起段的河流负向侵蚀强烈，首先是共和湖和汾渭湖被拉开，湖泊渐次消亡，从龙羊峡至小浪底，所有的河谷地段普遍发育着最高一级阶地——第四级基座阶地，记下了古黄河的发育里程。

从晋陕、三门峡、孟津峡谷和兰州等宽谷地段古黄河及其支流发育的第三级基座阶地，共和盆地、汾渭盆地发育良好的三级阶地，以及陕北、陇东、宁南、陇西地区的墕地和圪地，都是发育在晚中更新世（距今50万—10万年），它的割切深度一般为30—50米，最深达70米，说明这是古水文网的大发展时期。至此，除共和盆地以西和沁阳盆地以东仍为独立湖盆水系外，其余地段古黄河已相互沟通，古黄河流域中都已出现统一的古水文网系统，河道也基本定型。

综上所述，在长达105万年的中更新世，是黄河发育史上一个极为重要的历史阶段，即由多元的独立湖盆水系，逐步发展成为一条统一的古黄河的过渡时期。

3. 海洋水系的形成

距今10万—1万年间的晚更新世，系流域内古水文网发育的历史性转折期。在此期间古水文网系统发育的特点是：大部分古湖盆已淤积消亡，少数存留的水域面积也大为缩小，如扎陵、鄂陵、若尔盖、临河、冀中及天津等古湖泊。此外，古冀中湖因泥沙淤积使湖区面积大为缩小，其东侧断隆上升，将古湖一分为二，位于北部者仍称冀中湖，展布于南部者称古长垣湖。今天津以东水域为海水所侵占，称为古渤海，古黄河经天津湖入海。古黄河中、上游段，不论干流或支流，普遍发育有第二级阶地，峡谷与宽谷段为基座型，只有东部裂谷盆地段为堆积型，且以上叠式为主。阶地的成因，除银川、临河两处为湖成外，其他均为河流阶地，说明当时河流的侵蚀比较强烈。各河段的沉积厚度很不一致，隆起段比较薄，一般不超过30米；盆地段较厚，自15—400米不等。由此可知，晚更新世时裂谷盆地下降幅度大，隆起上升幅度也很大。所以，高原古黄土沟谷切割非常厉害，并且形成完整的古沟道系统。

当古黄河贯通古湖盆入海后形成海洋水系，海平面就成为全河统一的侵蚀基准面，河床纵剖面在海平面升降控制下进行调整，并向统一的均衡曲线方向发展。从此黄河河床进入统一的调整阶段。上升段的河流作用以负向侵蚀为主，而急剧下沉的裂谷段则大量淤积，产生削高填低的夷平过程。

在距今 10000 年至 3000 年的早、中全新世时期，河水上下贯通，古湖盆大都干涸、消亡，沟系发育迅猛，尤其是黄土高原，出现"千沟万壑"，是古黄河水系的大发展时期。随之土壤侵蚀严重，河水泥沙剧增。在此期间，古渤海两次西侵，而以中全新世入侵的范围为最大，西部边界大体达今运河附近，并在此地带留下古贝壳堤的遗迹。由于洪水泥沙增加和海平面升高，河水排泄受阻，因而造成远古洪荒时代，留下大禹治水的传说。①

（三）黄河流域

黄河上游是指从黄河起源的巴颜喀拉山北麓到内蒙古自治区托克托县河口镇的这一段河流。上游河段全长 3472 公里，水面落差 3.496 公里，流域面积约 38.6 万平方公里，在黄河流域总面积中占 51.3%。约有 43 条较大的支流汇入黄河上游，这些支流的总流量占到整个黄河流量的 54%；黄河上游河段每年向下游排放的泥沙量仅占黄河每年携带泥沙总量的 8%。这一段河道的主要特征是水量多，含沙少，因此，黄河上游也被看作黄河水主要的清水河段。上游河段受山脉走向影响，呈 S 形曲线。根据上游河段的特性区分，黄河上游河段又可划分为河源段、峡谷段和冲积平原段三个区段。

河源段，是指青海省卡日曲至青海省贵德县龙羊峡的部分。河源段从卡日曲起始，流经星宿海、扎陵湖、鄂陵湖到达青海玛多县，绕过阿尼玛卿山和西倾山，穿过龙羊峡到达青海贵德。② 这一河段的河流多是位于海拔 3000—4000 米的高原上，河岸两侧分布着许多大小不一的湖泊、沼泽、草滩等，河源段河道蜿蜒曲折，两岸多湖泊，湖区水流平稳，水质清澈，产水量丰富，这些环境特点使得流经这一区域的河源段黄河水清浅稳定、水流量丰富。

峡谷段，是指青海省贵德县龙羊峡和宁夏回族自治区青铜峡这

---

① 《黄河概况》，2011 年 8 月 14 日，黄河网，http://www.yrcc.gov.cn/hhyl/hhgk/hd/ls/201108/t20110814_103445.html，2021 年 3 月 11 日。

② 《中华文明史话》编委会：《黄河史话》，中国大百科全书出版社 2007 年版，第 4—17 页。

两个黄河河道上享有盛名的峡谷之间的部分。从西向东，河段包含20余个峡谷，例如龙羊峡、刘家峡、八盘峡和青铜峡等，河床开始慢慢变窄，峡谷绵延，河水岸边山势陡峭，黄河在这一河段的总落差超过1300米。青海省贵德县与甘肃省兰州市之间的黄河河段，是黄河流域支流最集中的三个区段之一，其中这一河段重要的支流有湟水、洮河，黄河水量自此变得更为丰沛。贵德龙羊峡到宁夏下河沿的黄河河段水量充沛，是整个黄河流域水力资源最为丰富的区段，所以我国在这一区域着重开发建设了大量的水电站基地。

冲积平原段，是指宁夏青铜峡至内蒙古托克托县河口镇的部分。黄河流出宁夏青铜峡后，沿鄂尔多斯高原的边界位置向东北流动，直至流入内蒙古托克托县河口镇。这一段黄河沿河所经区域大部分为荒漠和荒漠草原，基本无支流注入。因此，水流速度较缓，河床宽阔平缓，黄河水中携带着泥沙，一部分在岸边慢慢沉积下来。随着时间的推移，河流两岸形成了大规模的冲积平原，其中包括较为知名的银川平原与河套平原。沿河平原在接受河水滋润的同时，也要承受黄河所引发的各种无法避免的灾害。

其次，人们认定的黄河中游河段是指从内蒙古自治区河口镇到河南省郑州市桃花峪之间的河段。这一河段全长1206公里，流域面积34.4万平方公里，在整个黄河流域中占总流域面积的45.7%。黄河中游大部分位于华北平原，其中有30余条较大的河流汇入河道形成支流，大量水流涌入黄河，约占黄河总水量的42.5%。黄河在这一河段流经黄土高原。黄土高原是世界上最大的黄土堆积区，水土流失严重，使得大量的泥沙流入黄河，黄河在这一河段含泥沙量骤增，黄河中挟带的泥沙多数来自这一区域。中游流域的支流大部分流经黄土高原，并挟带了大量的泥沙汇入黄河，形成了世界上含沙量最多的河流，原本清澈的河水变得浑浊不堪。在黄河中游，有一个叫作晋陕峡谷，是黄河干流上最长的连续峡谷。这一河段的水流落差特别大，储藏着丰沛的水力资源，是黄河流域重要的水电站建设区域之一。著名的壶口瀑布就位于晋陕大峡谷下段，处于丰水期时，瀑布水流从高处奔流而下，形如万马奔腾之势，气势磅礴，壶口瀑布也因此盛名远扬。

汾渭平原这一河段，河道宽阔，河水流动平缓。汾渭平原河段的黄河接纳了汾河、渭河、洛河、泾河、沁河、伊洛河等大量河流汇入，这些河流都挟带泥沙量巨大，黄河流经这一河道后含沙量骤然增加，多年来，这一河段每年挟带的泥沙总量有5.5亿多吨。河流在黄河小北干流（即禹门口至潼关之间）河道范围内，冲淤现象变得特别显著，河流流向变换不定，在潼关附近，河道被河流两岸山脉阻挡，河水在狭窄的峡谷中间穿行，宽度只有百余米。

三门峡至桃花峪之间的河段以小浪底为界限分为上下两部分：黄河干流上最后一段峡谷区段位于小浪底以上，在中条山和崤山之间河流蜿蜒而过；山区与平原地区之间的过渡地带位于小浪底以下，河道逐渐宽阔。

黄河下游河段为河南省桃花峪开始到入海口的这一范围，下游河道全长为786公里，水流落差93.6米，流域面积非常小，只有2.3万平方公里，仅占黄河总流域面积的3%。黄河在下游段所增多的水流量较少，没有太多大的河流汇入河道，只有大汶河这一支流由东平湖流入黄河。到了平原地区之后，随着河水流动速度减缓，从中上游流域挟带的大量泥沙逐渐沉淀下来，时间越长，沉积物积累越多，河床变得越来越高，黄河水位也越来越高，为了对河水决堤有所预防，人们只能在黄河两岸修筑更高的水坝，以防水患。于是，黄河下游的河段成为举世闻名的"地上悬河"，虽然恢宏壮丽，但又蕴含着很大的隐患。

黄河下游河段大部分是靠人工修筑的堤防挡水，只有河流南岸东平湖至山东省济南市之间有少数的低山丘陵作为天然的保护屏障，黄河堤防总长度超过1400公里。河流悠长，水位高悬，水流湍急，一直是居住在黄河两岸的居民们的忧心之事。事实证明，人们对黄河泛滥的担忧是非常有必要的。从历史上来看，黄河下游曾出现多次决堤，一时间，黄河水失去束缚涌向四面八方，释放出长期被压抑着的能量,导致人们流离失所、家破人亡,无数的人在洪水泛滥的灾难中丧生。这些充满苦难的回忆,都是中国人民心中最深刻的记忆。

凌汛,是除了洪灾之外黄河下游的另一个影响较大的自然灾害。由于黄河下游河水的流动方向是自西南朝向东北方向,冬季温度降低,北方比较寒冷,河流北部首先覆盖着厚厚的冰块,阻挡了河水向前流动,此时南方气候比较温暖,水流依然由西南方向不竭地流向东北方向,导致已经结冰河段的存水量越来越多,当防水大坝无法承担这一水量时,只能崩坏坍塌,河水混合着冰块蔓延到四面八方,凌汛就此形成。因此,黄河两岸居民的生命、财产因为黄河引发的自然灾害而承担巨大的风险。

习惯上,人们称利津之后的黄河为黄河河口段。黄河所挟带的沉积物不断的在黄河入海口范围内沉淀,随着时间的推移,黄河河口淤积区域的面积逐渐扩大,淤积高度逐年增高。目前,黄河入海口位于渤海湾和莱州湾的交界处,是中国政府于1976年组织人工清水沟淤积,人工改道后建造的新河道。过去的40年里,从黄河到河口区域的沉积物平均每年约10亿吨,由于这些沉积物的不断淤积,黄河河口区域的范围逐年增大,不断扩展,平均年增新建土地面积25—30平方公里。

黄河中下游地区是最适合人类生存和生活的区域,季节分明,水土肥沃。六七万年以前就有人类在此地生活、繁衍,华夏民族的祖先在这里开创了灿烂的文明和文化。传说中的"三皇五帝"以及历史上的诸多王朝都建都于黄河流域,这里人文荟萃、历史深厚,又被称为"中州"或"中原"。从考古发现来看,古代文明很多,但在历史进程中有的中断了,有的消失了,有的则与黄河文化融为一体,依存黄河而出现的黄河文化在中华文化发展史上极具重要性,黄河文化是作为华夏文明的支柱内容而流传的。这主要得益于黄河的各个支流的台地和黄河中下游的冲积平原。黄河形成了温润的气候环境,四季分明,水资源丰富,为华夏民族的农牧业发展提供了良好的环境条件,形成了最发达的文化。黄河在华夏文明的形成和发展中具有重要的作用。

二 "择水而居"与华夏文明的摇篮

人类文明的出现和人类文化的产生,总是与水有着密不可分的关联。两河文明是世界上历史悠久的古文明之一,也是公认的古文明发源地,位于亚洲西南部的幼发拉底河和底格里斯河流域,目前两河文明已经消失,两河流域变成了沙漠。长江和黄河是现代真正意义上的两河文明。在中国,文明的起源、文化的发生与江河的存在不可分割,在江河的哺育中得以发源和延伸并走向繁荣。追其根本,人们的生存繁衍是离不开水的。"择水而居"是中国人喜欢称江河为母亲河的原因,也是黄河成为华夏文明衍生地的根源。

距今150万年前,西侯度猿人在今天中国山西省黄河边的芮城县境内出现,其后,距今100万年前的蓝田猿人和距今30万年前的大荔猿人在黄河岸边捕鱼狩猎,生活繁衍。20多万年前山西襄汾丁村早期智人、5万至3.7万年前内蒙古乌审旗大沟湾晚期智人也在黄河岸边繁衍生息,开始了古老黄河文明的发展。近年来,中国的考古界发现的距今10000—7000年的细石器文化遗址、距今7000—3700年的新石器文化遗址、距今3700—2700年的青铜器文化遗址和公元前770年的铁器文化遗址等古人类生产生活遗址,几乎分布在整个黄河流域。[①] 从新石器时代起,黄河流域文明就逐渐壮大发展成为中国古文明发展的中心区域。

在新石器时代中期,黄帝族、蚩尤族和炎帝族是中国远古时期的三个重要部落,其中黄帝部落分散地居住在黄河中游的黄土高原上。之后,黄帝部落和炎帝部落联结起来对抗蚩尤部落,蚩尤战败,就此覆灭。此后,黄帝部落和炎帝部落的子民们团结在了一

---

① 《中华文明史话》编委会:《黄河史话》,中国大百科全书出版社2007年版,第4—17页。

起，两个部落渐渐融合成华夏民族，在当今的河南陕西、山西、甘肃省周围地区聚居，在此繁衍生息3500余年直至进入了奴隶制社会。当时华夏民族主要的聚居地在中原地区，限于当时对世界认识的匮乏，华夏族人民认为中原地区位于世界的中间位置，是世界的中心，人们就称自己所在的地区为"中华"。随着历史时间的推移，中华民族不断发展壮大，形成旗帜鲜明、多元一体的中华文化，并在世界文化的历史舞台上占据重要地位，对世界各地文化的发展都具有很强的影响力，尤其是周边各国深受其影响。此后，"中华"成为整个中国在世界上的代名词。

华夏民族凭借着先进的农耕技术在黄河中下游地区广为发展，繁衍生息，成为在世界早期形成的高度发达的古代文明。商代的影响区域更为广泛，包括太行山与泰山之间的整个华北平原地区。当时世界上的三大文明古国正是古埃及、古巴比伦和古代中国，这一时期的古代中国正是商王朝发展繁荣的时期。如今，在中国安阳的殷墟博物馆，人们还可以看到神秘而严谨的甲骨文和精美的青铜器皿，造型之独特，刻画之精美，为人赞叹。当时世界文明发展处于初期，世界上的大多数人类还处于启蒙阶段。商代到北宋时期，黄河流域的大都市蓬勃发展，在长达2500年的时间里都是中国的政治、经济、文化中心。长安也就是现在的西安，在历史上曾多次作为王朝的都城存在。从西汉到隋唐时期，先后有11个朝代在此建都。同样位于黄河流域的大都市洛阳，先后有9个朝代在此设立都城。这些黄河流域的大都市在当时是海内外知名的政治、经济、文化中心，名扬中外。它们是我国的政治、经济、文化发展进步历史上浓墨重彩的一笔，在国际经济文化的交流中也起到了重大作用。这些文明都市为中国和世界文化的发展提供了样式繁多、真实珍贵的历史价值。

秦皇汉武，唐宗宋祖，一代天骄成吉思汗，这些帝王都曾率领着中华民族一次次把古代黄河文明推上世界瞩目的辉煌顶峰。火药、指南针、造纸、印刷术，唐诗、宋词、元曲等都是黄河文明中闪烁着智慧光芒的瑰宝。① 这些应运而生的文化，以及不断发展创新的科技，不仅为中国古文明的发展起到推动作用，而且在世界各地辐射深远，促进了全人类文明的发展。

第二节　概念内涵和特点

一　黄河文化的概念、概念和特点

格尔茨提出"文化是一些由人自己编织的意义之网"（《文化的解释》）。这个意义之网具有凝聚共同体整体成员的特殊社会力量，并通过符号化的象征方式构建成员的自身认同的价值。黄河文化概指在黄河流域产生并不断发展成长的一种地域性文化。黄河文化在漫长绵延的历史文化发展中，不断融合多民族的地方文化，形成了以它为主体独具特色的中华民族文化。

李民等认为黄河文化的内涵分为广义、狭义两个理解层面。广义上的黄河文化，应是一种以黄河流域特殊的自然地理和人文地理占优势及以生产力发展水平为基础的具有认同性、归趋性的文化体系，是黄河流域文化特性和文化集合的总和或集聚。通俗地讲，黄河文化就是黄河流域人民在长期的社会实践中所创造的物质财富和精神财富的总和，它包括一定的社会规范、生活方式、风俗习惯、精神面貌和价值取向，以及由此所达到的社会生产力水平等等。而狭义上的黄河文化，则是历史学意义上的文化。②

黄河文化凝聚了黄河流域独特的地理空间与包含生活方式、社会制度、风俗习惯、宗教信仰以及审美情怀所形成的人文空间，为了清楚地理解黄河文化的内涵，必须将它视为一个内部不断进行着冲突、融合、分化、断裂、旧元素的消亡与新元素的诞生的大系

---

① 《中华文明史话》编委会：《黄河史话》，中国大百科全书出版社2007年版，第4—17页。

② 李民、史道祥：《黄河文化的历史价值》，《郑州大学学报》（哲学社会科学版）1994年第6期。

统。从这一认识来看，彭岚嘉等认为黄河文化的内涵应是：首先，黄河文化是在地理空间上以黄河流域为限度（这个限度的最大值是中国的北方）的区域文化；其次，黄河文化是黄河流域的人们在与黄河（黄土、季风等自然条件）之间的实践关系中，改造自然和自身的过程中所不断积累的物质与精神层面的文化的总和；最后，黄河文化包括一般所说的文化的内涵，诸如一定的社会规范、生活方式、风俗习惯、精神面貌和价值取向，再细致一些，就是包括政治、经济、艺术、哲学、语言文学、史学、宗教、民间信仰、道德规范和社会生活习俗等方面的内容。另外，黄河文化还是一个时空交织的多层次、多维度的文化共同体，具有区域内大体认同的标志性、可识别性等特征，可以被抽象化、符号化、象征化。[1]

总而言之，文化是一个国家、一个民族的灵魂。文化兴国运兴，文化强民族强。没有高度的文化自信，没有文化的繁荣兴盛，就没有中华民族伟大复兴。黄河文化是中华文明的母体，是中华文化的核心和主干，是中华民族的根和魂，是全球华人的精神原乡。[2]

二 黄河文化的内涵

从空间分布上看，黄河文化有广义和狭义之分。狭义的黄河文化包括今天黄河干流流经的九省区，即青海、甘肃、宁夏、内蒙古、陕西、河南、四川、山西、山东。而黄河在历史上改道频繁，干流曾流经的区域范围更为广大，广义的黄河文化还应包括北京、天津两市以及安徽、江苏两省。黄河文化源远流长、博大精深，难以从单一向度总结其丰富的内涵，因此我们从考古学文化、区域文化和文化属性三个方面分别予以阐述。

从考古学文化上看，以裴李岗文化、仰韶文化、龙山文化最为发达。由于绵绵黄河水的滋养，肥沃黄土的承载，加以适宜的气

---

[1] 彭岚嘉、王兴文：《黄河文化的脉络结构和开发利用——以甘肃黄河文化开发为例》，《甘肃行政学院学报》2014 年第 2 期。

[2] 李立新：《深刻理解黄河文化的内涵与特征》，《中国社会科学报》2020 年第 9 月 21 日。

候，黄河流域非常适宜人类生存，早在旧石器时代，中华先民就在这里繁衍生息。旧石器时代文化见证黄河文化的悠久历史，新石器时代文化序列展现中华民族迈向文明时代的历史进程。黄河文化可分为上游的萨拉乌苏文化、水洞沟古文化等旧石器时代文化，马家窑文化、齐家文化等新石器时代文化；跨越中下游的西侯度文化、蓝田文化、大荔文化、匼河文化、丁村文化、灵井许昌人文化遗存等旧石器时代文化，老官台文化、裴李岗文化、仰韶文化、龙山文化等新石器时代文化；下游的北辛文化、大汶口文化、山东龙山文化等新石器时代文化。

从区域文化上看，以中原文化、关中文化、齐鲁文化最为厚重。黄河文化包括黄河上游的河湟文化、陇右文化、河套文化，黄河中游的三晋文化、关中文化、河洛文化，黄河中下游的中原文化、齐鲁文化。大约5000年前，中华文明的胚胎在华夏大地各处萌生，恰如"满天星斗"，但由于种种原因，诸如红山文化、良渚文化、三星堆文化等湮没于历史的烟尘中。只有在黄河中下游分界处的中原腹心河洛一带，文明的胚胎在适宜的环境中得以萌芽、抽枝、开花，呈向心结构的中华文明的"重瓣花朵"，凭借中原地区花心的不断绽放而得以盛开，在世界文明的百花园中独领风骚。

从文化属性上看，以农耕文化最为灿烂。黄河文化包括农耕文化、草原文化、丝路文化、少数民族文化、海洋文化。九曲黄河，蜿蜒万余里，把流经地区的各种样态的文化串通连接在一起，形成了博大精深的黄河文化，成为中华民族的根与魂。黄河流域是中国农耕文化最发达的地区，数千年的农耕文化，养成了安土重迁、敬天法祖、家国同构的思想意识和行为范式，形成了儒道互补的中华文脉，生成了崇仁爱、重民本、守诚信、讲辩证、尚和合、求大同等核心思想理念，涵养了自强不息、敬业乐群、扶危济困、见义勇为、孝老爱亲等中华传统美德，滋养了独特丰富的文学艺术、科学技术、人文学术等方面的中华人文精神，磨砺了中华民族自强不息、坚忍不拔、吃苦耐劳的性格，从而形成了灿烂辉煌、磅礴有力的黄河文化。[①]

三 黄河文化的特点

第一，先导性。在五千年的中华文明史上，从夏商王朝开始，黄河流域在长达三千年的历史中作为我国政治、经济、文化中心活跃在世界历史的舞台上。黄河文化起源较早，在远古时期黄河流域就已经有文明萌芽的痕迹，到了夏商周时期，黄河文化发展稳固，奠定了在中华文明史上的根基。汉唐时期，黄河文化发展到了鼎盛阶段，在世界范围上具有极强的影响力。五代时期开始，在政权南迁的作用下，南方各种文化开始繁荣发展，黄河文化在部分领域影响力有所下降，但在精神层面仍然是位于首要位置，对于海内外文化的发展仍保持深刻的影响力。

第二，开放性。宽宏大度，慷慨包容，是黄河文化的基本特质。黄河文化的繁荣灿烂，取决于其悠久传统和历史遗产，也是因为它积极地传播和吸收周围各地区和外国的文化。在与世界各国各地区的文化交流中，黄河文化影响深远，广为传播，辐射范围广泛，同时从周边各国、各地区吸收其他文化的营养，思想开放，胸襟宽广，博采众长，为之己用。纵观历史，从先秦时期开始，黄河文化开始吸取和接纳外来文化，到了汉代以后，黄河文化逐渐大规模的吸取和接纳外来文化，融合发展。周边列国和周围地区的异域文化大量被引入中国，对黄河文化进行了进一步的丰富和完善。到了隋、唐、宋王朝时期，对外国科技、宗教、艺术的吸收越来越多，不胜枚举。

第三，连续性。黄河文化，源远流长，延绵不绝。在世界四大"大河文明"中，只有黄河文化不曾断流。黄河中下游的中原地区，其文化序列一直没有中断，从新石器时代早期的裴李岗文化，到中期的仰韶文化、晚期的龙山文化，一直进入夏商周时代，谱系连

---

① 李立新：《深刻理解黄河文化的内涵与特征》，《中国社会科学报》2020年9月21日。

贯，一脉相承。以农耕文化为核心的黄河文化一直是先进文化的代表，在文明时代的各个历史时期，中华文化的发展主线一直是草原文化与黄河文化之间的碰撞、交争、互通、融合。黄河文化正是靠自己春风化雨、润物无声的强大力量，实现与异域文化之间的融合，终能传承赓续、不曾断绝。

第四，创新性。黄河文化与时俱进，老树新枝。无论是文献记载的伏羲氏作网罟、神农氏制耒耜、嫘祖始蚕丝，还是裴李岗文化、仰韶文化、龙山文化等新石器时代遗址考古发现的大量石质农具、农作物标本，每一项农耕文化的创新成就都是黄河文化的结晶。从舞阳贾湖裴李岗文化遗址出土发现最早的契刻符号，到安阳殷墟出土中国最早的汉字体系甲骨文；从黄帝史官仓颉造字，到李斯规范书写"小篆""书同文"，到许慎编写出世界第一部字典《说文解字》，再到活字印刷术和宋体字的发明和使用，汉字文明的每一步创造创新都发生在黄河流域。天文历法、青铜铸造、冶铁、陶瓷、中医等方面的重大突破，尤其是代表中国古代杰出科学成就的"四大发明"，都是由黄河文化孕育创造的。黄河文化是历史上很多中国文明元素的原创平台，并在数千年的发展进程中历久弥新，在今天仍保持着旺盛的创新动能和发展活力。

第三节　黄河文化区的划分

文化区的划分是区别在同一个社会里生活的居民的沟通方式、语言文字、地方风俗、宗教信仰、价值观念、行为特征等方面的差异性，多方综合，根据不同的文化特质，在地域上进行的划分。所谓文化区就是具有一定独有文化特征的地理上的区域空间。黄河文化区在发展、融合过程中也在不断发生变化。在整个黄河文化体系中，将黄河文化进一步细分，包括三个核心文化区和三个文化区，分解为三秦文化、中州文化、齐鲁文化、河湟文化、三晋文化、燕赵文化。

一 三秦文化区

三秦文化区地处黄土高原，地域范围主要在陕西省及甘肃省的部分地区。三秦文化区简称为秦文化区，历史悠久，鼎盛时期也是中国文化交流发展的中心地区。三秦文化区的发展过程有诸多文化遗迹可考。三秦文化区在中华文化起源发展的过程中都有所参与，追溯起来，三秦文化与中华文化的起源有着密不可分的关系。从周代到汉朝、唐朝时期，三秦文化大为发展，处于上升期的三秦文化达到了鼎盛，自此影响遍及中华大地，甚至对相邻周围各地区也有深刻的影响。安史之乱是三秦文化的转折点，三秦文化从这一时期开始进入灰暗衰退阶段，尤其是人才的匮乏导致三秦文化的影响迅速萎缩，从此退出中华文化的历史舞台。

二 中州文化区

中州文化历史悠久，文化丰富，根基深厚，对应现在的地区大致是河南省。从文献和考古资料来看，中州地区正是现在人们相对熟知的中原地区的中心部分。中州文化拥有极为久远的历史，与中华文化的形成与发展密不可分，有丰富的文化遗迹在中州文化区发现。例如，"南召猿人"牙齿化石的发现填补了中原地区这一历史时期文化的空白；新石器时代横跨早中晚期的不间断的原始文化演变过程，从新石器时代早期的裴李岗文化到新石器时代中期时空跨度范围广泛的仰韶文化再到新石器时代晚期的龙山文化；裴李岗文化的刻画符号，仰韶文化的彩陶，龙山文化的青铜器都是中州文化的标志。奴隶制社会的起始——夏，在中州文化区建立了第一个完整的政权，此后商周数次迁都基本都是在中州地区范围内，这里一度成为中国传统社会早期的政治文化中心。东汉时期，洛阳文化随着政权迁移的变化开始兴起。魏晋南北朝时期，中州文化发展速度变慢，但仍然在黄河文化发展中处于领先地位。如北魏孝文帝时，"天下承平，学业大盛，故燕、齐、赵、魏之间，横经著录，不可胜数，大者千余人，小者犹数百"①。隋唐五代时期，中州文化依然保持有较高的繁荣水平，人才辈出，出现了众多的哲学家、书画家、诗人、史学家等，如杜甫、刘禹锡、岑参、李商隐、司马贞、吴道子等。现代人们所熟知的玄奘高僧同样出自中州地区，他为佛学研究做出了巨大的贡献。靖康之难是中州文化的转折点，靖康之难后中州文化走向衰退，不仅全国范围内落后于其他地区新涌现出的文化，在黄河流域也失去了统领地位，被齐鲁文化超越。

三 齐鲁文化区

齐鲁文化区历史悠久，底蕴丰厚，地域范围大致等同于现在的山东省。齐鲁文化区起源较早，经过长时间的发展，历史上曾多次成为当时社会最为繁荣的文化中心。考古研究表明，齐鲁文化起源较早，现今有丰富多样的文化遗迹可循。例如，新石器时代的代表性文化，大汶口文化以及后期演变发展而成的龙山文化，大汶口文化的起源东夷文化也在齐鲁文化区有迹可循。辉煌灿烂的东夷文化，新石器时代的大汶口文化和发展成熟的龙山文化，均对夏商文化的发展奠定了重要的基础。齐鲁文化区原有的东夷文化在西周时期，随着齐、鲁两国的建立，与周文化迅速融合发展，形成了完善齐鲁文化的早期形态。这一时期的齐鲁文化还分为两个部分，分为齐文化和鲁文化。春秋战国时期，齐、鲁文化出现融合趋势，在诸侯争霸的时期，文化交流的增多促使齐、鲁文化的融合，自此形成了齐鲁文化。齐鲁文化鼎盛时期，大量人才不断涌现，孔子、孟子、荀子、管仲、孙膑等都是齐鲁文化的代表人物。儒家学说《论语》《孙子兵法》对后世产生了深远的影响，是中华文化的珍贵财富。秦朝时期，齐鲁文化依然处于中华文化的统治地位。秦统一中国后，齐鲁文化发展势头猛进，保持高速高质的文化发展水平，是秦朝时期的文化中心。西汉时期，齐鲁文化仍然在全国文化的发展

---

① 李延寿《北史》卷81《儒林传序》。

中保持领先地位。齐鲁文化的鼎盛时期，文化繁荣，英杰辈出，在全国范围内具有非常强劲的影响力，对于后世的影响也非常巨大，经久不衰。东汉时期，齐鲁文化步入衰退阶段，不再具有鼎盛时强大影响力的同时，文化的发展也开始止步不前，从此不复当年兴盛。

四 河湟文化区

河湟文化区地理环境复杂，相对于黄河文化中的其他文化区地域范围较大，大致对应现在的河西走廊、宁夏的部分地区和甘肃省、青海省的交界区域。河湟文化长期处于农耕文化和游牧文化并存的阶段，两种文化同时完整存在是黄河文化区中独特的所在。河湟文化中的农耕文化和游牧文化在历史文化长河中与多种不同民族的文化融合，最终形成了河湟文化区。追溯河湟文化的起源，有很多文化遗迹可作为参考。例如，新石器时代的马家窑文化，齐家文化，尤其是马家窑文化的彩陶文化，是与大汶口彩陶、仰韶彩陶并称的黄河流域三大彩陶文化之一。考古研究表明，河湟文化区最早的土著居民是羌族人，羌族人最初过着简单的农牧生活，活动在河湟地区，畜牧业是其主要生产生活方式。战国时期，羌族人引进了先进的农业技术，对河湟文化区的农耕文化发展起到了促进作用，从此有利新的发展方向，并且羌族人的生产生活方式出现了巨大的变化。西汉时期，随着中原地区政权的发展，汉族人逐渐扩展领地范围，进入河湟地区，为河湟文化区带来了新的发展力量，从此河湟文化融入了黄河流域文化之中。从魏朝开始到元代之前的时期，河湟文化又与其他民族的文化先后进行了多次融合，进而实现了全方位的发展。

五 燕赵文化区

燕赵文化区的发源最早可以追溯到四五十万年前，地域范围大致在现在的河北省、北京市和天津市一带。位于黄河流域的燕赵文化同样具有悠久的历史，在其形成发展过程中融合了很多异族草原游牧民族的文化，这使燕赵文化在黄河文化中独具特色。早期的燕赵文化遗迹包括生活在四五十万年前的北京猿人遗址，新石器时代的磁山文化等。赵武灵王时期实施胡服骑射是融合了燕赵文化的异族文化之一，游牧文化与农耕文化的结合，形成了燕赵文化的独特方面，所谓"燕赵风骨"。秦汉时期，燕赵文化发展到一定水平，出现了众多人才，由于燕赵地区特殊的地理位置因素，长期受到军事问题困扰，所出现的英才多为冯亭、冯劫等将相人才。元朝时期，燕赵文化区处于全国的政治、经济、文化中心区域，得到了迅速的发展，日趋昌盛，且逐渐分化成京都文化圈和天津文化圈。相较于京都文化圈，天津文化圈更为弱势。直到清朝，随着天津的城市地位提高，港口经济逐渐繁荣，使天津文化进一步发展，摆脱了过去尴尬的境地。燕赵文化区一直到近代都是处于国家的政权中心区域，作为黄河文化与现代西方文化的交接点，近现代的发展更为迅速。

六　三晋文化区

　　三晋文化区独具特殊的地理位置，地理上大致对应现在的山西省区域。三晋文化区区别于黄河文化其他文化区的是地域独特，依靠大山大河的同时又邻近群峰大漠，四个方位各是不同的地形特征，中间是三晋文化区，又称晋文化。考古研究表明，三晋文化区范围内有世界上最早的古文化遗址之一——西侯度古遗址，三晋文化发源于石器时代，历史悠久。西周时期，晋国建立，唐叔虞是晋始祖。春秋战国时期，战火连绵，由于三晋文化区处于中原地区的中心位置，曾被多个不同的诸侯国占领，历史的更迭使得三晋文化产生了独具一格的风味。同时三晋文化还是中华文化发展史上的连接点，是黄河文化和北方文化的交流节点，在不同文化沟通交流间起到重要作用，最终促进了黄河文化和北方的相互融合。汉唐时期，三晋文化出现了很多的人文英才，各种哲学家、书画家、文学家相继出现,特别是宗教文化在三晋文化区极为盛行。宋朝、金朝、元朝时期,三晋文化逐渐在黄河流域的文化发展中占据了重要地位。明清时期,三晋文化区出现的山西商人在国家商业方面开始发挥重要作用,到乾隆年间,更可与当时颇具地位的徽州商人相互对抗,甚至成为晋文化代表性的名片,名扬全国。

第四节　黄河文化在中华文化中的地位

　　黄河文化在中华文化发展历史上具有重要的影响力,结合黄河文化的先导性、开放性等特点,黄河文化是中华文化主体部分的重要支柱之一。黄河文化影响深远,在全国范围乃至海外范围都是具有很高的文化影响力,尤其对于周边邻近地区和国家在历史上都产生过深刻的影响。黄河文明对于中华文明的重要地位不可动摇,而随着当今社会的发展,黄河文明将继续在世界的舞台上延续其强大的生命力。

　　第一,黄河文化是我国经济社会繁荣发展的标志。黄河文化是中华传统文化中的精华,源远流长,璀璨夺目。黄河文明发展脉络清晰,不论时光流转,朝代更替,依然根基深厚,稳固发展,在历史长河中格外清晰。黄河文化具有极其丰富的宝贵文化历史遗迹,从原始农耕社会,到早期的奴隶制社会、封建社会和近现代文明社会,黄河文明贯穿其中,在历史长河中留下了璀璨的点点星光。例如,大汶口、仰韶、马家窑的彩陶文化,新石器时代的刻画符号,青铜器、甲骨文的出现,仓颉造字,周易八卦,指南针、造纸术等的发明,二十四节气的划定,四书五经、诗词歌赋的兴盛,百家争鸣的学术发展等。黄河文明起源久远,真正意义上的可明确成型的黄河文化应追溯到黄帝和炎帝时期,黄帝在部族统一后作为部族首领带领子民定居于黄河流域。同样百家争鸣过程中黄河文化涌现了各种学说、文化的创立者,例如,孔子的儒学、老子的道家学说、孙子的兵家学说等。还有其他领域的代表人物,例如宗教领域有佛教高僧玄奘、神秀等。黄河文化有不同的文化体系，主要包括三秦文化、中州文化、齐鲁文化等六个文化体系，其余的还有游牧文化，西羌文化等异族文化同时存在。这是黄河文化大包容的一种体现，容纳多样的黄河文化，在中华文明的历史画卷上更加多元化。

第二，黄河文化是中华民族精神的象征。黄河作为中华民族的母亲河，历史悠久，流域面积广阔，养育河水两岸中华儿女的同时，也给两岸居民带来了许多自然灾害。研究表明，在2500多年的时间里，即从公元前602年到公元1938年之间，黄河下游决堤1500余次，河水大改道26次。中华儿女的团结精神正是在一次次面对自然灾害中成长起来的。从上古时期的大禹治水，到现在的抗洪救灾，这是中华民族的团结一体，对家园的热爱，对这块土地的热爱，是中华民族坚忍不拔、不惧磨难、团结友爱精神的体现。一个伟大民族在黄河的浇灌中成长，同时也与黄河带来的自然灾害相抗争，这是中华民族的成长史。有关黄河，毛主席曾经说过："你们可以藐视一切，但不能藐视黄河。藐视黄河，就是藐视我们这个民族！"黄河是中华民族的象征，中华民族的精神所在正是黄河文化的体现，所谓"黄河魂"就是如此。

第三，黄河文化有助于黄河的治理和开发。从古至今，黄河时常泛滥，中华民族的人民长久居住于黄河流域，为黄河的治理与开发，集思广益，创造了丰富的黄河治理开发历史，形成了独特的文化。黄河两岸有众多的文物古迹、水利工程都是历史上黄河治理开发的遗迹。例如，黄河两岸分布的林公堤、陈桥驿、刘邓大军渡河处等，另外"黄河号子"作为黄河流域独有的一种艺术形式，已被列入国家非物质文化遗产名录。黄河文化内涵丰富，对中华民族进行黄河治理和开发具有指引作用，历史上的文化遗迹均可借鉴。分析黄河文化的特点有助于黄河的治理和开发。黄河文化深厚的底蕴是黄河治理和开发的源泉，全面发展黄河文化，在现代社会发展过程中将黄河的治理和开发与黄河文化发展相融合，形成全新的以生态和谐共生为目标的黄河治理和开发方案，坚守黄河文化的根基。

第二章

黄河文化的萌芽

黄河文化作为中华文明的主体文化，形成于先秦至秦汉时期，这一阶段黄河流域各地文化异彩纷呈，比如新石器时期上游的马家窑文化、中游的仰韶文化、下游的大汶口文化以及最后风靡整个黄河流域的龙山文化。随着我国第一个王朝的建立，夏商周文化先后兴起；春秋战国时期，三秦文化、三晋文化与齐鲁文化并存；再到秦汉时期的大一统，黄河文化才熔铸为一个统一的文化主体。其主要表现是：以农业经济为基础的政治大一统、汉民族的形成和儒学的正统化。

第一节　文明的三大要素

有关文明的三要素，国内外有众多观点，其中被广为接受的包括：英国学者丹尼尔在《最初的文明：关于文明起源的考古学研究》一书中提出的"文字、城市和复杂的礼仪中心"；日本学者贝冢茂树在《中国古代史学的发展》一书中提出的"青铜器、文字和宫殿基址"。我国的文字、青铜器和城最早在黄河流域出现和形成，黄河流域因此成了我国最早的文明中心。

一　文字的出现

文字的出现代表着人类历史发展迈入了新篇章，文字使人们生产生活有了依据，是人们更为精准地记录历史的工具。深刻挖掘关于文字的起源，最早可以追溯到新石器时代人类用于简单记录生产生活而刻画在器物、墙壁上的符号。在河南舞阳贾湖就发现了最早的契刻符号，距今约 8000 年；陕西省半坡在距今约 6000 年的遗址中发现了规整的刻画符号；山东省大汶口和丁公村遗址均发现了距今约有 4000 年的规律性符号；陵阳河遗址出土的文物上则具有陶尊刻文。这些文字在黄河流域出土的遗址中广泛出现，河南舞阳的贾湖，山东大汶口，陕西西安、临潼、宝鸡，甘肃秦安等遗址出土的大批陶器上的刻画符号与中国古文字一脉相承。此外，河南安阳出土的大批殷商时期的甲骨文，在世界古文字的研究方面具有重要的意义。由此可见，华夏大地上的早期居民都在寻找着记录历史的工具。

二　城的出现

城池的形成标志着早期国家的初步形成。在黄河流域，就已发现仰韶文化的晚期的古城池，郑州西山古城址距今 5300—4800 年。而龙山文化时期的城池也更多的被发掘出来，主要有淮阳平粮台古遗址、登封王城岗古遗址、安阳后岗古遗址、邹平丁公村古遗址等。从龙山文化时期的黄河流域的这些古城池来看，有城门、护城河、门卫房，军事性质明显。城内高大建筑物和居民存在阶级和阶层的差别，比如，平粮台遗址，它是时代最早、面积最大、保留最好的一座古城，平粮台古城用土坯堆砌城墙，由城内高台建筑而得名，古城池遗址建筑形态为正方形，城墙长 185 米，宽 10 米，残存高度为 3 米。王城岗古遗址中包括东、西两座城池，两城并列而存，在遗址挖掘中发现了若干奠基坑、窖穴等。而安阳后岗遗址中的房基有用小孩作牺牲的奠基，仅发掘的 600 平方米内就埋有 26 个幼童。从登封王城岗遗址和安阳后岗遗址来看，当时社会冲突已经形成，公共权力高居于平民之上。

三 青铜器的出现

青铜器的出现也标志着文明的起源，青铜器文明在发展的过程中分为以下三个时期：黄河流域青铜器文明的产生和形成时期是新石器时代到夏朝这一时期；黄河流域的青铜器文明达到鼎盛时期是从商周至春秋战国中期；在战国末期，青铜器文明出现衰落之势，逐渐退出了历史的舞台，究其原因是由于铁器的推广和普及，以及战国时期战事繁多，诸侯国之间时常爆发激烈的战争，耗费了大量的人力、物力，铁器相较青铜器更为实用，且价格低廉。在黄河流域，青铜器的出现起始于仰韶文化时期。仰韶文化的姜寨遗址出土了铜和黄铜管，可向前追溯到公元前约 4700 年。在仰韶文化的中后期，出现了具有原始特征的金属，规律性的刻画符号，较为系统的城池，以及更为复杂的仪式遗迹。仰韶文化孕育了中国早期文明。龙山文化时期的遗址中发现了大量的青铜器，例如，郑州牛寨、淮阳平粮台、登封王城岗、临汝煤山、鹿邑栾台等遗址中发现了熔铜炉残壁、铜坩埚、铜渣等。这些证据表明，在新时期时代龙山时期黄河中游的青铜冶炼和使用已经变得更加常见，这一时期已进入青铜时代初期。

第二节 新石器时代：农业与文明的初始

新石器时代开始于约 12000 年前，进入新石器时代之后人类的生活发生了巨大的变化，面对生存环境的变迁，人类开始出现新的生活方式，即有了农业的出现和定居的生活方式。新石器时代又分为早中晚期，前后总共持续了 8000 年之久，新石器时代结束后中国进入了文明时代。

根据现有的资料和研究数据，业内研究学者将新石器时代分为了初、早、中、晚四个时期，在新石器时代我国农耕文明萌芽，并逐渐发展繁荣，进入了稳定发展的阶段，农耕文明是黄河文明的一个重要特征。新石器时代产生的农业生产形态、方式都对后世社会传统的发展具有深刻的影响。

一 新石器时代初期

新石器时代初期界定为距今 12000—8500 年之间。在此期间，农耕生产刚刚出现，各种聚落和族群较少，关于这一阶段的考古发现比较少，现有很多的空白部分。可以发现的是由于南北方地理环境差异，不同地区的族群所采取的生存方式各不相同，典型代表为南庄头文化遗址。

南庄头文化遗址是我国新石器时代初期的重要文化遗址之一，位于河北省徐水县高林村乡南庄头村东北两公里处，面积约 2 万平方米，应用碳 14 测量，时间认定为 10500—9700 年前。南庄头文化遗址的出现，这一时间刚好补充了旧石器时代末期过渡到新石器时代早期裴李岗文化中的考古发现空白部分。南庄头文化遗址是旧石器时代向新石器时代过渡的代表性文化。

根据考古发现和研究，南庄头的祖先是在一个相对稳定的环境中生活繁衍。在遗迹发掘的过程中有大量的野生动植物遗骸，这一现象表明当时的人类主要以狩猎和采集为生存依据。而根据遗迹发掘环境和家畜遗骸、可种植的草本植物、简单的农业工具的出土，证明了当时原始的初级农业环境已具备，但是规模较小且简陋。

二 新石器时代早期

新石器时代早期界定为在距今 8500—7000 年之间。这一阶段的遗迹主要集中在黄河流域，包括如今甘肃的东部、陕西省西部、河南中部和河北省南部。关于这一阶段考古发现相比上一阶段有了明显的增加，证明农耕生产有了发展和进步，并且人口也逐渐增多起来，典型代表为裴李岗文化遗址。

裴李岗文化遗址是我国新石器时代早期的重要文化遗址之一，最初发现于河南省新郑县裴李岗村附近。后期在考古挖掘的过程中又陆陆续续在河南省中部发现了十余处裴李岗文化遗址，包括有密县的莪沟遗址、长葛的石固遗址和舞阳的贾湖遗址等。这些遗址都是属于裴李岗文化遗址，存在于距今8000—7000年的时期。

三 新石器时代中期

新石器时代中期界定为距今7000—5000年之间。在这个阶段，我国迎来了进入新石器时代以来最温润，适宜人类生产生存发展的气候，多地气温升高，使得各地自然资源得以迅速积累，物质资源丰富。新石器时代中期是我国新石器时代文化发展最为迅速的阶段，典型代表为仰韶文化、大汶口文化等。

（一）仰韶文化

仰韶文化遗址是我国新石器时代享有盛名的文化遗址，最初发现于河南省渑池仰韶村附近，以黄河中游地区为中心，影响范围向外辐射到了黄河流域的大部分地区，甚至对长江流域也有所影响。仰韶文化产生于7100—5000年前，影响范围深远，跨越地域广阔。

仰韶文化最为著名的是独特的彩陶文化，彩陶几乎是仰韶文化的代表，在相对落后的原始社会时期烧制技术精湛、图案变化多样的彩陶文化代表了中国的文化特色，闻名中外。彩陶文化体现了中华传统文化的底蕴，传播范围广泛，可以看作远古时期中国文化的一次发扬传播。

（二）大汶口文化

大汶口文化作为新石器时代中期的代表性文化是以山东省泰安县大汶口遗址命名的，该遗址发现于1959年。考古研究发现大汶口文化大约出现在6300—4600年前，延续时间约为2700年。主要分布在山东省、江苏省和安徽省的北部、河南省的东部这一区域范围。

大汶口文化中的厚葬习俗表明在当时的中国传统农业社会中已经发展到了很高的水平，社会财富也大大积累。追溯其起源，学界认为大汶口文化的祖先为上古东夷人，大汶口文化遗址对于这一领域的研究，具有重要的参考价值。

四 新石器时代晚期

新石器时代晚期又称龙山时代，时间为距今 5000—4000 年之间。之所以称为龙山时代是因为新石器时代晚期影响最深远、最兴盛的文化发现于龙山文化。这个时期，新石器时代文化的发展达到了巅峰，各地区都具有不同的较为成熟的文化体系。在这一时期，各地文化联系增强，出现了高水平层面的竞争发展，各个地区文化互相影响交融，使得新石器时代文化开始了进一步的整合发展。在这个时期一些已经发展成熟的区域率先有了国家或者城邦的出现，有了新的政治群体，是中国新文明的起源地，典型代表是龙山文化遗址。

龙山文化遗址作为新石器时代晚期的代表性文化，具有深刻的影响，最初发现于山东省龙山镇的城子崖附近。新石器时代晚期的各地区文化分布范围相比较上一个时期都有所增大，其中龙山文化分布范围包括了整个黄河流域的中下游地区。这是当时传统社会不断发展，交流增多，文化影响范围进一步扩大的结果。由于龙山文化分布范围广泛，又可以从地域上再进一步进行划分，进行更为详细的研究。

第三节 仰韶文化至龙山文化时期

一 仰韶文化

仰韶文化遗址是新石器时代中期著名的古遗址，地处黄河流域。仰韶文化遗址最早发现于河南省渑池县仰韶村，从而得名仰韶文化。仰韶文化的中心区域大致对应现在的关中地区、山西省南部和河南省的大部分地区，是由同为新石器时代典型的文化体系裴李岗文化、磁山文化等发展演变而来。仰韶文化的遗址有村落居址、壕沟、房基、灰坑、窖穴、陶窑墓葬等。①

仰韶文化因彩陶而闻名世界。仰韶文化早期，制陶工艺主要依靠手制，生产制作的陶器以砂质红陶、棕陶和泥质红陶为主。仰韶文化中后期，制陶工艺发展进步，开始出现了慢轮修整和轮制工艺，生产制作的陶器出现较多的灰陶和少量橙黄陶、黑陶。仰韶文化的彩陶表面具有丰富多样的纹饰、图形等，彩陶表面的绘画图形变化多样，在漫长历史中不断演变，包括有写实的动植物、天文、星月等，抽象的人物、绳纹、弦纹、划纹等。体现了当时社会中仰韶文化的彩陶绘制艺术已经成熟且发展到较高水平，是原始社会居民智慧的体现。仰韶文化遗址出土的陶器具有非常明显的共同特征，这些陶器纹饰多样，表面为红色，所以仰韶文化中的重要部分"彩陶文化"由此而来。

考古研究表明，新石器时代中期的仰韶文化先民已经在黄河流域过着相对稳定的定居生活，社会生产生活方式以农业为主，饲养家畜的同时进行少量的渔猎活动。研究发现当时的社会经济以原始农耕为主，已经有了粟的种植，以简单的石斧、石刀、磨盘等石头制工具进行生产生活作业。这个时期的采集和渔猎已经不再是主体社会经济成分，但仍然在社会经济生活中作为补充成分存在。饲养家畜方面，已经有了猪和狗的饲养。手工业方面，各种制作业都很普遍，包括制石、制陶、纺织、缝纫等。研究人员在仰韶文化遗址中发现了很多方形或圆形屋子聚集成的村落形态的结构，大概是当时一个氏族的整体聚落结构。根据对遗迹中发掘的文物进行研究，可以判定的是当时的社会结构中女性还处于较高的社会地位，我们从而认为，仰韶文化时期处于母系氏族社会时期。

仰韶文化前后共经历了2000多年的发展，活跃在黄河流域，存在于距今7000—5000年。根据文化发展过程中的不同特征分为早、中、晚三个时期，各个时期所体现的文化形态略有不同。

---

① 游修龄主编：《中国农业通史·原始社会卷》，中国农业出版社2008年版，第93—105页。

仰韶文化早期，农业生产相对前一时期更为成熟，磨制石器的数量增多，但是还没有进入完全成熟的农业社会阶段，残留了部分的采集和渔猎活动。农业生产生活中女性占据主导地位，主要工作内容由女性承担，男性极少参与农业生产，只负责在农业生产中起到辅助的作用。这是仰韶文化早期母系社会繁荣的体现。

仰韶文化中晚期，农业生产进一步发展，相对前期，农业生产工具也有了显著的进步，各种石斧、石刀等工具制作技艺成熟，出现了钻孔石器，磨制石器成为生产工具的主体。这都证明了原始居民进入农耕阶段，更早期的采集、渔猎活动基本退出经济生活，农业生产过程中男性的参与也大大增加，更是促进了农耕文明发展，推动了农业经济的进步。

二 龙山文化

龙山文化是新石器时代晚期的黄河流域典型性文化，分布范围广泛，最初发现于山东省龙山镇。龙山文化辐射范围极其广泛，影响区域不仅限于黄河流域，还有长江流域的部分地区，以龙山文化的标志黑陶为判别依据，黄河流域中游地区和长江流域中下游地区均有出土。这些文化遗迹归属于不同的文化体系，在龙山文化中被分为不同的类型。仰韶文化与龙山文化的关联是纵向的，仰韶文化随着时间的推移，衰落之后在同一区域发展起来的龙山文化正是继承了仰韶文化的基础。这一区域龙山文化的遗迹范围与仰韶文化遗迹范围基本重合，位于黄河中游地区，在原先仰韶文化遗迹的基础上略有扩大。龙山文化前后共经历了1000年左右的发展历程，存在于距今5000—4000年的时期。龙山文化发现的遗迹有城址、房屋建筑、灰坑、陶窑、窖穴、水井和墓葬等。[①]

龙山文化承袭仰韶文化的精华，在陶器制作上进行了进一步的发展。龙山文化的陶制品主要以灰黑陶为主，还有部分黑陶、棕

---

① 黄河流域新石器时代文化——《中国农业通史·原始农业卷》第三章第二节。

陶、红陶等，陶器的制作工艺相比仰韶文化时期更为先进成熟，除了手制以外，轮制已经非常普遍。龙山文化时期的陶器基本不见彩陶，纹饰以绳纹、篮纹、方格纹等为主。相对仰韶文化时期来看，陶器种类明显增多，多种多样的器具在遗址中出土，尤其是饮器大量增加。龙山文化时期的陶器表面光亮，器型多样。龙山文化是新石器时代晚期兴起的文化，出现于仰韶文化之后，比仰韶文化更为先进、繁荣，是新石器时代晚期的代表性文化。由于龙山文化时期的陶器表面光亮，器型多样，器表漆黑，所以"龙山文化"又称"黑陶文化"。

龙山文化不只在陶器制作方面优于仰韶文化时期，在社会经济发展方面也比仰韶文化更为进步。当时农业生产已经大范围进入农耕阶段，渔猎经济的地位相较从前更低，仅是作为一个辅助性活动而存在。农业生产工具上，龙山文化时期出现了更多种不同的器型，制作更为精细，生产工具制作技艺有所提高，为农业活动提供了更多的器具。从这一方面看来，龙山文化的农业生产水平远高于仰韶文化时期。龙山文化时期所饲养的家畜也不仅限于猪、狗，根据遗迹发掘可见，还出现了牛、羊、马等其他家畜。在家畜饲养中，猪饲养的数量最多，而猪是一种需要大量谷物作为饲料的家畜，只有发达的农业生产才能足够供给。另外，在遗迹发掘过程中发现，陶器种类明显增多，其中饮器数量巨大，可见当时社会生活较为稳定富足，只有生活稳定才会出现大量用于闲余生活的器具。

龙山文化时期，社会经济以农业生产为主，渔猎业为辅。考古研究表明，龙山文化遗迹中有大量家畜化石出现，并且种类相比较仰韶文化时期更为多样，包括猪、牛、羊、马等。手工业方面，各种手工制品制作工艺更为成熟，出现很多新型的手工制品，尤其是陶器的制作工艺更为精湛，在原始居民生产生活过程中手工业制品的作用越来越大，手工业发展开始受到重视。农业生产活动中，男性开始发挥重要作用，逐渐在农业生产中占据主要地位。各方经济的迅速发展带来的效果除了整体社会的发展进步之外，各个氏族之间的贫富差距也越来越显著。根据文献和考古研究表明，龙山文化处于父系氏族社会时期。

第四节　夏商周统治下的奴隶王朝

夏、商、周时期是我国奴隶制社会阶段，社会上主要分为奴隶和奴隶主两个阶层，两个阶层长期处于严格的对立状态，在历史发展的洪流中，不断引发矛盾、斗争。奴隶社会最高的统治者是"王"，"王"统治着整个国家，掌握最高权力，在奴隶制社会有一套完整的统治制度。"王"统治着贵族，贵族统治着隶属于自己的奴隶，相对应的是奴隶不拥有任何权力，受到贵族的统治，贵族为"王"纳贡，"王"把战争过程中获得的土地和奴隶分配给各个贵族。奴隶社会的各阶层统治地位和分封土地是世袭的，比如王位、贵族地位等。原始社会末期，大禹治水有功，舜禅位给禹，禹建立了中国历史上第一个王朝——夏朝。禹逝世后，启争夺得到帝位，从启开始舍弃原始社会的禅让制实行王位世袭，世袭制的出现标志着我国正式进入奴隶制社会。夏王朝是我国第一个奴隶制王朝。

夏朝覆灭后，商朝建立，商朝可考文字较多，处于奴隶制社会的鼎盛时期。商朝时期的文物遗迹中有许多器物上有甲骨文和金文的刻画，是我国目前发现的最早成系统的文字符号。在这一时期，奴隶制发展迅速，奴隶主作为社会中的统治阶层，拥有绝对性地位，国家有了系统的政权机构和军队。在社会稳定的背景下，商朝的农业、手工业发展迅速，出现了多种农作物和手工制品，社会经济逐渐发展，在商朝时期奴隶制社会达到了鼎盛阶段。商纣王时期，纣王性情残暴，不顾百姓，日夜沉醉声色之中，常年的暴政之下，百姓不满，怨声载道，经过牧野之战，士兵倒戈推翻了商纣王的统治，从此商朝灭亡。

商朝灭亡后，周王朝建立，周武王定都镐京，自此开始了周王朝的统治。周王朝是中国历史上等级观念最为重视的朝代，实施宗主制度，周王自称天子，称为天下的大宗。天子的除嫡长子以外的其他儿子被封为诸侯，所以各个诸侯相对天子而言是小宗，但是在自己的封地内就是大宗。各个诸侯的其他儿子被分封为卿大夫，按照以上的原则，卿大夫对诸侯来说是小宗，但在他的采邑内却是大宗，按照这样的阶级关系，从卿大夫到士也是如此划分下去，因此贵族的嫡长子总是位于不同等级的大宗位置上，可以说等级森严，拥有一整套严格的礼仪制度，建立了一套严密的官僚统治机构。周礼是当时社会规范严谨的表现，在此之后影响中华文化数千年，是周王朝为中华文明留下的宝贵财富。为了巩固奴隶主政权，西周实行分封制。周天子把土地和人民，分给亲属、功臣等，封他们为诸侯，建立起众多的诸侯国。诸侯必须服从周天子的命令，向天子纳贡，带兵随从天子作战，定期朝见天子。周幽王时期，听信宠妃戏言，甚至做出烽火戏诸侯的荒唐行为，引发了诸侯的极大不满，周王朝失去诸侯国的庇护后，被犬戎击败。之后周幽王之子宜臼继位，在各个诸侯的帮助下收复失地，平定了犬戎之乱，重新建立政权，史称东周。东周时期，周天子失去大量统治权力，实际上是无法完全掌控整个国家的，诸侯雄踞一方，建立自己的军队，不再听从周天子发放号令，东周进入了战火连绵的混乱时期，即春秋战国时期。

　　随着东周政权的流失，奴隶制社会的发展也进入尾声，春秋时期（前770—前476年）是奴隶制社会末期，奴隶制瓦解。战国时期（前475—前221年）新的阶级——封建地主阶级出现，它们联合一体要推翻奴隶主的统治、建立自己的国家。在封建地主阶级出现的时期开始，奴隶制社会走向衰落，被新的社会制度所取代。新的统治阶级出现，封建地主阶级实行了全新的统治制度。

第五节　诸侯争霸与秦的统一

　　东周末期的春秋战国时期，周天子名存实亡，失去了对国家的统治地位，社会动荡不安。诸侯国各自为政，中原地区动荡不定的时候边境区域就有了可乘之机，借中央政权的混乱时期，趁机扩大势力范围进入中原。春秋时期，中原地区处于尴尬境地，但是对于地处边缘地区的诸侯而言正是发展良机，当时的齐、楚、秦、晋四国正是在这个时期发展起来的。齐国地处东方，楚国占据江淮地区，秦国雄踞西部，晋国霸权西北，这四个国家利用统治混乱、地处边陲的条件，迅速发展。

在周天子不再具有统领各国权力期间，诸侯国各自为政，迅速扩张自己的势力，建立军队，争夺封地，战火连绵，诸侯国之间碰撞不断，相互对抗。诸侯国中的强势势力吞并弱小势力，并不断向边陲地区发展，统治少数民族地区，强壮的诸侯国已经完全脱离了周王朝的掌控，周王朝名存实亡。自此进入战国时期，诸侯国之间的吞并战争愈演愈烈，秦国正是在这场霸权之争中抢占先机，成功战胜所有诸侯国，最终实现大一统，建立了中国历史上版图庞大的秦王朝。

秦始祖秦非子是商名将飞廉之子恶来之后。秦人先祖嬴姓部族早在殷商时期就是镇守西戎的得力助手。周孝王六年（前905年），秦非子因养马有功被周天子封为附庸国主。治都于秦邑（今甘肃省天水市清水县东北），号曰"秦嬴"。公元前821年，秦庄公击败西戎，被周宣王封为西陲大夫。公元前770年，秦襄公派兵护送周平王东迁，被封为诸侯，"秦"由此而来。

春秋战国时期秦国在诸侯政权的多次战争中起起伏伏，在战国时期秦孝公即位后才真正强大起来。在秦孝公执政之前的一段时期，秦国经历过国君频繁更换的动荡阶段，国力衰微。魏国在这一阶段，趁机夺取了河西地区，之后秦国多次征战，想要收复失地，但屡次失败。公元前361年，秦孝公即位后采取多方面措施增强国力。首先，任命商鞅施行变法，史称"商鞅变法"，变法内容包括允许土地自由买卖，建立县制，重军功，统一度量衡，实行中央集权制度等；其次，秦孝公将国都迁往咸阳，咸阳地处交通枢纽地区，常年为兵家必争之地，这次迁都使得秦国具有了更加便利的发展环境；另外，广泛与其他诸侯国建立联系，联合起来攻打对立国家，在联合齐国、赵国之后，秦攻打魏国收复了河西地区，自此秦国逐渐成为战国七雄中实力最强的国家，为秦统一中国奠定了基础。

秦国的下一个蓬勃发展时期是一统中国的秦始皇嬴政在位时期，嬴政以其铁血的手腕以及快速果决的杀伐风格，自公元前230年起，逐个击破了韩、赵、魏、楚、燕、齐六国，仅用了十年的时间就结束了诸侯争霸的混战时期，实现了统一。

秦国一统中国的成功不仅取决于秦王嬴政的成功，这是中原地区长期混乱，各地文化全面开花，边陲地区民族文化向中原地区靠拢，最终文化融合发展的必然结果，秦的统一是黄河文化发展的重要节点，更是华夏文明繁荣的推动剂。在秦统一中国之前，从根本意义上讲中国一直处于分裂状态，各大统治者独立管理，所谓华夏、中国只是一个模糊的概念。在这之后，秦统一中国，完整的一个整体终于出现，这才是真正意义上的中国第一次呈现在历史上。这是整个中国文明发展史上的一个重大转折点，诸侯国纷争的结束，中国的统一，意味着中国自此开始进入融合发展阶段，思想的融合，文化的融合，各个学说派系的融合，更重要的是自此开始统一、团结、一体化的观念在人民的心中扎根，中华民族由此产生了融合发展、共同进步的伟大思想。

第三章

黄河文化的发展

随着早期国家的形成，中国的礼仪制度、道德观念初步形成于周朝。秦汉王朝大一统后，设郡县，为后世承袭。黄河文化从魏晋南北朝到唐宋时期进入了大发展时期。从秦汉、南北朝再到唐宋时期，中国历史上的民族大融合不断加强，使得黄河文化在地域上进一步扩大，黄河文化已经覆盖了两汉疆域，文化影响力达到西域、日本和南海。在此期间，黄河文化不断吸收来自周边少数民族的文化，社会经济不断发展，黄河文化的影响力和地位不断提高，逐渐形成了以黄河文化为核心、地域辽阔、多民族统一的文化融合。

第一节 中央政权与少数民族的权力争夺

一 周王朝和国内各族的关系

西周初期，是周代的兴盛时期，周初以来，随着社会经济的发展和统治范围的扩大，周王室与国内各族的关系有了进一步的交往和冲突。

西周中期，由于地方势力和少数民族的不断发展，从昭王、穆王以后，他们与周王室的矛盾逐渐加剧，军事冲突也不断发生。

西周末期，猃狁经常成为周室之患。宣王时，他们已经逼近周都。周宣王在西北戎族和东南夷人的交侵之下，最终亡国。

二 秦朝统一的多民族国家

秦朝是中国历史上第一个统一的封建王朝。公元前230—前221年，秦先后灭六国，统一西南、东南和南方越族地区，击退匈奴后取得河套地区，结束了春秋战国以来封建诸侯割据称雄的局面，成为中国历史上第一个以汉族为主体、多民族共融的统一的中央集权制国家。

秦朝在地方上彻底废除"封诸侯，建藩卫"制度，在全国范围普遍实行郡县制度。初设三十六郡，后增至四十郡之多。郡的主要长官是郡守，掌政事和军事，另有郡尉，辅佐郡守并掌军事，还有监御史，为中央派遣之监察官吏。郡下设若干县，主要长官，万户以上的大县设"令"，不满万户的小县设"长"，令（长）掌政事和军事。县以下有若干乡，乡以下有若干事，亭以下有若干里，里就是村落。皇帝制、三公九卿制和郡县制是一套完整的封建政治制度，这套制度是地主阶级用来统治、镇压广大劳动人民的，但它也是我国古代政治制度的一个新的发展，在当时及此后相当长的时间中，这一制度对巩固国家的统一，对促进社会经济、文化的发展，起过一定的积极作用。在此后两千多年的封建社会中，基本上沿用了这一制度。

三 东汉王朝与周边民族的融合

东汉初年，匈奴族控制了西域和东北的乌桓、鲜卑等族，经常侵入内地，侵扰掠夺。东汉因为建国初期，国力较弱，对匈奴采取防御为主的政策。至公元46年，匈奴单于去世，贵族内部为争夺王位而分裂，日逐王比自立单于，归附东汉。光武帝刘秀令入居云中（今内蒙古自治区托克托县）、美稷（今内蒙古自治区伊克昭盟东胜市），分屯部众于北边各郡，驻守边疆，设立匈奴中郎将进行监护，每年供给南匈奴一定数量的粮食、车马、布帛等财物。随着北匈奴势力的大量削弱，73年，东汉王朝借机进攻北匈奴，将北匈奴逼至新疆巴里坤湖和哈密地区；公元89年，窦宪耿秉率军出击北匈奴，北匈奴20余万人投降归顺，汉军出塞3000里，直至燕然山（今蒙古人民共和国杭爱山）；公元91年，汉再次出军北匈奴，北匈奴战败，一部分向西迁往欧洲，东北的鲜卑族西进占据了匈奴故地。

羌族是我国最古老的民族之一，长期居住在青藏高原一带，以游牧生活为主。王莽末年，羌族人大量内迁，散居在金城（今甘肃兰州）等地，与汉人杂居。东汉建立后，刘秀设护羌校尉进行管理，并陆续将羌人内迁至陇西、天水、扶风等地，三辅成为羌汉杂居地带。羌族人民遭受着比汉族人民更加沉重的剥削和压制，官史强征兵役，激起羌人的不断反抗。从安帝时起，羌族人民发动了三次大规模起义，前后延续五六十年，给东汉王朝以沉重打击。107年，东汉政府强征金城、陇西（今甘肃临洮）、汉阳（今甘肃天水市）羌人出征西城。羌人恐远行不还，行至酒泉便相率逃散。直到117年，第一次羌汉人民大起义才被镇压下去。140年，东汉地方官吏残暴苛刻，羌人且冻、傅难等与西塞、湟中地区的羌人联合发动起义，进攻三辅，最终因缺乏集中领导于145年在护羌校赵冲等人的进攻和利诱下失败。159年羌族的第三次大规模反抗再次掀起，东汉政府镇压与招抚并用，直到169年才将起义平息。这三次大规模起义持续了五六十年，虽然对东汉政府带来了沉重的打击，同时也使整个西北地区残破不堪，社会生产遭受到严重的破坏。

东汉统治时期，东北地区还居住着扶余人和高句丽人。扶余人生活在松花江流域平原地区，主要从事农业生产，畜牧业也很发达，盛产名马、貂、赤玉、美珠等。高句丽人居住在鸭绿江一带，与扶余人语言、习惯都很接近，以农业为主，其风俗尚清洁、善歌舞。西南地区散居着白狼等族，汉明帝永平年间，汶山以西的白狼部落有130余万户600余万人自愿内附，白狼王还作诗歌三章纪念这一重大历史事件，称作"白狼歌"。

四　三国两晋南北朝时期各民族冲突与融合

公元189年，董卓率兵入洛阳，控制东汉朝廷大权，引起军阀混战，东汉帝国名存实亡，由群雄割据经魏、蜀、吴三国分立，到280年，西晋统一全国，暂时结束了分裂状态。西晋灭亡后，江南出现东晋、宋、齐、梁、陈5个先后承接的政权，北方则经历了十六国、北魏、东魏、西魏、北齐、北周的统治。隋取代北周统一北方后，于589年灭掉南方的陈朝，统一全国，三国两晋南北朝历史结束。

三国两晋南北朝，大部分时间处于分裂状态，在将近4个世纪中，先后存在过30多个政权。这是中国古代自秦统一之后的第一次政治大分裂。政权更迭频繁，社会动荡不安，民族矛盾尖锐复杂，是这一历史时期的主要特点，这也给社会带来了很大的负面影响。

尽管中原地区战乱不息，北方社会经济在屡遭破坏的情况下，仍然有所发展，而江南和东北、西北等边疆地区则得到前所未有的大开发。民族间的矛盾斗争虽然给各族人民造成伤害，但也为汉族和少数民族的大融合提供了有利条件。隋唐统一帝国正是南北方经济发展和民族大融合的结果。三国两晋南北朝时期，打破了秦汉以来天下一统的政治中心与经济中心合二为一的固定模式，从而为边疆地区和周边少数民族的社会发展提供了有利条件，使其实现了历史性的进步。

这一时期，由周边大量迁入内地的各少数民族在与汉族融合的过程中，逐步接受了以儒家学说为核心内容的汉族传统文化，在政治经济生活、礼仪习俗、学术思想等各个方面实现了汉化。汉民族也吸收了各少数民族和域外传入的各种文化因素，从而使以汉族传统文化为主体的中国文明得到进一步发展。三国两晋南北朝是中国历史由秦汉向隋唐转进的重要过渡阶段，具有承上启下的作用。在这一历史基础上形成的隋唐大统一的局面更加巩固，中华民族的文明更加博大恢宏。

五 隋唐时期的民族关系

隋唐是中国古代史继魏晋南北朝分裂割据之后出现的两个统一王朝，代表着中国黄河文化与华夏文明迈入新的发展阶段。小农经济繁荣发展，庄园经济进一步削弱魏晋南北朝时期及唐中叶以前实行的均田制建立于其上的租庸调制终于退出历史舞台，人丁税在赋役征收中所占比重逐渐减少，以资产和土地作为主要的赋役征收依据的两税法终于在建中元年（780）推出，这是中国古代赋役制度史上的重大变革。唐代商业发达，外贸兴盛，城市繁荣，"贞观之治""开元盛世"是社会经济发展的两个高峰期。

隋唐时期，面对比秦汉王朝更加纷繁复杂的民族关系和周边众多的民族政权，隋唐王朝在继承前代民族政策的基础上，实施了设置羁縻府州、和亲、纳质宿卫、互市、朝贡贸易和武力征伐等具有较强时代特征的民族政策和统治策略，在进一步丰富中央王朝民族治理经验的同时，有力地促进了统一多民族国家的发展和各民族间的交流。

隋唐时期一改以"华夷之辨"和"夷夏大防"为基调的民族思想，把"华夷一家"定为当时处理民族关系的主流思想。或许是因为隋唐统治者本身就是胡汉混血的原因，整个隋唐时期"华夷一家"的民族思想已成为这一时期处理民族关系的主流基调。如隋炀帝时所强调的"今四海既清，与一家无异，朕皆欲存养，使遂性灵"思想，集中体现了隋代"混一戎夏"、诸族一家的民族开放思想。到了唐代，"华夷一家"的民族思想将周边各少数民族以统一的名义纳入统一多民族国家之中，不仅极大地丰富了"大一统"的思想体系，还有力地促进了统一多民族国家的发展。

另外，和亲政策的实施既维护了安定团结的政治局面，又搭起了民族融合的桥梁。和亲政策创始于西汉，鼎盛于隋唐，在隋唐时期显示出鲜明的时代特色。据初步统计隋朝立国 37 年间共与吐谷浑、高昌、突厥进行过5次和亲,唐朝统治289年间共与吐谷浑、契丹、回纥、吐蕃、突骑施、奚、宁远等周边少数民族政权进行过28次和亲。与汉代相比,隋唐时期的和亲政策不仅更加频繁,而且和亲的民族和地域也从北部和西北一隅拓展到东北、西北、西部和西南地区的吐蕃、吐谷浑、突厥、契丹、奚、回纥等少数民族政权当中。隋唐时期和亲政策的实施,达到了平息和亲双方的战争,分化瓦解削弱和控制少数民族政权,借兵和结交军事同盟等目的,对巩固和发展当时的大一统局面产生了积极的影响。①

在隋朝短短二十年的统治中,社会经济不断繁荣,国力增强。至唐朝时期,民族关系已经出现良好的发展态势,一方面得益于各族人民的友好相处,另一方面受益于国家的民族政策。以唐太宗为首的统治集团吸取了隋朝"弃德穷兵,以取颠覆"的教训,认为"中国百姓,天下根本,四夷之人,犹于枝叶。扰其根本以厚枝叶,以求久安,未之有也"②。在这一思想指导下,唐初的统治者以稳固统治、恢复生产、与民休息为主要目标,采用和平的手段对待边疆地区的少数民族。唐朝统一以"抚九族以仁"核心,用较为温和的羁縻政策对待归顺的少数民族,在不改变当地民族生活习俗的前提下,实行中央统一管理。唐代设立的"羁縻府州"多达856个,各府州的都督、刺史由少数民族首领担任,并赋予其自行处理内部事务的权力。此外,各少数民族在经济、政治和文化上与唐王朝保持着紧密的联系,丝绸之路和唐蕃古道的开拓使得各民族与唐王朝间的贸易往来日益频繁,朝廷官员和军事将领中也有各少数民族的身影,各族的上层精英通过联姻与唐王朝保持着血肉联系,不断增强其在政治中的话语权。与此同时,各族人民间的交流也不断加强,文化艺术实现了大融合、大发展。事实证明,唐朝的民族政策顺应

---

① 段红云:《论隋唐时期的民族政策与各民族的大融合》,《云南行政学院学报》2011年第6期。

② 吕军旺:《汉唐初年统治阶层指导思想之比较》,《内蒙古农业大学学报》(社会科学版)2011年第13卷第6期。

了时代发展的趋势，不仅有利于巩固唐王朝的统治，促进封建经济文化的发展，而且有利于整个中华民族的发展壮大。

第二节　黄河文化与其他文化的交流

一　丝绸之路：打开中国与外部世界联系的大门

丝绸之路可分为海上丝绸之路与陆上丝绸之路，是两汉时期从中原到中亚、西亚乃至地中海各国，或出海至东南亚，以丝绸贸易为主的交通通路。在古代世界，只有中国种桑、养蚕，生产丝织品，近代以来各地的考古资料充分证明，商周以来，我国丝绸锦绣的生产技术已经发展到很高的水平，那时中国的丝绸就已经通过西北各民族之手少量地辗转贩运到中亚和印度等地。这条被称为"草原之路"（又名沙漠绿洲丝路）的大致走向，是经由蒙古高原、阿尔泰山、准噶尔盆地，越过吉尔吉斯草原，西至里海、黑海北岸的伏尔加河、顿河流域，并可绕过喀尔巴阡山，进入东欧和北欧，又可南下通往中亚两河流域、小亚细亚、地中海沿岸及北印度等地。

汉初，乌孙、月氏控制了河西走廊，西域绿洲诸国也被匈奴统治，汉与西域各国沟通的通道被割断。在张骞"凿空"西域后，汉从敦煌至盐泽修筑了很多烽燧亭障，阻止了匈奴南侵的步伐。自此，汉朝与西域各国的交流日益频繁，使者商人来往无数，以丝绸为代表的一系列具有东方特色的货物不断西运，西域各国的"奇珍异宝"也传入中国，这条沟通中西的通道被德国地理学家李希霍芬命名为"丝绸之路"。两汉时期，丝绸之路东起长安，沿渭水西行，经河西走廊，至敦煌。其中，长安以西又分南、北、中三线。南道西南行出阳关，穿越白龙堆至楼兰（故址在今新疆罗布泊西），然后沿今塔克拉玛干沙漠南缘的昆仑山北坡西行，经鄯善、且末、于阗、莎车等地，越过葱岭到达大月氏（今阿姆河北岸）、身毒、安息（今伊朗），再西经条支（今叙利亚、伊拉克），最后抵达大秦（东罗马帝国）；北道从敦煌西北行出玉门关，经楼兰沿孔雀河至渠犁（今新疆库尔勒），然后西经乌垒、轮台、龟兹、姑墨（今新疆阿克苏）、疏勒（今新疆喀什），越葱岭到达大宛、康居等中亚古国至安息。"丝绸之路"的南北两道相会于今伊朗境内的马什哈德，再西至西亚、大秦。东汉和帝时期，东汉出兵夺取了伊吾卢（今新疆哈密），最后迫使北匈奴西迁。汉随后开辟了一条新北道。新北道由敦煌向北至伊吾卢，然后西经柳中、高昌壁、车师前部交河城（今新疆吐鲁番），经焉耆越天山至龟兹，再循原北道西至疏勒。这条新北道即《魏略》所说的"中道"，以别于南北朝以后天山以北的"北新道"。[1]

丝绸之路开通后，中国的丝绸和桑蚕技法、制铁、制陶和造纸术等都传入西域各国。西域的核桃、黄瓜、大蒜、橄榄、胡椒、苜蓿等特色农产品也先后传到中国。大宛的"汗血宝马"、非洲的鸵鸟、狮子以及西方的宝石、香料等也在中原相继出现。

东南沿海是汉朝海上对外开放的前沿，南海则是两汉王朝与南亚、印度的海上通道。据《汉书·地理志》记载：汉代的出海口有3个，即日南边塞（出海口在今越南岘港）、徐闻（今雷州半岛南端）、合浦（出海口在今广西合浦南）。近年来，学者根据考古发现指出，番禺（今广州）应是我国南方最早的一个与海外通商贸易的港口，而日南边塞、徐闻、合浦则是番禺的外港，即从内港番禺起航的船只需要到合浦等港口补充淡水和食物等，再出海远航。当时，商船沿印支半岛南下，行五月可到都元国（在今马来半岛），再行四月可到邑卢没国（在今缅甸），由此登陆行十余日可到夫甘都产国（今缅甸蒲甘地区）。由此再船行二月余，就可以抵达黄支国（今印度东海岸建志补罗，出海口为马德拉斯）。黄支国之南有已程不国（今斯里兰卡）。这已经是有历史记载以来的汉朝使节所到的最远的国家，表明汉朝已经与印度洋沿岸和东南亚等国家有了

---

[1] 王连旗、崔广庆、高汝东：《先秦秦汉时期陆上丝绸之路与中国西北边疆安全》，《塔里木大学学报》2017年第29卷第1期。

经济、文化上的往来。但是，我国与欧洲的经济联系还需要通过安息、天竺等国中转。东汉中叶以后，从地中海经印度洋到南海的海路交通终于开通，中国和罗马第一次发生了外交联系。公元166年，罗马皇帝马克·奥勒略·安敦尼阿斯遣使者从海路经日南来到中国，并带来象牙、犀角、玳瑁等礼品。总的来说，海上丝绸之路不管是从覆盖范围还是贸易总量，影响力都不及陆上丝绸之路，中西方贸易往来和文化交流还是以陆上丝绸之路为主。

朝鲜半岛与中国东北毗邻，战国末年，燕、齐一带有不少移民迁居朝鲜半岛，传播了中原地区的先进文化。汉初，燕人卫满率1000余人东走出塞，渡过浿水（今朝鲜清川江），统治朝鲜西北部，建都王险城（今朝鲜平壤）。朝鲜半岛土著之真番、临屯等部都附属卫满。至卫右渠（卫满之孙）统治时期，汉武帝于元封二年（公元前109年）遣荀彘率陆军出辽东，杨仆率楼船（水军）渡渤海攻卫氏朝鲜。卫氏朝鲜灭亡后，汉于其地置玄菟、乐浪、真番、临屯四郡。昭帝以后，汉政府相继罢除真番部、临屯部，并把玄菟都移至鸭绿江北、辽东郡东，只有乐浪郡尚存于朝鲜半岛。不久，朝鲜半岛北部的高句丽兴起，南部的马韩、辰韩的势力也不断强大，并与汉属乐浪郡时有冲突。自乐浪置郡，至为高句丽所并，前后400余年间（公元前108—公元313年），汉文化大量输入朝鲜，这不仅在传世文献中多有记载，而且从朝鲜境内许多汉墓出土的封泥、印章、兵器、漆器、铜镜、丝织物及瓦当等也能充分证明。同时，朝鲜古文化也输入辽东、辽西和幽州各郡。

日本在中国古文献中称"倭"。首见于《山海经》。《汉书·地理志》称："乐浪海中有倭人，分为百余国"，大概是指以北九州为中心的许多小部落国家。光武帝中元二年（公元57年），"倭奴国"曾遣使来汉，刘秀赐以印授。所赐"汉倭奴国王金印"已于1784年在北九州志贺岛叶崎村发现，说明当时日本北九州一带已与汉朝发生交往。中国的铁器、铜器、丝帛等不断输往日本，丰富了当地的物质生活。桓帝、灵帝时期（147—189），倭国出现了女王卑弥呼统治下的邪马台国，辖有伊都国、斯马国等20多个小国。关于邪马台国的地望，日本学界有九州说和大和说之争，迄无定论。曹魏正始年间，卑弥呼死，国乱，中断了与中国的交往。

战国后期，越南北部有骆越国。秦汉之际，赵佗割据岭南，击灭骆越。汉武帝出兵南越时，在越南北部设立交趾、九真、日南三郡。自此，中越两国之间的贸易往来和文化交流日益频繁，越南的象牙、犀角、玳瑁等奇珍异宝开始在中国的市场上流行，中国的耕作纺织技术、水利灌溉技术也在越南民间广泛应用，推动了越南经济社会的发展。

二 佛教传入中国与道教的产生

佛教产生于印度，由释迦牟尼创立，通过中亚传入新疆，一般认为是西汉哀帝时期逐渐传入中原。有文曰"昔汉哀帝元寿元年，博士弟子景卢受大月氏王使伊存口受浮屠经，曰复立者其人也"[①]。又有传说东汉明帝曾派使者赴大月氏求佛法，写成佛经42章，即所谓《四十二章经》。此时，楚王国内已经有优蒲塞与袭门，说明佛教已在中国内地传播。

在中国，佛教最早的信徒为王公贵族。佛教始入内地时，人们往往将佛教与黄老并举，将黄老与浮屠并祀。汉桓帝为延年祈福，在祭祀黄老的同时，也要祭祀浮屠。据大臣襄楷所言，当时的佛教教义被信徒理解为清虚无为，省欲去奢，与黄老道术相似，因此浮屠与老子往往并祭，而且出现了"老子入夷狄为浮屠"的传闻。

东汉时期的佛教活动主要集中在翻译佛家经典上，根据梁僧祐的《出三藏记集》，汉末共翻译出佛经53部73卷。当时译经的特点是西域僧人带来什么就译什么，故所译经典大、小乘兼有。其中，安世高主要在北方传译小乘阿毗昙学和禅学经典，支

---

① 《三国志·魏书东夷传》注引《魏略》。

娄迦谶主要在南方传译大乘般若学经典，形成了南北方不同的两大体系。① 初平四年（193年），作为徐州牧陶谦督广陵等郡漕运的丹阳人笮融，用免除徭役的方法合计招揽佛教信徒5000余人，使其建浮屠寺，造铜浮屠像，这代表着我国佛教大规模建寺造像活动的开始。

道教作为中国本土的民族宗教形成于汉朝末期，与汉代繁荣的经济和良好的社会氛围是分不开的。道教不仅仅发源于秦朝以来的鬼神信仰、天命理论、神仙家言等思想渊源，更与汉代"神道设教"的思想与文化的宗教化趋势息息相关。汉代统治者"神道设教"有两个目的：一是巩固封建专制统治的需要；二是顺应封建文化发展的趋势。因此，刘汉政权以"圣人以神道设教而天下服矣"为方针政策，大肆建造庙宇祠堂，一时间群神并立，到汉哀帝，全国共有1700多所神祠，这类普遍存在的封建迷信活动无疑为道教的产生奠定了基础。

在封建社会中，文化不可能脱离社会背景独立发展，统治者的意志对社会文化有着很强的影响力。在汉代"神道设教"的浓厚氛围中，社会文化不可避免地走向宗教化。董仲舒是推动儒学神化的先驱者，他的阴阳五行学、天人感应论和祈雨止雨之法富有浓重的神学宗教色彩。两汉儒学的谶纬化不仅使儒学发展为儒教，使其具备完整的神学宗教体系，而且为其他学派的未来发展指明了宗教化的道路。为了迎合统治者，曲解自然天象以神化皇权的谶语和以神学解释儒家经典纬书占据了学术文化的主流。这些谶纬文化成为黄老道家演变的催化剂，为黄老道家的经典著作提供了思想资料。在汉代，道家大致可以划分为黄老学术派、黄老治术派和黄老方术派。起初，黄老方术派在道家并不是主流，董仲舒"罢黜百家，独尊儒术"后，黄老学术派和黄老治术派日渐式微，黄老道家从包罗

---

① 刘长庆、王桂琴：《论我国早期的佛经翻译特点——从东汉到西晋》，《襄樊学院学报》2006年第4期。

万象的官方哲学逐渐演化到与方术神道紧密关联的纯粹神道——黄老道。黄老道的出现，是两汉神道设教浓厚氛围下的产物，也是谶纬文化盛行的必然结果，代表着道教这一本土民族宗教已经酝酿成熟。道教的创立历经了从道家思想至道教理论，再从道家理论升华成道教理论的过程。黄老道家用修道长生的观点为《老子》注释，将道家思想过渡为道教理论，而《老子河上公注》则是将道家理论升华为道教理论的经典性著作。

三　盛唐时期的中国与世界

唐朝是我国历史上经济、政治和文化高度发达的黄金时代，国家统一，民族和谐，经济发达，文化繁荣，社会氛围和谐，对外交流频繁，堪称古代封建王朝的巅峰，在亚洲乃至世界享有很高的声誉。当时，各国的使节、商人和学者频繁出入中国，一方面将中国的丝绸、陶瓷、茶叶和奇珍异宝带回本国，另一方面学习中国先进的科学技术和优秀的传统文化。据资料显示，共有70多个国家与唐朝建立了外交关系。为了接待来往的各国贵族和使节，唐朝特地在长安设立鸿胪寺；在许多贸易兴盛城市都设有商馆、互市监和市舶司，以便接待各国的商贾和维持市场秩序。

唐代的对外交通相当发达。通往中亚一带的陆路交通多走河西走廊，过塔里木盆地，越葱岭山隘，直达中亚、西亚，这就是举世闻名的"丝绸之路"。海路出广州，越马来半岛，经斯里兰卡，入波斯湾；或沿阿拉伯海沿岸，以达红海，通往非洲各地。有三条陆路：一是越葱岭西南行，经乌浒河（今乌兹别克斯坦境内阿姆河）至阿富汗，沿喀布尔河东下，至西印度；二是由剑南西川入西藏，南行过雪山，经尼泊尔至印度；三是由桂林经云南水昌，达于细甸，由细甸进入印度。通往朝鲜半岛有陆海两路：陆路由幽州过辽西走廊，经辽阳，渡鸭绿江，可至平壤；海路由登州或莱州经辽东半岛而达于朝鲜。

日渐便利的交通、日益频繁的商业贸易和日趋深入的文化交流使得唐朝的西京长安、东都洛阳、西北部重镇敦煌、凉州、兰州及东南部的广州、泉州成了国际交流的重要城市。其中，长安城作为唐朝的都城与华夏文明的中心，商馆、太学及佛教圣地聚集了众多外国贵族、商贾和学者，这不仅极大地提升了我国文化的传播力和影响力，也让普通民众体会到了异域文化的魅力。

贞观十八年（644年），唐太宗趁高丽入侵新罗时出兵高丽，大大削弱了其实力。显庆五年（660年），唐军攻灭百济。乾封元年（666年），唐朝趁高丽内乱攻占平壤，灭亡高丽，并设立了管理机构进行统治。上元二年（675年），新罗统一朝鲜半岛，唐朝势力全部退出。

新罗统一之后，中国和朝鲜半岛的经济、文化交流有了更进一步的发展。在经济方面，新罗的商贾频繁往来中原进行贸易，近达登州、莱州，远至楚州、泗州。长安、登州设有新罗馆，文登县东界有新罗所，楚州、泗州二州有新罗坊，是他们住宿和交易的主要场所。新罗曾经派遣大批子弟到长安学习，参加唐朝的科举考试。通过科举考试的人很多，其中崔致远最为著名，曾著《桂苑笔耕集》，深受文坛好评。据文献资料显示，新罗的留学生所占的比例甚大，这些留学生对中国的传统文化有着浓厚的兴趣，使得唐代文化在新罗广泛的传播。许多新罗人改穿唐代的服装，新罗统治者也依据唐代封建制度改进其政治体制，并设立了商馆、医馆、书馆等机构。公元7世纪末，新罗人薛聪借助"吏读"，将新罗语和汉字结合起来，打破了语言不通障碍，促进了两国之间文化的交流。唐代十部乐中的高丽乐就是取自新罗，可见新罗与唐朝联系之紧密。

中国与日本在经济文化上早就有密切的关系。大业三年（607年），日本使者来隋朝，此后，中日两国关系有了新的发展。唐朝时，两国的文化使者始终没有停止往来。据不完全统计，这一时期中，日本方面派出的"遣唐使"和迎、送唐使的使团即有19次，人数多时，一次即达500余人。遣唐使团人员组成多样，各个职业均有代表参加。遣唐使团不畏艰险，越过惊涛骇浪，来到中国，广泛接触各方面人士，学习中国传统文化，回国时，则把中国先进政治制度、生产技术和科学文化带回日本，对中日文化交流做出了巨大贡献。日本太平时代（724—781年），是唐代文化输入的极盛时期。其中最为知名的是鉴真和尚，他在日本除了传播佛教，在文学、医学、建筑、美术等方面也做出了杰出贡献。

  林邑立国于越南中部，与唐朝的关系一向较为密切。在唐代历史中，林邑使者来唐有15次之多，经常以朝贡形式送来土特产品，唐朝则回赠以丝织品。唐代的典章制度、佛教、科举取士对林邑影响很深。真腊于公元6世纪后期摆脱了附属于扶南的地位，成为一个新兴的独立王国。唐中宗以后，真腊分为水真腊（柬埔寨）与陆真腊（老挝）两部。真腊与唐朝的经济文化交往相当频繁。据载，自高祖至宪宗期间，真腊遣使来唐16次以上。代宗时，陆真腊王婆弥来唐，受到隆重接待，被赠以"宾汉"之名。真腊与唐朝的贸易关系相当重要，中国货物在真腊十分畅销，真腊商船也经常来往于唐朝的海港，尤其是广州一带。真腊富于民族特色的歌舞对我国古典歌舞具有一定的影响。

  在唐代，立国于印度尼西亚苏门答腊岛的泥婆罗等国与中国有密切的往来。泥婆罗在唐代与吐蕃关系密切，松赞干布曾娶尼婆罗公主为妻。双方学者多有往来，在宗教艺术、建筑方面，互相都有影响。泥婆罗与唐朝内地也保持着经常性的联系，泥婆罗曾派使臣来唐，带来了波棱、浑提葱和酢菜等特产，中国造纸术也由使臣带回泥婆罗。

  中国与印度、巴基斯坦、孟加拉国交往历史也很悠久。汉代的"身毒"，唐代的"天竺"，即指今天的印度、巴基斯坦和孟加拉国。从公元7世纪下半期起，印度分裂为五个部分，即东、西、南、北、中五天竺。五天竺与中国都有密切的关系。唐朝与天竺的贸易往来极为频繁，今天的孟加拉国以及印度南部东、西两岸，在当时经常有唐朝的商船往来，天竺商船也经常到广州、泉州进行贸易。7世纪末，我国的纸已由中亚陆路传到了印度，之后又传去了造纸术,从此印度结束了用白桦树皮、贝叶写字的时代。天竺文化对唐代社会也有一定的影响。在生产技术方面,中国的制糖技术的进步离不开天竺当地的"制糖法"。在艺术方面,闻名世界的敦煌莫高窟、云冈石窟以及麦积山石窟里的雕刻、壁画和塑像,都直接受到了印度犍陀罗或笈多式艺术风格的影响。在中印文化交流史上,佛教僧侣起到了积极的作用。许多中国高僧不惧艰难,长途跋涉,到天竺取经,对中印文化交流做出了巨大贡献,其中,玄奘法师是最值得纪念的人物。

此外,我国与狮子国、波斯、大食等中亚国家的交往也十分密切。在唐代文化输入中亚的同时,中亚的文化也传入中国。在音乐舞蹈、绘画、宗教等方面对我国民族文化的形成产生了重大影响,伊斯兰教也开始在中国传播。

第三节　黄河文化的衰落

从元至明末,是黄河文化的迟滞与衰落时期。这一时期,黄河文化的某些方面、某些文化领域仍然在发展,也有不少新的文化因素产生,但就其重要方面来说,文化模式已基本定型,它所塑造的人们的思维方式、价值观念、心理习俗已经形成了固定的传统,它的儒家学说的理论形态再没有突破性的发展。于是,黄河文化便进入了缓慢发展、迟滞不前以至衰落的阶段。[①]

一　经济中心南移

黄河流域自古以来就是中国经济、政治和文化的中心,一方面农耕文明是华夏文明的主要表现形式,黄河流域发达的农业使得农耕文明得到了极大的发展,另一方面中国古代的经济中心、政治中心和文化中心往往具有一致性,黄河文化区孕育出了许多历史悠久

---

① 李振宏、周雁:《黄河文化论纲》,《史学月刊》1997年第6期。

的古城和文采斐然的文人。宋代以前，黄河文化一直占据着主流，虽在南朝发生过政治中心的南移，在长江流域出现了宋、齐、梁、陈四国，但其是由于政治斗争和民族矛盾等特殊原因导致经济中心南移，这不代表黄河文化区走向衰落。

黄河文化历经朝代更迭、依旧发展持续不间断。唐朝安史之乱后，在经济上，整个黄河文化区历经了唐末农民战争、五代十国混战、少数民族的入侵后，政局动荡，人民不得安宁，经济繁荣更无从谈起；在自然环境方面，整个黄河流域的植被遭到严重破坏，水土流失现象十分严重，前朝留下的水利设施年久失修，大片良田与农舍被冲毁，整个黄河流域一片混乱。相反，长江流域的发展走上了正轨：一是随着南宋的南迁，中国政治中心开始逐渐向南方转移；二是长江流域在交通、贸易方面优势逐渐显现，商品经济繁荣发展。黄河流域逐渐失去了其在经济、政治上的领先地位，但黄河文化的主体地位和主导作用却是不可否认的。

二 理学成为主流思想

儒学作为黄河文化的内核，自董仲舒"罢黜百家，独尊儒术"就已经被统治者视为封建统治的正统思想，而魏晋玄学、两汉道学、隋唐佛学等思想仍然流行于民间，这些思想在一定程度上对儒学产生了冲击。唐朝后期和五代十国长期的动荡导致的社会分裂使得儒学的伦理纲常、道德体系受到了严重的破坏，黄河文化的发展也停滞不前。宋朝统一后，程朱理学应运而生，程朱理学以儒家的社会、民族、个人的伦理道德与信仰理念为基础，坚持理一元论的唯心主义，倡导"存天理、灭人欲"，赋予其抽象化、真理化和系统化的特点。理学虽将儒学上升到了哲学层面，在维持社会稳定，让封建政治走向了平民化和民间参政议政提供了理论支持，但是统治者将封建伦理纲常与宗教的禁欲主义结合起来，压制人对于美好生活的欲求，使代表黄河文化内核的儒学走向极端与绝对化，极大地束缚了人的思想，不利于文化科技的发展进步，黄河文化的活力也在理学的压制下消失殆尽。

三 文化传统的定型与僵化

以宋明理学为标志，黄河文化作为一种封建社会后期的文化模式已经固定下来，在经济方面，以家庭为单位的小农经济占据主导地位，农业和家庭手工业相结合，生产的主要目的是满足自家生活需要；在政治上，封建专制主义中央集权制度逐渐完善，中央集权不断加强；在思想上，由儒学发展而来的程朱理学被定为官学，占据了主导地位；在科学文化的发展方面，务实致用逐渐成为主流。这一文化模式对黄河文化的传承与创新产生了极大的影响，首先，处于僵化文化模式中的社会成员已经适应了小农经济的封闭性和自足性，"重农轻商"的思想观念深入人心，百姓"不患寡而患不均"，遏制了新的经济成分的发展；其次，封建统治者长期采用"重本抑末"的政策和以理学为评判标准的科举制度，导致了社会上对于工业、商业、文化和科技抱有偏见的风气的产生，他们视科学技术为奇技淫巧，行商坐贾为末业邪途，一心追逐功名利禄和荣华富贵，使黄河文化失去了自我更新的内在条件；最后，由贸易往来、传教说法与民间交流所带来的西方的政治制度、宗教文化和文学艺术也与已经固化的文化模式格格不入，遭到了各个阶层的抵制与鄙视，这无疑大大放缓了从外部创新黄河文化固有模式的脚步。这一时期的黄河文化，再也没有盛唐时代那种对异域文化宽容大度的气魄，黄河文化已失去了昔日吸收、消化异质文化的同化能力。

第四章

黄河文化的融合

清朝建立以后,黄河文化与周边文化相融合,近代中华民族文明的雏形基本形成,虽然在唐朝中期以后,黄河流域在个别方面失去了领先地位,但政治上依然处于主导地位,文化上保持传统优势。明清时期,尽管受到海关政策的制约,但中外文化的交流在民间却持续进行,明朝的郑和下西洋和清朝的西学东渐之风对黄河文化和外来文化的交流起到了推动作用。任何文化的发展都必须立足自身传统,同时又吸收外来的优秀文化,才能经久不衰。黄河文化在发展的过程中逐渐摒弃了过去僵化的文化传统,展现出兼容并蓄的魅力,实现了大繁荣。

第一节 明清时期黄河文化的发展

明清时期,中国社会总体发展态势良好,学术与世俗文化都有一定的进步,社会文化的繁荣主要体现在世俗的平民文学艺术的兴盛和对学术经典的大规模总结。此间,中国与西方世界的接触逐渐成为封建社会变迁的直接因素,中国并没有排斥西方的文化因素,但是受传统自我文化中心意识影响,中国没有积极地为世界大局势的变化做好准备,而是被动地卷入近代化的世界历史潮流。

一 明清时期思想领域的发展

明朝末期,社会矛盾比较尖锐,内有灾荒和农民起义的威胁,外有女真族政权在北方虎视眈眈。动荡的社会环境涌现出了一大批具有批判思维的思想家，顾炎武、黄宗羲和王夫之等人的进步思想具有一定的民主色彩，推动了民智觉醒和社会进步，对后世产生了深远的影响。

顾炎武，汉族，江苏昆山人，本名顾炎绛，字忠清，被学界尊称为"亭林先生"。明都南京被占后，因仰慕文天祥学生王炎武的为人，故改名炎武。顾炎武作为明末清初"三大儒"之一，饱览群书，学识渊博。在明朝亡国后的20多年间，顾炎武辗转各地参与抗清斗争，在此期间尽察社会弊病与民间疾苦，写出《日知录》《天下郡国利病书》《肇域志》等书籍，成为一代学术宗师。顾炎武治学严谨，反对空疏，恪守"经世致用"的学风，"凡文之不关六经之旨、当世之务者，一切不为"，以解决社会实际问题和挽救天下苍生为己任展开学习研究，《天下郡国利病书》是其"经世致用"风格的代表作，阐述对中国政治形势和社会弊病的看法。《日知录》更是他平生学术研究的集大成之作，囊括了各学科的精华，全书共32卷，1000余条，共有经义、史学、官方、吏治、财赋、典礼、舆地、艺文八个部分。此书运用考据的手法来研究文献或历史问题，目的在于探寻乱世中治理国家的方针政策，可谓"明学术，正人心，拨乱世以兴太平之事"。此外，他还作有《钱粮论》《郡县论》《生员论》等7篇文论，都是他于明亡前后总结历史经验，针砭时弊的专门论述。在哲学思想上，顾炎武对程朱理学提出了质疑，是反理学思潮的代表人物，不仅对陆王心学做了驳斥，也在天理、知行、人欲等诸多方面提出了独到的见解，认为"盈天地之间者气也"，有着朴素的唯物主义世界观。不过，他并未建立起自己系统的哲学思想体系，对陆王心学与程朱理学的批判也仅是从学术的角度，目的是解放人民的思想，倡导"经世致用"的学风。在社会思想方面，顾炎武主张"利国富民"，敢于针砭时弊、质疑君权，主张改革"生员"制度来选拔有能力有抱负的人才，所提出的"众治"则具有民主主义色彩，喊出了"天下兴亡，匹夫有责"

这一口号，对中华民族的民族性格与民族精神的形成产生了重要影响。

黄宗羲，汉族，浙江余姚人，字太冲，别号称梨洲先生，是"东林七君子"之一黄尊素长子。他一生刚正不阿，曾庭锥奸党，明世宗称其为"忠臣孤子"。黄宗羲的学术造诣也值得称赞，师从于著名哲学家刘宗周，习蕺山之学，是明末复社的领导者之一。清军入关后，黄宗羲拒不仕清，隐居在化安山内，后在绍兴、宁波等地设馆讲学，潜心著述。他对中国历史上的君主专制政体进行了冷峻的透视，写出了《明夷待访录》这部不朽之作，并创作完成了我国第一部学术史作《明儒学案》。《明夷待访录》系统地阐述了黄宗羲的社会政治思想，全书虽仅一卷，只有3万字，却涉及了中央政制、地方机制、教育、田制、兵制、财经、阉宦等多方面内容。尤其对封建专制政体进行了猛烈抨击，提出了"天下为主，君为客"的命题，认为"天下之治乱，不在一姓之兴亡，而在万民之忧乐"。因此，君臣之间也就不能是一种简单的"君为臣纲"的专制关系。在他看来，"我之出而仕也，为天下，非为君也；为万民，非为一姓也"。黄宗羲认为要限制君主的权力，应当正确认识君与臣的关系，为君者，应使"天下受利"，为臣者应为"君之师友"而不是其仆妾，强调君臣都有共同的责任，就是为民谋福利。这种思想在当时的历史环境中无疑是独一无二的。他还提出了"有治法而后有治人"的法治思想，主张以"天下之法"取代"一家之法"、借以约束君主个人的"人治"，认为"学校"不仅是培养人才的教育机关，还要使它有效发挥"议政"的政治作用。这种激进的社会政治思想，由于历史条件的限制，在当时并未产生重大的社会影响。直至清末维新变法时，才为维新志士所接受，成为他们鼓吹民本思想与民权意识的理论武器，对中国近代社会的思想启蒙运动起到了重要的启迪作用。在哲学思想上，黄宗羲继示了其师刘宗周"理依于气"的观点。不过，黄宗羲的哲学思想与学术史观同样具有"经世致用"的时代特征，他在详细研究以往文献资料的基础上，编写了《宋元学案》和《明儒学案》，对宋以来的学术思想进行了"分源别派"，理出了一条学术思想发展与演变的脉络。黄宗羲也对程朱理学进行了批判，他宣扬"理在气中"这一与客观唯心主义截然相反的观点，却又难以避免地走向了陆王心学的怪圈，坚持"此心之万殊"，摇摆于唯心主义与唯物主义之间的黄宗羲没有建立起自己科学的哲学体系，这也客观反映了当时错综复杂的社会矛盾对哲学发展的影响。

王夫之，汉族，湖南衡阳人，字而农，号姜斋。王夫之自幼跟随兄长学习，饱读诗书，后遇社会动荡仕途不顺。崇祯皇帝自缢后，王夫之写下《悲愤诗》以显心志。清军入关后，王夫之参军抗清失败后隐居石船山，潜心学术，写出了《周易外传》《张子正蒙注》《宋论》等著作。王夫之不仅是明末哲学思想的集大成者，在文学领域也颇有建树。王夫之对于诗歌这种文体极为推崇，特别是饱含真情实感的诗歌，认为是"心之原声"，并对模糊诗歌与史书的"诗史"诗歌进行了批判。王夫之同样重视文学艺术对社会发展的影响，提出了文学作品要"兴观群怨"的理论，处理好景与情、情与人的关系。在哲学思想方面，王夫之以其渊博的知识与广泛的兴趣，对中国古代传统哲学进行了深入研究。王夫之的哲学思想在本体论上，王夫之反对程朱理学"理本气末""理在气先"的观点，认为"气"是宇宙万物之源，理存在于气中，"气者，理之依也"，反对离气而言理。还认为"气"的根本属性是运动，"气"是一切运动变化的主体，提出了"太虚本动"与"动静互涵"的哲学见解，认识到了运动的绝对性与静止的相对性以及两者的相互关系，进而提出了"天下惟器"的观点，他认为世界上所有实体的事务可称为"器"而"道"则是事物运行发展的一般规律，蕴含于"器"中，没有"器"就没有"道"。但"治器"必须"遵道"，也就是说，具体事物的运动与行为也必须遵循一定的客观规律。这种说法与以往"道之大原出于天，天不变道亦不变"的说法截然不同，朴素地解释了哲学思想上一般与特殊关系的这个难题。

在认识论上，王夫之建立了以"行"为基础的"知行合一"观。提出"行"是"知"的基础，"知"不能代替"行"。"知必以行为功，知不得有行之效"而"行可有知之效"。认为"知"来源于"行"，而且"行"也是检验"知"的标准。在理欲问题上，王夫之极力反对道学家"存天理，灭人欲"的观点，主张"天理"即在"人欲"之中，"人欲之各得，即天理之大同"。在历史观念上，王夫之坚持进化论的观点，对历史循环论与复古论给予了批判。认为人类发展是一个不断完备、不断进化的过程，不应该"泥古过高，而菲薄方今以蔑生人之性"。他发展了"势"的内涵，强调趋势的不可抗拒性，提出了"势理合一"的历史观，认为历史的发展不受个人意志的影响，而是顺应时代发展的潮流。王夫之以对中国古代哲学思想的深入理解与重构，成为中国封建社会晚期一位集大成的杰出思想家，尤其是他的朴素唯物主义的哲学观念，在传统唯心主义占据主体地位的哲学领域中，对相对均衡的哲学环境的形成具有极其重要的社会作用。

二 明清时期的世俗文学

明代商品经济发展与城市经济的繁荣，以及市民阶层的兴起，促进了明代市民文学的发展。尤其是传奇与小说，在宋、元话本与杂剧流行的基础上，经过文人们的加工与创造，产生了各类题材的长篇章回小说和短篇的话本。除去明初就已产生的《三国演义》《水浒传》两部长篇巨著在民间社会中广为流传外，明代中期以后出现了具有较高文学造诣的《西游记》《金瓶梅》等著名长篇小说。明朝末年则有"三言""二拍"等短篇白话小说集，这成为当时文学的主流。"三言""二拍"是冯梦龙纂的《醒世恒言》《喻世名言》《警世通言》三部短篇小说集与凌濛初编纂的《初刻拍案惊奇》《三刻拍案惊奇》两部短篇小说集的合称。其故事题材涉及家庭、婚姻、爱情、官场、经商、公侠义、神怪等广泛内容，大多篇目只是在宋、元旧本基础上的删汰修新但也不乏作者自己的创造。

与以往所不同的是,"三言""二拍"中塑造了一批活生生的普通人的形象,反映了当时民间社会相对真实的生活场景及其思想意识。故事情节繁细、复杂,在艺术创作上更趋成熟。可以说,"三言""二拍"在中国古代白话短篇小说中具有不可替代的重要地位。

随着杂剧的日渐衰落,来自民间的南戏以其喜闻乐见的形式在明代社会很快盛行起来。其中流行于关中地区的昆腔少于嘉靖年间经著名音乐家魏良辅和剧作家梁辰鱼的改革后,形成了独其风格的"昆曲"。"昆曲"主要以演唱传奇剧本为主,用笛、箫、笙、琵琶等伴奏,既有南方戏曲的细腻抒情,又兼北方戏曲的高亢激越,程式严谨,是中国古典戏曲的代表。在表演上,注重舞蹈的优美性与观赏性,成为当时最为流行的戏曲。"昆曲"在清代流传至北京,与其他戏曲形式相互吸收、融合,逐渐形成了我们今天的国粹——京剧。戏曲的繁荣也推动了传奇戏曲创作的发展,涌现出了一批著名的戏曲创作家,其中最为著名的当属汤显祖与李渔。

汤显祖(1550—1616),字义仍,一字若士,号海若,别署清远道人,江西临川人。他是一位格韵高雅的戏曲作家,先后创作了《牡丹亭》(又名《杜丽娘慕色还魂记》)、《紫钗记》、《邯郸记》、《南柯记》等多部优秀的戏曲传奇曲目,合称为"临川四梦"。其中《牡丹亭记》最为著名,它通过杜丽娘与柳梦梅的爱情故事,揭露了封建礼教对人性的压抑与青年男女对爱情生活的向往,以其深刻的思想与优美的曲词深受社会民众的欢迎与喜爱,是我国古代戏曲创作中不可多得的佳作。

李玉,明末清初人,字玄玉,号苏门啸侣,一笠庵主人,江苏吴县人。他一生致力于戏曲的创作,作有戏曲传奇四十多种,在当时具有很大的社会反响,今仅存《一捧雪》《人兽关》《永团圆》《占花魁》等十余种。他还在前人基础上编定了《北词广正谱》,是研究我国北方戏曲的珍贵资料。

中国古代的绘画艺术在明代有了很大的发展,涌现出很多颇有成就的画家。尤其是明代中叶之后的"吴门四大家"——唐寅（唐伯虎）、沈周、文征明、仇英——更以其神逸形真、各具特色的画风而名噪一时，誉满江南。特别是唐寅，不仅擅长山水画，还精于人物画。他笔下的仕女，秀丽优美，光彩夺目，韵味无穷，深受世人的喜爱。此外，民间画家周世隆创作的《太平抗倭图》，以饱满的爱国激情，描绘了当时沿海人民抗击倭寇的生动场景，深受时人的赞誉，是一幅杰出的民间历史画卷。明清之际也是中国画坛流派林立、画家辈出的时期。尤其是以"八大山人"朱耷与道济为代表的一批画家，逐渐开始脱离正统画派的临古画风，提倡直抒胸臆的独创之风。这对清代中叶以"扬州八怪"，即郑燮（郑板桥）、汪士慎、黄慎、金农、罗聘、李方膺、高翔、李鱓为代表的"扬州画派"的形成，产生了极大的影响，并开启了中国古代绘画史上的一个新的阶段。

第二节　黄河文化与西方文化的融合

一　基督教对黄河文化的影响

早在唐代，基督教的聂斯托利派（也称景教）就曾经传到中国。但是在唐武宗（841—846年在位）灭佛的时候，中国的基督教也受到排斥，至于宋朝初年，景教基本在中国灭绝。元代，天主教传入中国，称为也里可温教。明朝建立以后，也里可温教在中国消失。16世纪末期，天主教耶稣会士来到政治、社会和思想动荡不安的中国，这已经是基督教第三次敲开中国的大门了。耶稣会是在天主教改革之后，在16世纪中叶建立的诸多宗教团体中的一个，在当时相当完备的学校教育体系，耶稣会中出现许多既富有宗教热情又具有丰富的科学知识和哲学、逻辑学知识的人士。伴随着西方对东方的殖民主义扩张，天主教各派在16世纪纷纷来到亚洲。首先在亚洲的南部传教，后来把触角伸向日本和中国。16世纪后半叶，一名叫范礼安的耶稣会士以东方观察员的身份来到中国，把中国纳入基督教的传播范围，他根据之前几十名传教士在中国传教的经验教训，提出了一系列本土化的方针：一是着佛教的传统服饰——袈裟，二是让传教士学习中文。万历十一年（1583年），在广东肇庆，意大利人罗明坚和利玛窦组织的第一个中国耶稣会传教团成立了，传教团与中国人同吃同住，融入中国人的社区乡村，揭开了基督教在中国广泛传播的序幕。

利玛窦（1552—1610年）在1571年加入耶稣会，1582年来到澳门学习中文。他具有惊人的语言天赋和人格魅力，是一位自然科学家。他创造了罗马拼音体系，并把《四书》翻译成拉丁文。1595年，他用中文写作了《交友论》。几经挫折之后，万历二十九年（1601年），利玛窦终于得到明朝的允许定居北京，并在北京建立天主教堂传播天主教。在罗明坚"适应"方针的基础上依据自己的经历，利玛窦十分熟悉中国的传统文化，他将儒家思想运用到基督教的传播中去，制定了"合儒""补儒""超儒"的指导方针。天主教的教义十分晦涩，他便将其与中国传统文化联系起来，把"上帝"翻译成"天"，所以在民间利玛窦传播的基督教又被称为"天主教"，所形成的理论体系被称作"天学"。他在广东时穿佛教僧衣，到北京后则穿儒服，排斥佛教和道教的"偶像崇拜"，但是并不排斥对孔子和祖先的崇拜。他尽量地用西方自然科学知识打动中国的士大夫学者，然后在交往中渗透宗教观念。

徐光启，字子先，上海人，万历十年（1582年）中秀才，由于家境贫寒，在家乡教书为生。万历二十四年（1596年）他曾往广西，接触到西方人的学说。次年他得中举人之后，生活较为宽裕，教书和磨炼科举文章之外，得以努力钻研中国的古典科学知识。万历三十一年（1603年），他在南京认识了利玛窦，对西方的科学知识有了更多的了解和兴趣。次年，徐光启中进士，选为庶吉士，到翰林院读书，时年他已经42岁了。这时他学有根底，观览的书籍更为丰富，对国家的状况有了更多的了解，又摆脱了科举考试的纠缠，遂潜心于天文、水利、国防、佃田、盐政等切关实用的学问的研究，以求国计民生的改观。此间，他在和利玛窦的交往中学习了许多西方的科学知识，并合作翻译西方的书籍。随后，他因父丧守制三年，继续钻研西方的学术和农业科学。以徐光启的学识、人品和才干，正是国家的栋梁。但他是个以天下民生为理念的务实、正直的人，并不刻意于宦途的进取，对党派的斗争也没有热情。这样，在政治昏暗的万历末年和天启时期，他并没有得到重用。崇祯皇帝即位以后，徐光启被任命为礼部右侍郎，不久升左侍郎管事，崇祯五年（1632年），他成为礼部尚书兼东阁大学士，不久为文渊阁大学士，次年因病逝世了。

徐光启在和利玛窦等人的接触中，感到这些西方人存"实心"，为"实行"，有"实学"，比起当时沉沦中的中国士大夫反而更有令人钦佩之处。徐光启认为天主教的传播对于中国利大于弊，他坚信天主教可以更新中国人民的思想观念和思维模式。他把这种思想方式称为"格物穷理之学"，而把科学统称为"象数之学"，西人的"象数之学"可以帮助富国强兵。可以说，徐光启是助力天主教在中国传播的先驱，其实际的意义却又超出于此，这不仅成为中西文化思想交流的一次意义重大的努力，而且也推动了中国学术思想比以前更注重计量、分析和实证的精神。徐光启同时代的冯应京、邹元标、叶向高、李之藻、曹于汴、郑以伟等人皆对西学持肯定的态度。他们的这种倾向，主要是基于来华耶稣会士对儒学采取了哲学伦理上认同的态度，并展示了西方科学的使用价值。东林党人邹元标就说："欲以天主学行中国，此其意良厚；仆尝窥其奥，与吾圣人语不异。"当时耶稣会人士的中文著作，大都得到中国学者的润色方才出版。不过利玛窦的传道方式并没有得到罗马教廷的认可，埋下了康熙年间中国政府和罗马教廷决裂，中西交流遭受重大挫折。

当时传入中国的西方知识涉及宗教、哲学、艺术和科学技术。徐光启和利玛窦合译了《几何原本》介绍欧几里得几何，丰富了中国平面几何知识。汤若望（Adam Schall von Koln）的《远镜说》是西洋光学传入中国的第一本书。熊三拔（Sabbathinus de Ursis）的《泰西水法》专论水利机械，徐光启将其与中国的传统水利技术知识相结合，著成他的《农政全书》中的水利章。王征和传教士邓玉涵（Joannes Terrene）合译的《远西奇器图说》，介绍物理学原机械构造。李之藻随利玛窦学算法，认为中西数学水平虽然并无大的差别，但西法却远为畅捷。遂写成《同文算旨》，不仅演示了西方数学，并期待此法可以帮助中国人"心心归实，虚侨之气潜消；亦使人跃跃含灵，通变之才渐启"。利玛窦将《中舆万国全图》介绍到中国，使中国人了解世界五大洲之说。他在晚年把在中国传教的经历写成记录，几经翻译整理之后，成为今天可以看到的《利玛窦中国札记》。这本书回顾了利玛窦等人在中国传教的经历，并且对当时中国的社会、文化、政治情况做了一些叙述，反映了从西方人角度所看到的中国的面貌和文化精神。当时的传教士还向中国的工匠传授西洋火器制造技术等，这些技术被运用在明与后金的战争中，发挥了很大的威力。

当中国的知识分子还在苦苦探索社会变革的方向的时候，同一时期的欧洲已经完成了文艺复兴和宗教改革，思想得到了解放，社会生产力得到了提高，已经开始了殖民时代。耶稣会士主动来到中国，为中国与西方的全面冲突设置了缓冲，展示出了西方文明的强大魅力，让一批有远见的知识分子认识到了中国传统文化模式的落后与僵化，所以这应是中国社会发生积极的历史性变化的一个契机。但是从开始交流到收到实效还需要相当长的时间，明朝却不久就灭亡了。从宗教与文化的角度来看，耶稣会士东来的主要目的是以天主教改造中国人的信仰，这出于基督教的普世主义的性质，同时也是和西方殖民主义向东方进行扩张的历史运动相辅相成的。儒家士大夫对天主教的态度和耶稣会士刻意经营的适应中国国情的努力有很大关系，双方都没有看出天主教与中国传统的儒家学说在深层次的裂痕。此外，耶稣会士是一些具有宗教献身精神并且有文化素养的人们，他们的个人行为被衬托在晚明政坛昏黑肮脏的背景前，给一直追求道德理想的中国人一种清醒和希望。

基督教在中国的传播受到中国传统社会文化的巨大差异的影响，但是，这也对中国的传统文化、伦理道德、风俗习惯形成了冲击，在统治阶级和平民百姓中产生了冲突和矛盾，引发一系列教案。黄河流域爆发的教案里面影响比较大的有天津教案、济南教案、巨野教案等。其中1870年爆发的天津教案，是黄河流域规模最大、影响深远的一次教案。1860年第二次鸦片战争清政府战败后签订了《北京条约》，增加天津为商埠，并允许传教士到中国兴建教堂传教，法国天主教在天津望海楼设立的教堂有育婴室一所。办育婴堂是教会扩大影响、发展势力的方式，更是谋取西方教徒捐款、增加传教经费的手段。为了追求数量，传教士采取一切手段四处收领弃婴，甚至花钱收买。一些不法之徒，为了赚钱便拐骗儿童送入堂中，此即形成后来传播极广的"拐骗儿童"流言。19世纪末爆发的义和团运动，其对象也是首先指向在华的传教士以及他们的家属，还有信教的中国教徒，并扩大到焚毁教堂、教会学校、医院和住宅。[①] 案件发生的原因是多方面的，其中引起民众不满的一个共同根源是1860年以后许多中国教徒所表现的傲慢的甚至是肆无忌惮的行为。

二 黄河文化对西方文化的吸收与融合

鸦片战争爆发以来，对黄河流域的社会文化、政治、经济等都产生了很大的影响。

明清时期，中国的农业生产技术远远落后于西方国家，黄河流域对西方近代农业科技进行了引进。资产阶级维新派代表人物郑观应主张采用西方先进农业机械和技术，改变中国农业的落后状况，提高粮食产量。1895年，康有为上书光绪皇帝，也提出了学习西方近代农业的主张。1901年清政府签订《辛丑条约》后，两江总督

---

① 费正清：《剑桥中国晚清史（上卷）》，中国社会科学出版社1996年版，第626页。

刘坤一和湖广总督张之洞联名要求司法改革，在"江楚会奏变法之折"中提出了具体的变法主张，在农业方面提出劝农学、劝官绅、导乡愚和垦荒缓赋税等四项具体措施。清末"新政"时，清政府多次下谕要求各省振兴农政，推行了一系列新政改革，其中包括农业政策的调整。1903 年，清廷专门设立了与农业有关的平均司，后又将平均司改为农务司，以前由户部、工部负责的农业事物都划归农务司管理。1904 年，在《奏定学堂章程》出台后，各省都掀起了兴办农业学校的潮流，以黄河流域为例，直隶省早在 1902 年就在省会保定创设农务学堂，提供速成一年制和预备五年制双轨制教育，均由清政府政府统一拨款。1903 年，农务学堂改名为"直隶高等农业学堂"，开设农、桑、林、牧等科，这是我国最早的高等农业专科学校。1905 年，中国农业大学的前身京师大学堂农科大学在北京成立，这是我国最早建立的高等农业学府。1907 年，颁布《农会简明章程》，开始在全国各地建立各级农会组织，开办农业学堂和农事试验场，将新理新法及新种植法皆交试验场依学理先为试验然后将"确有成效"之结果通告分会加以推广。

随着晚清外交的发展和洋务军事、民用工业的开办，新式陆军和海军的创建，对新式人才的渴望与需求也日益增强，洋务派越来越认识到创办新式教育培养洋务人才的重要性。李鸿章在《筹议海防折》内就明确指出在洋务诸项事务中，"用人最是急务，储才尤为远图"。在洋务运动的起步阶段，洋务派先是聘用国外的人才到开设的企业、工厂和学校内任职，指导洋务企业的生产，但很快李鸿章与张之洞就认识这不是长久之计。首先，聘用外方的人才会耗费大量的资金，让原本就不宽裕的财政捉襟见肘；其次，先进的理论与技术掌握在外国人手中，洋务企业的运作处处受限。李鸿章曾指出，洋设备、洋师、洋匠是"眼下计"，而非"久远计"，必须自我制造，否则"随人作计，终后人也"。张之洞也感叹说："有船而无驾驶之人，有炮而无测放之人，有鱼雷水雷而无修造演习之人，有炮台而不谙筑造攻守之法，有枪炮而不知训练修理之方，则有船械与无船械等。"在政府内部,也有呼吁实施设立新式学堂、派遣留学生、翻译书籍等一系列有利于推动教育近代化的措施。因此,尽管洋务运动的根本目的是维护清朝的封建统治,但是为了满足清政府发展经济、军事和文化的需要,洋务运动不自觉地走上了创办新式学堂、学习西方自然科学、培养实用人才的轨道,实施了废除科举制度、开办新式学堂、派遣留学生、创办近代报纸等一系列促进教育近代化的措施。在洋务派心目中,所谓的"西学"主要是"西文"和"西艺","西文"是学习外国语言文字;"西艺"即学习和使用洋炮、洋枪、洋机器和修理轮船等技术。所以,洋务派创办的新式学堂分为外国语学堂、技术学堂和军事学堂。外国语学堂主要培养外语翻译人才;技术学堂主要是培养熟练驾驶机车、火车和轮船的人才和掌握仪器维修技术的技术人才;军事学堂则是为新式陆军、海军培养高级军官,培养能使用洋枪、洋炮的专业士兵。新式学堂不管是从授课形式还是授课内容上都与传统的私塾书馆不同,以西方先进的科学知识为主要内容,兼有数学、外文等基础学科和通信、机械等技术学科,成为中国近代教育的开端。但在实际运作中在实践上的沉重滞缓和指导思想上的本土化取向,为教育的持续发展设置了障碍。黄河流域开办的新式学堂不仅集中在北京,天津也成为李鸿章开展洋务运动的基地。在京师同文馆为洋务运动中的外语翻译做出了巨大贡献的同时,天津电报学堂、北洋医学官、天津水师学堂、天津武备学堂、北洋大学堂、山西大学堂等也为当时社会的发展做出了巨大的贡献。

向西方派遣留学生是近代新式教育的又一重要方面。早在1863年,奕䜣等人就曾提出:"中国既要购买外国船炮,又要聘请外人来华教习,如果办理不当,流弊很多,不如我国自行派员带人分往外国学习,并认为此举较京、外所设同文馆当有实获"。[①] 按曾国藩的设想,"凡游学他邦得有长技者,归即延入书院,分科传授,精

---

① 吴福环:《总理衙门与洋务运动》,《河北学刊》1994年第1期。

益求精，其于军政船政直视为身心性命之学"。但洋务派的留学建议却被封建顽固派骂作投降卖国，甚至后来郭嵩焘被差遣出使英国，还有人骂他为汉奸，挖苦他甘愿糟蹋自己"出类拔萃"的名声，去屈事"洋鬼子"。第一批由清政府派遣赴泰西"游历"的，是在1866年由斌椿父子率领的同文馆学生一行5人，[①] 他们也是第一批亲自去接触和了解西方文化的代表，向导则为在中国担任"总税务司"的英国人赫德。

最早向清政府提出往国外派遣留学生的是号称"中国近代留学生之父"的容闳（1828—1912年），字达萌，号纯甫，出生于广东香山县（今中山县）南屏镇。1846年，容闳毕业于澳门教会学校马礼逊学校。1847年随该校校长布朗赴美留学。1854年，容闳在耶鲁大学毕业，获文学学士学位，他是耶鲁大学的第一位中国留学生。容闳于1854年11月返回中国，先在广州补习中文，后又在香港、上海等地任职。第一批留美学生，以他们的学识和对祖国无比热爱的诚挚情怀，给当时贫弱交困的中国人民带来了希望。这正如一位留美生所说的："幼童们当年不顾风险渡过太平洋，再横越3000里的美国大陆。他们远赴异国去学习语言、科学及文学。他们为中国同胞做了最佳的见证，他们在商业及友好关系方面，带给中国正确的方向和利益，他们促进中国的富强进步，而且使中国跻身世界友邦之中"[②]。据统计，这批留美学生中归国后，从事工矿、铁路、电报者30人，其中工矿负责人9人，工程师6人，铁路局长3人；从事教育事业者5人，其中大学校长2人；从事外交、行政者24人，其中领事、待办以上者12人，外交次长、公使2人，外交总长1人，内阁总理1人；从事商业者7人；加入海军者20人，其中海军将领14人。李鸿章在1885年的一份奏折中也承认这批留美

[①] 杨为明：《建构与真实：晚清来华西人眼中的中国儿童》，华中师范大学，硕士学位论文，2016年。

[②] 鲁涛：《留美幼童与近代中国实业》，《东北农业大学学报》（社会科学版）2010年第8编第5期。

生在测算、制造、电报、医学等方面技术熟练,"深明窥要",西洋教习"咸谓该学生造诣有得,足供使用"。为了更好地学习引进西方文化,特别是近代军事科学技术,1876年派一批官员赴德国留学,此外,还通过担任专门学校的教职来传播西方文化,为中国培养了一大批新型的知识分子和专业人才,代表性人物有严复、马建忠、陈季同等。随后前往美国和日本留学也成为潮流,对中西双方的文化交流起到了促进作用。

第二篇

时空交织

第五章

甘肃黄河文化的地脉特征

第一节 甘肃省黄河流域概况

黄河全长约5464公里，流域面积约752433万平方公里。它起源于青海省青藏高原的巴颜喀拉山脉北麓的卡日曲，以"几"字形的形式流经青海省、四川省、甘肃省、宁夏回族自治区、内蒙古自治区、山西省、陕西省、河南省及山东省九个省份，最终汇入了渤海。

黄河甘肃段干流长913公里，占干流河道总长度的16.7%，其流域包括甘肃省内甘南藏族自治州、临夏回族自治州、兰州市、白银市、天水市、平凉市、庆阳市等地。在甘肃省，黄河流域共分为五个水系，分别为：黄河干流、洮水、湟水、渭河、泾河，其中，黄河干流又包括支流庄浪河、大夏河、祖厉河及直接入干流的小支流。

第二节 甘肃省黄河流域水系

一 甘肃省内黄河流域的干流水系

黄河干流流经甘肃省内长度约913公里，其中上段约433公里，下段约480公里，流域面积56695平方公里，黄河平均年径流量兰州段为312.6亿立方米。黄河干流玛曲段流出青海省的久治县，进入甘肃省境内，它自西向东到达文保滩后转而向北流去，遇西倾山的阻碍转向西流去，在玛曲180度的大转弯，然后返回青海省，形成一个像"U"形的弯曲，成为九曲黄河十八弯的第一弯。积石关至黑山峡段，即为黄河兰州段的区间范围，主干流穿越青海省循化县由积石山入境，流经临夏回族自治州、永靖县、兰州市、白银市，从靖远县出境。

甘肃省内黄河流域干流水系有大夏河、祖厉河、庄浪河、宛川河、西科河。大夏河是甘肃省中部一条大流量的河流，旧称"漓水"，发源于甘南藏族自治州的高原地带，甘肃省和青海省交界处的大不勒赫卡南北麓，南源桑曲却卡，北源大纳昂，汇流后始称大夏河，穿甘南州夏河县城而过向东北流去，经土门关流入临夏盆地，流经临夏市后达康家湾，最后它流入刘家峡水库，全长203公里，流域面积7152平方公里，主要支流有咯河、铁龙沟、老鸦关河、大滩河和牛津河；祖厉河发源于甘肃省通渭县华家岭北坡，河源高程2450米，河口高程1393米，河道全长224.1米，流域面积10653平方公里，由北向南流经13.2公里进入会宁县境内，经会宁县城、甘沟、郭城等地再进入靖远县苏家湾村，在靖远县城西三公里处注入黄河；庄浪河上游在天祝藏族自治县境内，称金强河，发源于青海省门源县与甘肃省天祝县交界的马雅山脉的冷龙岭南麓的青峰岭东侧，河源高程4248米，经金强驿、抓喜秀龙乡、打柴沟镇、岔口驿、华藏寺镇向南在界牌村1公里处入永登县，再经武胜驿镇、中堡镇、永登县城关镇及柳树乡、大同镇、龙泉寺乡、红城镇、苦水镇等乡镇，至兰州市西固区，南流至河口镇河口村注入黄河；宛川河发源于榆中县南部马衔山北麓，河源高程3287米，全长93公里，流域面积1862平方公里，由西向东流，上游至19.7公里修建高崖水库，经榆中县甘草店、夏官营，在桑园峡出口最后注入黄河；西科河河源高程3321米，河道全长64.8公里，流域面积1003平方公里，发源于玛曲县西北阿尼玛山，上游称喀儿科河，由南向北流，流至 35.8 公里，那西科河北支转向东流称为西科河。①

二　甘肃省内黄河流域的支流水系

（一）洮河水系

洮河位于甘肃省南部，是黄河上游第一大支流，全长 673 公里，流域面积 25527 平方公里，它发源于青海省河南州蒙古族自治县境内的西倾山东麓勒尔当，此段河流被称为"代富桑曲"，后流至甘肃省碌曲县境内西部的西倾山东麓流入甘肃省，被称为"洮河"，洮河经流甘肃省甘南藏族自治州、定西市和临夏回族自治州，经由临夏回族自治州永靖县境内的刘家峡水库大坝上游汇入黄河。洮河干流自河源由西向东流至岷县县城后受阻，急转弯改向北偏西流，形成一横卧的"L"字形，上游和中游位于青藏高原东部的甘南高原，下游位于黄土高原的陇西黄土高原。

洮河支流由洮河干流及众多的小支流组成。其中支流包括周科河、科才河、括合曲、博拉河、车巴沟、卡车沟、大峪河、迭藏河、羊沙河、冶木河、漫坝沟、三岔河、东裕河、大碧河和广通河。周科河起源于碌曲县西部的西倾山东麓的支脉郭尔莽梁和尕海湖，河源高程 4209 米，全长 82.1 公里，由南向北流，在碌曲县境内汇入洮河；科才河起源于夏河县西南部，河源高程 4220 米，全长 66.5 公里，它从北向南流入碌曲县，然后汇入洮河；括合曲发源于尕海湖，由东西两河汇合而成，东侧则岔河，西侧多拉河，全程 75.2 公里，由南向北流，两河在贡去乎村汇合后北流 100 米汇入洮河；博拉河起源于夏河县西部加维叶卡，它西向东流流经 84.8 公里，经夏河县进入合作市内后汇入洮河；车巴沟河起源于卓尼县境内的车巴沟的西北部，河长 67 公里，由南向北流，在卓尼县麻路注入洮河；卡车沟河发源于卓尼县和迭部县交界处的迭山南路，

---

① 《甘肃省主要河流概况》，2018 年 8 月 8 日，百度文库，https://wenku.baidu.com/view/a894fb6b182e453610661ed9ad51f01dc28157ac.html，2021 年 3 月 5 日。

是洮河的一级支流，全长45.2公里，由南向北流在卓尼县卡车乡达子多村汇入洮河；大峪河起源于迭山北坡纳杂，地处青藏高原边缘向黄土高原的过渡带，全长63.3公里，它由南向北流动，经多坝汇入洮河；迭藏沟起源于大拉梁北侧，全长42.1公里；羊沙河起源于卓尼县完冒乡境内的扎尕梁，自西向东流，经羊沙乡舍科汇入洮河；冶木河起源于合作市境内东部太子山东段额格夏锐，由北向南流，全长79.3公里，在康乐县莲麓乡汇入洮河；东裕河起源于渭源县境内中部的鸟鼠山，它的总长度为68.6公里，从南向北流动，流至庆坪转向为西北流，终在临洮县境内汇入洮河；广通河起源于夏河县境内太子山东部的凯卡，全长88.5公里，由南向北流，在广河县高家崖村汇入洮河①。

（二）湟水水系

湟水干流起源于青海省大通山南麓，它流经甘肃天祝县天堂寺，进入甘肃省。经过永登县和红古区再进入青海，汇入湟水，后流入黄河，其中在甘肃省境内干流总长73公里。湟水的支流大通河，又被称为浩门河。它起源于祁连山脉东段托来南山和大通山之间的沙果林那穆吉木岭山脊，通过青海省的刚察、祁连和海晏等县从西北流向东南，到达至甘肃天祝县天堂寺进入了甘肃境内，经永登红古等区县，再转入青海省民和县享堂镇汇入湟水，在甘肃省境内总长109.7公里。

（三）渭河水系

渭河源头有二，一是清源河，二是禹河，前者比后者流程长。其中南源清源河，源于渭源县西南豁豁山，汇集山区众多支流，为常年性河流，长30多公里，东北流至渭源县清源镇与西源合；西源名禹河，源于渭源县西鸟鼠山，河流短小，为间歇性河流，东流与西源合后始称渭河。东流过陇西县。再东南流入武山县，南岸有

---

① 《主要支流》，2011年8月14日，黄河网，http://www.yrcc.gov.cn/hhyl/hhgk/hd/sx/201108/t20110814_103450.html，2018年1月3日。

榜沙河、山丹河、大南河汇入，再东流入甘谷县，北岸有散渡河注入，至天水市又有葫芦河由北岸注入，精河由西来汇，再东汇牛头河。过小陇山，入陕西省境。

渭河的支流水系有秦祁河、咸河、榜沙河和葫芦河，其中秦祁河发源于临洮东南部的葫麻岭，由北向南流，经临洮、渭源、陇西等县，在乩羊口入渭河；咸河发源于陇西北部大岔，由北向南流，在陇西县赤子山汇入渭河，全长69公里；榜沙河发源于岷县境内东南部的由岷峨山，自南向北西流，经岷县、漳县、武山等县，与鸳鸯镇汇入渭河，全长102.6公里；葫芦河起源于宁夏回族自治区西吉县的月亮山大泉沟，在静宁县闫家庙进入甘肃省，流经静宁县、秦安县、庄浪市、天水市等地，最终在白家村的豆家峡汇入渭河。

（四）泾河水系

泾河水系既包括泾河干流，又包括颉河、汭河、洪河、蒲河、马莲河、黑河等支流。泾河干流起源于宁夏回族自治区泾源县六盘山东麓马尾巴梁东南1公里的老龙潭，它从西向东流通过平凉市大阴山下的崆峒峡进入甘肃境内，共流经平凉市、泾川县、宁县、正宁县等地，再流入陕西省长武县，并注入陕西省高陵县张卜蒋王村，最终注入渭河，甘肃省内河长总177公里，流域面积14126平方公里。

泾河的支流水系包括颉河、汭河、洪河、蒲河、马莲河、黑河。其中颉河起源于宁夏回族自治区固原县的六盘山，河源高程2830米，它从西向东流至高店东部的苋麻湾，进入甘肃省内，在甘肃省经过崆峒区的安国镇，到达八里桥汇入泾河，河长50.5公里；汭河起源于华亭县境西部六盘山脉东麓的陇山，它从西向东流经华亭、崇信、泾川等县，流到泾川县城最终汇于泾河，河长116.9公里；洪河起源于宁夏回族自治区固原县新集乡的六盘山东部，它从西向东南流经固原、镇原、泾川等县，在泾川县红河乡的王家嘴进入甘肃省境内，流至罗汉洞乡曹头景家后注入泾河；蒲河发源于宁夏回族自治区固原县境东部的天子塬，流经固原、镇原、庆阳、宁县等县，最终在宁县宋家坡附近注入泾河，河长204公里；马莲河起源于宁夏回族自治区盐池县东南部的麻黄山，流经盐池、环县、庆阳、合水、宁县等县，在宁县政平注入泾河；黑河起源于华亭县东南部的上关罐子梁，它自西向东流经华亭、崇信、灵台、泾川等县，进入陕西省长武县，最终在长武县的亭口镇注入泾河，河长168公里。

三 黄河对甘肃农业起源的影响

黄河流域是我国北方农业的起源地，依托黄河，甘肃也在几千年前便发展了农业，是中华民族早期农业的发祥地之一。1978年至1983年发掘的秦安大地湾遗址，地处渭河上游，位于秦安县五营乡邵店村东，坐落在葫芦河的支流清水河南岸的二、三级阶地和相接的缓坡山地上。遗址面积270万平方米，内含文化层时间跨度甚大，出土有彩陶和石铲、石斧、石刀、骨器等生产工具7700多件。在距今7800—5000年第一期文化层中，发现了已炭化的农作物谷子和菜籽，可以肯定大地湾所处的清水河谷是中国最早的粮食作物的种植地。在东乡县还出土了五六千年前期的糜和大麻籽。①

1923年首次于临洮发现距今5000—4000年前的马家窑文化遗址中的袋形窖穴内藏有已炭化的粟籽及穗，男性墓葬中多石刀、石斧，女性墓葬中则多纺轮，证实当时已出现男耕女织的社会经济分工。从马家窑文化到马厂文化时期，甘肃东部主要以农业经济为主，农业生产工具有石铲、石刀、石镰、石斧、陶刀、骨铲，石器经过较细磨制。还在永登、东乡发现了这一文化时期铜刀。在距今4000年前后的齐家文化遗址的武威皇娘娘台、永靖大河庄秦魏家、广河齐家坪出土有铜制的斧、刀、镰。从中可以看出当时"齐家文化，是以农业为主，但畜牧业和狩猎也占有重要的地位。因此，在

---

① 侍建华：《甘肃农业历史发展概要（古代至清末）》，《古今农业》1995年第1期。

出土的生产工具中，农具和猎具很多，而且制作水平很高。距今约3700年的玉门火烧沟遗址中，出土有石锄、石磨、石刀、铜刀、铜镰等农具。墓葬大陶罐中有粟的籽粒，说明当时河西农业有了一定的发展。

甘肃省内黄河流域之所以能成为甘肃农业的重要起源地，与黄河上游的水文和土壤有着重要的联系。

水文方面，黄河干流河道，以地质水文变化，可分为上游、中游、下游三个地区，其中包括11个河段与6个大河湾。黄河上游水系比较发达，支流众多，河段汇入的较大支流有43条，径流量占全河的54%。如湟水、大通河、大夏河、庄浪河、祖厉河、清水河等，其中较大的支流有湟水、洮河，而洮河又是马家窑文化遗址集中分布的区域。这些水系为原始先民提供了丰富的生活用水，河流两旁的多级河流阶地以及阶地后缘的黄土塬与河谷交界处的缓冲地带则为原始居民提供了较为理想的居住和生产活动的场所。新石器时期的许多遗址大多是沿着各条支流的河流阶地或河流附近的黄土坡地或山丘上分布。中国古代文化为小河流域农业而非大河流域农业，即所谓的"小河文化"，黄河上游地区的马家窑文化就属于"小河文化"，它推动我国原始农业文明不断向前发展。

土壤方面，史前时期和古代社会是主要以农业与畜牧业为基础的生产方式，社会经济首先依赖于土地。不同的自然条件，决定了不同的土壤成分和性质。土壤在生态环境中占据极其重要的地位。一个地区的土壤状况，直接影响着当地居民的生产和生活，制约着该地区社会发展的进程。黄河流域的土壤，对古代农业的发展同样是一个重要因素。

甘肃黄河流域的土壤多是原生黄土和次生黄土，它的优点是肥沃，含有丰富的矿物质，土质疏松，储水和排水优越，土壤结构优良，养分和水分可以借助毛细血管作用上升，为植物所利用。根据野外观察，兰州地区黄土最大厚度可达409.93米。该地区地势平坦，土壤疏松，土地肥沃，适宜木石农具开垦和农作物的生长。同时，这里气候比较干燥，降雨量平均只有400—750毫米，因而决定了这一地区只能种植旱作作物。这些疏松易耕而富含肥力的黄土，既便于原始先民开垦土地，又便于农作物的浅种直播，它不但有利于农业的起源，还有利于黄河上游地区形成适合于原始农业的早期耕作方式，粟在新石器时代成为甘肃黄河流域地区的主要农作物，最主要的原因就在于此。①

第三节　甘肃境内黄河流域的地理环境

一　高原湖泊及草原风景美如画卷

甘南藏族自治州位于甘肃省西南部，地处青藏高原、黄土高原和陇南山地的过渡地带，西南部分为积石山系，西北部分为西倾山系，南部为岷山——迭山山系，地势西北高、东南低，由西向东逶迤蜿蜒的高山峻岭与其间的高原阔地，呈现出高山草原区，高山峡谷区，丘陵低山区，高山草原区是甘南地形的主体，再者黄河自青海发源，流至甘肃，首先途经了甘南州，使得区内水源丰沛，为甘南草原的发展提供了得天独厚的有利条件。甘南奇特的地理地貌和自然环境造就了神奇的自然景观：有碧绿如茵的广袤草原，有森林密布的崇山峻岭，有碧波荡漾的高原湖泊②。

（一）甘南州玛曲县——九曲黄河第一弯

玛曲县位于甘肃省甘南藏族自治州西南部，青藏高原东端，甘肃、青海和四川三省交界处。东北与甘南州碌曲县接壤，东南与四川省阿坝藏族羌族自治州若尔盖县和阿坝县相邻，西邻青海省果洛藏族自治州久治县、甘德县和玛沁县，北接青海省黄南藏族自治州河南蒙古族自治县。玛曲是藏语中"黄河"的意思，是全国唯一一座以中华民族母亲河命名的县。黄河从巴彦喀拉山广阔的土地上流

---

① 费晓华：《马家窑文化与黄河上游农业文明》，西北民族大学，硕士学位论文，2012年。
② 梁和平：《走进甘南》，甘肃人民出版社2005年版。

下来，流经玛曲县，然后流回青海，在玛曲县境内形成了久负盛名的"九曲黄河第一弯"。

玛曲县境内自然环境以草原湿地为主。通过玛曲县独特的地理位置与黄河水的灌溉，玛曲县形成了湿地面积最大、特征明显、最原始和最具代表性的高寒沼泽湿地。它也是世界上保存最完整的湿地之一，被誉为"黄河的肾脏"。玛曲湿地和玛曲县的大型湖泊和沼泽湿地构成了黄河上游水位完整水源系统。

在美丽富饶的黄河首曲，有许多迷人的草原景观，包括西梅朵合塘（意为花滩）、玛日扎西滩、金木多扎西滩、宋葛儿等各具特色不同的草原，其中西梅朵合塘位于玛曲县城以西 120 公里处的欧拉秀玛乡，地势平坦，河谷滩地，绵延不断，三种奇花随季节开放，美不胜收。到每年 7 月中旬，整个滩上开遍整齐又平展的金莲花，策马滩上，马蹄下迸出一抹金灿灿的花尘，马蹄香不言而喻，到 8 月，金莲花悄悄隐退，代之以天蓝色的龙胆花，整个花滩一片蔚蓝，与天地成一色，10 月，周围高山之巅已是白雪皑皑，换之以斑斑点点的毛茛花。

（二）甘南州碌曲县——以流经当地的洮河的藏语命名

碌曲县隶属于甘肃省甘南藏族自治州，位于甘肃省西南部，甘肃、青海和四川三省的交界处。碌曲县藏语是"洮河"的意思，洮河及其支流遍布全县，河流交错纵横，水源和溪流十分丰富。碌曲县西部是高原山地，广阔的草原成为一片优良的天然牧场，水草丰美，草原辽阔，山川秀美，自然资源十分丰富。草原中心的尕海是甘南地区最大的淡水湖，周围山丘的流水汇入尕海，再流经舟曲注入洮河中，周边地区尚未开发成农田，原始牧场的风貌依然存在。在这里，不仅可以看到平静如镜的尕海湖映出的浮云与山峰的倒影，还可以看到牧场上在悠闲咀嚼牧草的羊群、马群和牛群。此外，尕海及周围开辟为尕海湖候鸟自然保护区，保护区面积大，鸟类数量品种极多，每年夏季这里都有黑天鹅、白鹭、雁鸭等多种水鸟在此栖居，是许多珍稀鸟类南迁北返的落脚地和繁殖基地。

东部地处洮河流域，沿洮河两岸山林俊俏，其中则岔石林极为有名，则岔石林是由地壳变化上升造成的硅灰岩石景观，经过长时间的风雨剥蚀和流水的侵蚀，形状各异的奇峰怪石傲然屹立，有的似刀削斧砍，壁立千仞，有的似下山猛虎，让人心生敬畏。

（三）甘南夏河县——以流经当地的大夏河命名

夏河县是甘肃省甘南州的一个县，地处甘南州的西北部，它以该地区的大夏河而命名。深谷和高山众多，自古以来就被称为"将兵略地"。草原风景如画，森林松树广阔，草场资源丰富，全境草原面积为753.8万亩，其中桑科草原位于夏河县城西南1公里处，是桑科乡达久滩草原的一部分，四周群山环绕，中间拥有平坦的高山草甸草原，海拔超过3000米，草原面积达70平方公里，是甘南藏族自治州的主要畜牧业基地之一。在桑科草原上，大夏河从南向北缓缓流动，水草丰美，环境优雅，蓝天白云下牛羊成群，一派自然田园风光。

（四）临夏——刘家峡水库

临夏回族自治州位于黄河上游的甘肃省中部西南部，地处青藏高原和黄土高原过渡地带，地势受积石山和太子山的影响，呈现西南部高，东北部低的地形地貌，中部地区，大多是山川和台地，东北地区，黄土高原地形明显，山峦起伏、地形复杂，相对高度差异很大，气候明显具有大陆性、季风和山地气候特点，地域性差异悬殊[1]。

刘家峡水库位于黄河上游，甘肃省临夏州永靖县西南1公里处，距兰州市75公里。刘家峡水库于1974年建成，属于黄河上游开发规划中的百万千瓦级水电站，兼有发电，防洪，水产养殖，航运和旅游等多种功能。刘家峡水库蓄水量57亿立方米，水域面积130多平方公里，它由西南向东北方向延伸54公里，主坝高147米，长204米，就像天门被锁在悬崖和悬崖之间一样，巨大的龙门

---

[1] 临夏州志编制委员会：《临夏回族自治州志》，甘肃人民出版社1993年版。

吊矗立在坝上，大有一夫当关、万夫莫开之势。黄河流到这里，转了90°的急转弯，然后向西穿过峡谷，穿越深邃的峡谷，水势就像万马奔腾而下，景色十分壮观。

水库位于高原峡谷，被称为"高原明珠"，景色壮观。游览刘家峡，可乘船前往上游，进入峡谷时，便可看见峡谷两岸的奇峰，壮丽景色亦可与距离千里之外的桂林山水相媲美。在峡谷之后，高山湖泊便呈现于眼前，8月份及9月份是刘家峡发电站的汛期，一旦提闸排洪，黄河水就像雄狮奔腾而下，场面十分壮观。库水尽头就是洮河与黄河主干流的交汇处，从远处看，蓝色与金色的分界线十分明显，因为两条水流不同，洮河来自甘南青山中间，而主干流已在黄土高原行走了一段，回头抬起视线，会看到两道碧水与黄土山、黄土山与青天分界线。刘家峡位于兰州的上游不远处，在黄土山的怀抱下的一汪碧水，黄河在过刘家峡流到兰州之前，汇入了洮河。

（五）黄河与甘南地质地貌关系

甘南地区海拔大多在3000—4200米，境内山脉呈北西（或北西西）向伸展，由北西向南东，地形将高原分割成北西方向的高原山地到高山谷地，因此东南季风可沿谷底向西北推进，而西风环流下滑，二者在本区相遇，形成逆温层。州内平均温度2℃，形成了全省的低温中心。地面气压很低。本区在全省降水量最多（500—800毫米），温度最高，水系最多，植被良好，属于高寒湿润气候。

州内水源极为丰富，舟曲城有"99泉"之称。州内大小支流有300余条，汇成了"一江三河"，即白龙江、黄河、洮河、大夏河。其中，白龙江、洮河均发源于本区的西倾山，洮河、大夏河均为黄河支流。河流的主干方向主要受本区大构造的走向方向控制，另外本区北北西向隆起带，沉降带的存在，是改变河流方向的主要原因。

黄河蜿蜒曲折流经玛曲县境内，为"九曲黄河"第一河曲部位，呈"U"字形展布。从北西向南东流至采日玛逐渐转向北北西方向。据有关资料分析，从乔科滩到若尔盖一带，有隐伏的北北西向的断褶带。黄河由于受若尔盖北北西向的断隆的阻挡，只能沿乔科滩断陷向北北西方向流动，至玛曲县城一带，由于玛沁、玛曲断陷的控制，迫使黄河转向北西西方向流入青海。

黄河弯曲部位，河面宽达350米，流速缓慢，为良好的捕鱼段。

白龙江沿北西向复式背斜轴部的一束大断层发育。由于复背斜的不断隆起，河流强烈下切，形成了谷深坡陡江中多急流的高山峡谷区。

洮河上游段沿北西向的洮河复式向斜走向方向发育，其下切作用比白龙江要弱得多。当河流流至岷县，由于遇到会川—大草滩隆起，于是洮河水被迫流转向北，沿临洮—岷县断拗流向白云山山区。流经九甸峡峡谷，由于此段断块的强烈隆起，河流下切强烈。河床宽由300米收缩成1—20米宽、十余公里长的峡谷段。同样大夏河在州内的河段方向也受北西及北东构造线的控制。[①]

二 黄河山水石林景色独特

黄河流经到甘肃中部地区，穿兰州、白银市而过，向东流去。区域内气候温和，水资源相对仍较为丰富，地形以山地、盆地为主，多名山石林，形成了独具特色的山水城市风光。

（一）兰州山水

兰州是甘肃省的省会，位于陇西黄土高原的西部，地形长而狭窄，南北群山对峙，东西黄河穿城而过，蜿蜒百余里，在历史上被称为"金城"。兰州地势西部和南部较高，东北部较低，黄河从西南流流向东北，穿越全境，穿过群山，形成峡谷与盆地相间的串珠形河谷。峡谷有八盘峡、柴家峡、桑园峡、大峡、乌金峡等；盆地

---

① 杨秀芬：《甘南地质构造与有关地貌植被特征》，《西北师范学院学报》（自然科学版）1985年第1期。

有新城盆地、兰州盆地、泥湾—什川盆地、青城—水川盆地等；谷地有湟水谷地、庄浪河谷地、苑川河谷地、大通河谷地等。兰州市域入境水资源丰富，贯穿市域的黄河及其支流湟水、大通河的入流量达337亿立方米，水量稳定，各季不封冻，含沙量也较小。

黄河兰州段长152公里，其中45公里流经市区。市区南北群山环抱，东西黄河穿城而过，具有带状盆地城市的特征，地处黄河上游，属中温带大陆性气候，冬无严寒，夏无酷暑[①]。兰州是黄河流域唯一黄河穿城而过的省会城市，市区依山傍水，山静水动，形成了独特而美丽的城市景观。

黄河风情线是兰州市的核心景区，它始于东部城关区雁滩，西至西固区，全长百余里的南北滨河路，是全国最长的市内滨河路。黄河风情线，被称为兰州的"外滩"。为把兰州建成山川秀美、经济繁荣、社会文明的现代化城市，兰州市政府规划了百里黄河风情线，范围西起西固工业区的西柳沟，东至城关区桑园峡，东西长40公里，流域面积27.44平方公里，于2000年开始动工建设。不到8年时间，黄河两岸相继建成观光长廊、"生命之源"水景雕塑、寓言城雕、黄河母亲雕塑、绿色希望雕塑、西游记雕塑、平沙落雁雕塑、近水广场、亲水平台、东湖音乐喷泉、黄河音乐喷泉、人与自然广场，以及龙源公园、体育公园、春园、秋园、夏园、冬园、绿色公园和其他沿河景观。兰州沿河而建的黄河风情线，像一串璀璨夺目的珍珠，吸引着来自四面八方的中外游客。百里黄河风情线也将兰州沿黄各个旅游风景区串联起来，共同展示着缤纷多彩的甘肃黄河文化。兰州银滩湿地公园位于兰州黄河百里风情线银滩大桥安宁端黄河湿地内，总占地面积达30公顷，东西长约3公里。园内现有大面积水域、木栈道及湿地岛屿，有多种长期生活在黄河上游的鸟类和鱼类在这里繁衍生息。

黄河母亲像是甘肃黄河文化的代表景点之一，"黄河母亲"雕

[①] 董恒年：《美丽甘肃》，蓝天出版社2014年版，第11页。

塑,位于兰州市黄河南岸的滨河路中段、小西湖公园北侧,是目前全国诸多表现中华民族的母亲河——黄河的雕塑艺术品中最漂亮的一尊。具有很高的艺术价值,在全国首届城市雕塑方案评比中曾获优秀奖。雕塑由甘肃著名的雕塑家何鄂女士创作,长6米,宽2.2米,高2.6米,总重40余吨,由"母亲"和"男婴"组成构图。黄河母亲秀发飘拂,神态慈祥,身躯颀长匀称,曲线优美,微微含笑,抬头微曲右臂,仰卧于波涛之上,右侧依偎着一裸身男婴,头微左顾,举首憨笑,显得顽皮可爱。雕塑构图洗练,寓意深刻,象征着哺育中华民族生生不息、不屈不挠的黄河母亲,和快乐幸福、茁壮成长的华夏子孙。雕塑下基座上刻有水波纹和鱼纹图案,源自甘肃古老彩陶的原始图案,反映了甘肃悠远的历史文化。

黄河铁桥"中山桥"俗称"中山铁桥",位于滨河路中段北侧,白塔山下、金城关前,建于公元1907年(清光绪三十三年),是兰州历史最悠久的古桥,也是5464公里长的黄河上第一座真正意义上的桥梁,因而有"天下黄河第一桥"之称。中山桥的前身是黄河浮桥。当时有这样一首民谣:黄河害,黄河险;凌洪不能渡,大水难行船;隔河如隔天,渡河如渡鬼门关!可见当时要渡过黄河是多么的艰难。南北两岸的人要过黄河,夏秋凭小船和羊皮筏子横渡,冬天河面结冰,只能在冰上行走。今天,中山桥的观赏价值、历史和文物价值,已远远大于它的交通价值,成为百里黄河风情线上最引人瞩目的金城一景。

黄河第一楼——黄河楼,项目选址位于黄河兰州段大拐弯处的七里河区马滩开发区原兰州市政公司商砼站,毗邻马滩兰州老街,南靠南滨河路,北临黄河,与北滨河路黄河人文始祖园隔河相望。该地段位于银滩大桥西侧约1公里处的黄河南岸边。建设项目总用地面积64018平方米,呈不规则带状分布,东西向长约600米,南北最宽处约90米。总建筑面积75503平方米。兰州黄河第一楼参照武汉黄鹤楼、南昌滕王阁的规模和气势,博采天下名楼之长规划建设,集文化展示、观光、旅游、游乐、饮食、民俗体验以及休闲等多种功能于一体，使之成为万里黄河第一楼，成为弘扬黄河文化的标志性建筑和黄河景观的地标，从建设文化产品链条的整体思路出发进行规划。将各条线贯穿，提供一个能够从高处把两山一河景观尽收眼底，具有鲜明黄河文化、丝路文化、多民族文化特征的文化地标，从而全面展示兰州作为黄河之都的风采和地位。

兰州被誉为"水车之都"，兰州水车是黄河文化与民族文化结合的代表作之一，百里黄河风情线中的兰州水车园建于 2005 年 8 月 26 日，再现了 50 多年前黄河两岸水车林立的壮观景象。兰州水车博览园位于百里黄河风情线滨河东路黄河南岸。东连中立桥码头、体育公园；西接亲水平台、兰州港、中山桥、白塔山公园等景点。兰州水车博览园由水车园、水车广场、文化广场三部分组成，是一个展现水车文化的主题公园。

白塔山公园位于兰州市黄河铁桥中山桥北侧的白塔山。它因山上白色的山塔而命名。白塔山山峦起伏不平，是兰州北部的天然屏障，被列为兰州八大景区之一。白塔寺始建于元朝，由驻兰州内监刘永诚就遗址加以重建；五泉山位于兰州市南侧兰山北麓，是一个有名的陇上度假胜地，拥有两千多年的历史。公园的景点以著名的五眼泉水和古老的佛教建筑为主，沿山层楼叠阁，溪流如带，绿树掩映；兴隆山是距离兰州市最近的国家森林保护区，位于兰州市榆中县西南 5 公里处，距兰州市 60 公里，海拔 2400 米，主峰由东西二峰组成，东峰"兴隆"，西峰"楼云"，也被称为"陇右第一名山"。

为了突出城市的山水特色，兰州市目前正在加快实施南北两山环境绿化和黄河风情旅游线综合开发工程，把黄河市区段 40 公里两岸道路桥梁建设、河堤修砌加固、航运河道疏浚、旅游景点开发、城市建筑风格以及绿化美化亮化融为一体，将丝绸之路文化、黄河文化和民族文化汇集其中。

（二）白银石林白塔寺

都说黄河九曲十八弯，在流经甘肃省白银市景泰县时，大浪东去的黄河水自东向西拐回了一个大弯，向西流后又神龙摆尾一般迂回曲折着东流而去，这就是龙湾河曲。这个湾里，有一个世外桃源般的村子静静地躺在那里，与之相依的则是一处古黄河沉积底层中形成的自然奇观——黄河石林，2004年正式成为国家地质公园。

白银市位于甘肃省中部，是腾格里沙漠与祁连山至黄土高原之间的过渡带，地形从东南向西北倾斜。整个区域呈桃叶形，较为狭窄。黄河形状为"S"形贯穿全境，流经白银市258公里，流域面积14710平方公里。

景泰黄河石林位于甘肃省白银市景泰县东南，毗邻中泉乡龙湾村。四面环山，环境幽静，空气清新，风景秀丽。景泰黄河石林风景区集高档自然旅游资源于一体，在全国都很少见，因其独特的造型，规模之大，景区组合优越，故被称为"中华自然奇观"。石林由橙色砂砾岩组成，高80—100米，最大高度200多米。风景区内的峡谷高耸入云，山峰巍峨，悬崖凌空，气势雄伟，形状各异，奇特，雄伟，古老，野性，宁静。石林景观与蜿蜒的黄河相协调。龙湾绿洲和坝滩戈壁，两种生态，被河流隔开，具有强烈的对比，滚动的沙丘和河心很远，黄河九曲，龙湾更娇，景区内有许多自然景点，每个景点都有自己的特色。距黄河石林风景区约48公里，可以达到具有"中华之最"的景电工程——泵站，这是一个难得的文化景观。水道宽阔平缓，游船观光效果更佳。

（三）黄河对石林的塑造

首先，黄河在景泰县龙湾村旁形成一个宏大的向西凸出的河曲，而"石林"正好集中分布在黄河左岸的凹岸处。和此处黄河右岸凸岸处宽广平坦的河滩与阶地相反，左岸的五泉山砾岩构成的崖壁直抵黄河，形成很大的临空面，且黄河在此有强烈的侧蚀与下蚀作用，侵蚀基准面与五泉山砾岩的山顶面距离短，高差大，因而十分利于切沟与冲沟的形成，以及"石林"的发育。饮马沟与老龙沟是黄河左岸凹岸处的两条主要支沟，"黄河石林"景观也正是以这两条沟为主脉而展开的。

此外，五泉山砾岩构成的低山与深丘构成的山顶面，是一个第四纪早期形成的夷平面。在黄河水流的作用下，这个夷面被切蚀分割，才形成了"石林"景观。而流水的侵蚀主要是沿着五泉山砾岩中裂隙面近于直立的垂直裂隙进行的，它在岩层的解体中起了主导作用。砾岩中的垂直裂隙或断裂控制了"石林"分布区的沟谷与水系发育，从而为"石林"景观的发育奠定了基础。[1]

三　名山人文景观突出

（一）天水麦积山

天水位于甘肃东南部，处于陇中黄土高原和陇南山地的过渡区，整座城市以西秦岭为界，横跨黄河和长江，渭河贯穿全境，气候温和，四季分明，夏无酷暑，冬无严寒，被誉为"陇上江南"及"陇上明珠"。天水自古是连接中原和西北、西南的枢纽，是古丝绸之路经济文化交流和传播的重要通道，古代商人、文人和信使描述了天水交通最常见，最令人眼花缭乱的词语。

麦积山石窟位于甘肃省天水市东南45公里处的悬崖上，由于它的形状看起来像农民的小麦垛，所以被称为"麦积山"。《方舆胜览》早有记载："在麦积山北，为雕巢峪，上游隗嚣避暑宫，亦胜景也。"它汇集了自十六国后秦至北魏、西魏、北周、隋、唐、宋、元、明、清一千六百余年的佛教艺术，是中国古代美术史上浓墨重彩的一页。

麦积山风景名胜区森林覆盖率高，动植物资源丰富，地质地貌形态各异，文物古迹众多。麦积山石窟是中国四大石窟之一，是国家AAAAA级旅游景点。麦积山石窟也是全国重点文物保护单位和世界著名的艺术宝库。山的形状奇特，周围风景秀丽，山峦上密布着翠柏苍松，野花茂草。爬到山顶，放眼远眺，四面都是郁郁葱葱

---

[1] 范晓：《甘肃五泉山黄河石林的景观特征与成因机制》，中国地质学会旅游地学与地质公园研究分会第21届年会暨陕西翠华山国家地质公园旅游发展研讨会论文集，西安，2006年8月，第363—369页。

的绿色山丘，只看到山川广布，堆叠如山，绿松如海，云雾缭绕，遥远的景象交织在一起，形成一幅美丽的图画，在我国的著名石窟中，自然风光以麦积山为最好，被称为"小江南"和"秦地林泉之冠"。

麦积山现有194个洞窟，南崖有54个，西崖有140个。除了几个洞窟之外，其他洞窟已经没有遗留下珍贵文物。保存下来的文物有存于公元4世纪末至19世纪的泥塑和石雕7800余尊，有高达20几米的巨型雕像，也有10厘米高的小型雕像。现有的壁画面积超过1300平方米。麦积山石窟雕塑是西域佛教的产物，在北魏时期已发展成为一个繁荣的佛教艺术圣地。麦积山石窟艺术的主体是佛教雕塑，反映了最高水平的石窟艺术。由于麦积山特殊的地理条件，山体结构为红色砂砾，石材柔软。从雕刻的角度来看，它不易被雕刻，因此麦积山石窟不同于许多中国洞穴的佛像，石匠只能在泥塑上努力创作，正是这种特殊性形成了以泥塑或石泥雕塑为主的麦积山雕像。佛教各种石窟中的雕塑艺术不仅因年龄不同而呈现出不同的面貌，而且具有鲜明的地方或艺术特色，甚至作者的个人风格特征，这些因素共同构成了这一历史时期佛教雕塑艺术的丰富性和多样性。

(二) 平凉崆峒山

崆峒山位于平凉市崆峒区，主峰海拔2123米。它背靠笄头山，东望泾河川，南至关山，北至马头山，距甘肃省平凉市区12公里，东至西安市300多公里。崆峒山是道教圣地，自古以来，它被称为"西来第一山""西镇奇观""崆峒山色天下秀"，从宗教渊源的角度来看，它又被称为"天下道教第一山"。其次，它是六盘山的分支脉，属于丹霞地貌，由上三叠纪紫红色砾岩组成，被泾河和胭脂河从南北环抱，是一个天然的动植物王国，拥有1000多种植物和300多种动物，森林覆盖率超过90%，山峰坚固，悬崖巍峨，林海浩瀚，既有北国之雄又兼南方之秀的自然景观，被誉为陇东黄土高原上一颗璀璨的明珠。

"崆峒"一词在古代原没有山字偏旁，它本是一个氏族部落的氏族语言的音译，它表达了该地区所有部落的总概念。部落融合并消亡后，中心区域的名山加置山字偏旁专用指山。古人对这个地域概念十分清楚，是指一个大面积的区域，该区域的近似范围是东起河南汝阳，西至甘肃河西，中心区，即平凉，可能就是商周时期十部族中崆峒族的居息地。根据道家经典著作，老子的前身是在崆峒山修炼的广成子，而广成子又是黄帝的老师，故将崆峒山的根源追溯到"天下道教第一山"便不为过。

第四节 甘肃黄河流域的生态保护与建设

甘肃地处黄河上游，是重要的水源涵养地、水源补给区和国家生态安全屏障。以习近平同志为核心的党中央系统谋划部署黄河流域生态保护和高质量发展，并将其上升为重大国家战略，为甘肃发展提供了重大历史性机遇。针对甘肃黄河流域的情况，甘肃也出台了专门的措施，根据各流域、区域自然地理条件、水资源承载状况、经济社会发展特点，结合甘肃省主体功能区划和国土空间开发保护需求，将甘肃省划分为南部水源涵养保育区、中东部水土流失防治区、祁连山及山前绿洲生态修复区三大区域，围绕全省"三屏四区"生态功能格局，确定了"南养水源、北御风沙、东保水土、中建绿廊"的区域治理保护思路。

(一) 南部水源涵养保育区

该区主要涉及黄河流域的大夏河、洮河干支流，包括甘南藏族自治州和临夏回族自治州临夏县、和政县，以及康乐县、积石山县、陇南市。区域内共有禁止开发区和其他各类保护地31个，生态保护红线面积占本区土地面积的45%，是全省生态管控要求最高的区域。该区域治理保护的策略，是以水源涵养和水资源保护为重点，优先保护草原、森林和湿地生态系统，提升水源涵养能力。加强水土保持和山洪灾害综合防治，加快转变农牧业生产方式，因地制宜发展人工草场灌溉，围绕生态产业、脱贫产业发展，完善供水保障体系，推动生态建设与社会经济协调发展。

（二）中东部水土流失防治区

该区主要涉及黄河干流、湟水、祖厉河以及泾渭河流域。该区域水土流失严重，每年入黄泥沙量占全省的95%以上，占全黄河流域年均输沙量的26%。水环境问题突出，污染物入河量占全省87%以上，泾河、马莲河等主要河流水质不达标。区域治理与保护的策略，是以推进黄土高原水土流失综合治理为重点，促进黄土高原生态屏障建设；以加强水资源保护和水污染防治，全面改善城乡人居环境为重点，建设黄河干支流生态廊道。结合农村水系整治和小流域综合治理，对重点山洪沟道进行治理，提高山洪灾害防御能力。加快白龙江等重大引调水工程建设，完善引大、引洮工程配套体系，优化供水结构，加快构建区域性供水保障体系，保障经济社会高质量发展。

（三）祁连山及山前绿洲生态修复区

该区主要涉及河西地区的石羊河、黑河、疏勒河以及柴达木盆地西部，包括武威市、张掖市、金昌市、酒泉市和嘉峪关市。该区域生态治理保护的主要问题是水资源开发利用程度高，部分区域超过承载能力，农业用水占比接近90%。该区域治理保护的策略是严格水资源管控，降低水资源开发利用程度，逐步实现"还水于河"。加大农业节水力度，在全省率先建成区域性高效节水示范区。加强祁连山水源涵养与保护，加强北部防风固沙林体系建设，构筑河西内陆河生态安全屏障。[1]

---

[1] 杨轶、陈天林：《施近谋远　担当实干——访甘肃省水利厅副厅长、党组成员吴天临》，《中国水利》2020年第19期。

第六章

甘肃黄河文化的形象特征

钱穆先生在《中国文化史导论》中指出:"中国文化发生,精密言之,并不借赖黄河本身,他所凭的是黄河的各条支流,每一条支流之两岸。"① 从生成角度看,黄河文化具有树状聚散特征。黄河文化在黄河主干道平原一带与直流山间峡谷台地之间"汇聚—扩散",如树状的黄河干流和支流的河谷文明,是黄河文化得以发生的前提。撒播在这种树形一样大大小小的支流上的地域性文化,在数千年的历史中通过冲突、融合,汇聚成浩瀚博大的黄河文化。

第一节 甘肃黄河文化

黄河,中华民族的母亲河。兰州,它是母亲河唯一穿城而过的省会城市。黄河滋润着兰州这片充满希望的热土,哺育了亘古以来在这里生活的各族人民,见证了两岸人民从石击到烧制彩陶的童年经历;目睹了人们从氏族走向民族的少年经历;目睹了初次行政机构的建立,宗族的融合、领土的发展、经济的发展、文化的发展、社会的进步、政权的变化以及其中优秀人物活动的历史。她陪同城市完成了大河镇到军事重镇、从丝绸名城到西北枢纽、从省到现代化大都市这一步步历史的进步和跨越,奔向辉煌的未来。

---

① 钱穆:《中国文化史导论》,商务印书馆1988年版。

黄河使兰州市深深刻上了母亲河坚持不懈和艰苦奋斗的精神。历经千百年岁月，无论山体的堵塞还是平川的淤积，黄河总是利用自己的坚韧推开山脉，突破各种障碍，冲向大海。仅在今天的兰州境内，她先后开了刘家峡和八盘峡，冲过白马浪，穿过三原峡，越过小峡，冲出武进峡。这种精神极大地激发和激励甘肃儿女，融入他们的血液，成为兰州精神的象征。

黄河文化使兰州市具有广泛的包容精神。在汇入渤海的路上，它接纳了数百条河流，汇集了数千条河流。它是由大夏河、渭河、沁水河、大通河、庄浪河等河流汇合而成。同样的，几千年来，兰州已接纳了许多民族，如彝族、汉族、匈奴族、鲜卑族、吐蕃族、东乡族、蒙古族和回族，他们在战争与和平中留在这里，在交流与整合中，各族人民共同开发建设美丽家园。从秦朝移民到今天的浙江商人、山西商人、广东商人和来自世界各地的人们，兰州人口从最初的100人口增长到拥有413.4万人口的大城市。38个民族多样化的经济文化和丰富多彩的当地风俗正是黄河文化的真实体现。

黄河也深深地给这座城市打上了文化烙印。5000年前的彩陶上的旋涡图案、1000年前的皮筏、500多年前的浮桥、400多年前的黄河水车、100多年前的黄河铁桥，当代以黄河命名或黄河衍生的农业、商业、文化艺术品牌都体现了黄河文化的精髓。融合丝绸之路的多民族文化和多元宗教文化，使兰州黄河文化丰富而深刻，使兰州日益显示出黄河文化的独特风格和永恒魅力。

总而言之，黄河是中华民族的母亲河，兰州——黄河唯一穿越市区中心而过的省会城市，踞中华版图之中心，枕悠悠黄河之臂膀，文脉根深，自古名胜。从自然地理的角度来说，黄河在甘肃流经900多公里，甘肃补充了黄河上游近40%的水量，因此，也有黄河发源于青海，成河与甘肃的说法。从人文地理的角度来看，黄河在甘肃的这一段正好是华夏文明和中华民族形成的地方，黄河两岸支流密布，在支流和干流的形成和演化过程中，孕育出了中华民族和中国文化，所以，我们将黄河称为母亲河，而黄河作为母亲河，最重要的部分应该是西北地区这一段①。

第二节　黄河文化的特征内涵及其存在空间

一　黄河文化的特征

黄河文化是在许多古代文化融合的基础上形成的，具有"有容乃大"的特征。除了早期的农耕部落，如炎帝和黄帝之间的相互融合外，黄河流域还不断发生中原农耕民族与西边、北边的游牧民族之间的融合。② 商朝与羌方，西周与西戎和猃狁，春秋各国与北狄等发生冲突和交融。战国秦汉时蒙古高原的匈奴崛起，农耕民族一方面进行防御和抗击，一方面采取"和亲"政策，加强与匈奴的沟通。魏晋南北朝时期，匈奴、鲜卑、羯、氐、羌"五胡"进入黄河流域，先后在中原建立十多个政权，著名的有前秦和北魏，中国进入民族大融合的阶段。

隋唐时期北方兴起的突厥族，不断与汉民族发生冲突、杂居和融合。五代两宋时，党项、契丹、女真等游牧民族与中原的农耕民族也时战时和，并进入黄河流域建立西夏、辽、金等政权，中国再一次进入民族大融合的阶段。此后崛起的蒙古族和满族，统一中国后无不都以黄河流域为其统治中心，再次形成游牧民族与农耕民族的大融合。

另一方面，黄河文化还不断与世界上的其他文化与文明进行交流与融合。以西汉首都长安为起点的横跨欧亚大陆的丝绸之路，沟通黄河流域与外部世界。两汉之交，印度的佛教开始传入黄河流域，并在洛阳东郊修建了中国第一座佛教寺庙——白马寺。此后中国的僧人法显、玄奘先后从长安出发前往印度取经，佛教从初传阶段即开始逐步中国化。隋唐时，长安的国际交流日益频繁，70多个国家

---

① 《黄河之都如何演绎黄河文化》，2015年5月龙源期刊网，2018年3月3日。
② "黄河文化"的版本间的差异，中文百科专业版，2014年7月20日。

的使节会聚在这里。高丽、日本的遣隋使、遣唐使络绎不绝地进入长安，侨居长安的东亚各国以及波斯、大食（阿拉伯）的外国人多时达万人，伊斯兰教及阿拉伯文化也随之传入中国。明清时期，北京成为西方基督教在华传播的中心，西方的科技书籍在此翻译并流布。宣武门内的基督教堂与东交民巷的使馆区，见证了中外文化大交流的过程。黄河文化在"有容乃大"中不断获得活力和壮大。

黄河流域地处北温带，有着四季分明的大陆性季风气候，又有着广大的冲积高原与平原。良好的自然环境，使黄河流域特别适宜于农业耕作。神农氏发明耒耜及其子柱"能植百谷百蔬"的传说，表明黄河流域很早就进入农耕时代。在新石器时代，黄河流域的各部落就已经使用石斧、石铲、骨铲、双齿木耒和磨光穿孔石刀、半月形石刀、安柄的石镰、蚌镰等耕作和收割工具。春秋战国时期黄河流域人民发明了铁器和牛耕技术，此后农耕水平不断提高。早期黄河流域主要种植粟类作物，在西安半坡遗址发现了粟皮壳和白菜、芥菜种子，后来这一地区逐渐发展成为以种植小麦、高粱、谷子为主要作物的农业区。黄河的泛滥和决堤给黄河沿岸人们带来痛苦和灾难，促使他们对黄河进行大规模治理和利用，在不断兴修黄河水利工程中，形成了中国人自强不息的奋斗精神，也决定了黄河文化在 20 世纪以前主要是农耕文化。

二 黄河文化的内涵及其存在空间

根据格尔茨的观点，与其说文化是某种固定的铁板一块的静态的存在，不如将文化看成"一些由人自己编织的意义之网"。这个意义之网的核心价值具有凝聚共同体整体成员的特殊社会力量，同时它也往往通过一种符号化的方式象征性地表达共同体成员可以建构自身认同的可识别的价值。[①] 作为一种具有强烈认同性和归趋性

---

① 彭岚嘉、王兴文：《黄河文化的脉络结构和开发利用——以甘肃黄河文化开发为例》，《甘肃行政学院学报》2014 年第 2 期。

特征的文化,黄河文化凝聚了黄河流域独特的地理空间与人文空间所形塑的生活方式、社会制度、风俗习惯以及宗教信仰、审美情怀。对于浩瀚博大的黄河文化,要准确地把握其基本内涵,只能把它视为一个大的系统(当然其自身内部的各种元素之间也是不断冲突、融合,分化、断裂,包含着旧元素的消亡与新元素的诞生的过程)。

从这个基本认识出发,我们可以这样理解黄河文化的内涵。首先,黄河文化是在地理空间上以黄河流域为限度(这个限度的最大值是中国的北方)的区域文化;其次,黄河文化是黄河流域的人们在与黄河(黄土、季风等自然条件)之间的实践关系中,改造自然和自身的过程中所不断积累的物质与精神层面的文化的总和;最后,黄河文化包括一般所说的文化的内涵,诸如一定的社会规范、生活方式、风俗习惯、精神面貌和价值取向,再细致一些,就是所谓的包括政治、经济、艺术、哲学、语言文学、史学、宗教、民间信仰、道德规范和社会生活习俗等方面的内容。

另外,黄河文化还是一个时空交织的多层次、多维度的文化共同体,具有区域内大体认同的标志性、可识别性等特征,可以被抽象化、符号化、象征化。一般说来,文化包括物质层面、制度层面和精神层面。从形而下的角度看,黄河文化的物质化存在是以具体化的地理空间分布为载体的;而从形而上学的角度看,黄河文化精神层面的内涵往往体现在习俗、惯例以及哲学、宗教、文学艺术中,而具体的文化形态、文化样式的背后,则内隐着文化精神。

从黄河文化生存的地理空间来看,黄河文化的生存空间与黄河干流区域的范围大致一致,即一般所说的青海、四川、甘肃、宁夏、内蒙古、陕西、山西、河南、山东数个省区。但是,如果从历史上看,黄河流域的范围比今天的75万平方公里要大,尤其是黄河的多次改道导致黄河在中下游的河道漂移不定。因此,从广义上说,黄河文化的生存空间超越了单纯的地理空间,在某种程度上,我们可以笼统地将西起青藏高原,东濒渤海和黄海,北连阴山和燕山，南以秦岭—淮河一线为界大片区域，视为黄河文化赖以产生和生存的文化空间。但由于黄河流经地区的广阔和地理环境的复杂，先后跨越了青藏高原、黄土高原、北部草原的河套地区、华北平原和滨海地区，不同的自然环境和人文环境，必然使黄河文化在这种特殊空间条件下形成一种内容极其丰富、同中有异的文化系统。

由此，较为宽泛的黄河文化的概念应该是涵盖了上述这个较大区域的包含了许多小区域文化的一个大的系统的文化。从空间分布看，黄河文化主要包括河湟文化（甘肃、青海、宁夏）、三秦文化（陕西、甘肃）、三晋文化（山西）、中原文化（河南）、齐鲁文化（山东）、燕赵文化（河北、北京、天津）等几大区域文化。从物质化存在的空间布局来看，黄河文化的中心伴随着历史的发展而发生变化，即从早期的黄河上游地区，逐渐向黄河下游地区转移，在地理方位上大致是自西向东的移动（当然，在特定历史时期，也曾发生过短暂的由东向西移动）。

换言之，黄河文化空间分布的主要地理空间在中国的北方平原地区，其发端的青藏高原和黄土沉积形成的黄土高原是早期黄河文化发达的地区，河套平原与广大的华北平原地区后来居上，成为主要的黄河文化区域。黄河文化中心的这种转移的决定因素在于黄河流域地区气候的变化，文化中心自然向更适宜人类居住的区域转移。这一特征，既奠定了黄河文化形成的基础，也推进了黄河文化几千年演化。从黄河文化分布的时序性上看，其特点首先在于黄河文化所代表的文明是世界众多流域文明中唯一没有间断的文明形态。在世界范围内，其他文明形态因各自不同的原因，先后都陨落了。但黄河文明却绵延几千年，直到今天，中华文化其精神实质上仍是与古老的黄河文化一脉传承的，以黄河文化为内核的华夏民族共同体，仍是今天这片古老大地上的主人。

另外，诞生于黄河文化流域的汉语，仍是今天中国主要的语言形态。更重要的是，黄河文化几千年形成的民族精神、伦理道德、价值观念在今天仍深深地影响着中国人。这些薪火相传而辉耀千古的力量，就是黄河文化的内在精神。

第三节　甘肃黄河文化的特点

一　树状聚散特征

从生成角度看，甘肃黄河文化具有一种树状聚散特征。钱穆先生在《中国文化史导论》中指出："中国文化发生，精密言之，并不赖藉黄河本身，他所依凭的是黄河的各条支流。每一支流之两岸和其流进黄河时相交的那一个角里，却是古代中国文化之摇篮地。"何炳棣也认为，"除掉甘肃山西沿着黄河上、中游有些古文化遗址外，其余绝大多数的遗址都是沿着黄河的支流或支流的更小支流"。也就是说，黄河支流及其与黄河相交地带的黄土台地，往往是古代文化的发源地。但这只是事情的一方面，另一方面，黄河流域发达起来的农业城市、商业城市，都是沿着黄河主干道分布的；而且，历史上的战争、灾荒往往驱赶着黄河人在平原地带与黄土台地之间徘徊，而黄河文化也恰巧因而在黄河主干道平原一带与支流山间峡谷台地之间"汇聚—扩散"。因此我们可以这样认为，黄河及其支流的树状"汇聚—扩散"关系与黄河文化在黄河流域及其周边的"汇聚—扩散"关系之间具有同构性[①]。

甘肃黄河文化的这种树状聚散特征是其本质特征，因为黄河及其支流的河谷文明如树状聚散，恰好是黄河文化得以发生的前提，也是黄河文化发展规律的表现。播撒在这种树形一样大大小小的支流上的地域性文化，在数千年的历史中通过冲突、融合，汇聚成浩瀚博大的黄河文化。

[①] 彭岚嘉、王兴文：《黄河文化的脉络结构和开发利用——以甘肃黄河文化开发为例》，《甘肃行政学院学报》2014年第2期。

二 以"和"为核心思想

从文化内涵来看,甘肃黄河文化是以"和"为核心思想。在传统文化中,"以和为贵"的思想像一条粗大的线索,贯穿整个历史。所谓"和实生物,同则不继",具有差异性的不同文化的融合,正是文化得以发展的前提。作为一个复合体的文化体系,甘肃黄河文化的"和"主要体现为一种极强的包容性。如在新石器时代,龙山文化的发展就是融会了大汶口文化和仰韶文化;而大汶口文化的发展同样是文化融合的结果(融会了青莲岗文化和东夷土著文化);仰韶文化本身也是多种文化结合的结果(裴李岗文化、磁山文化、大地湾文化)。

而秦汉一统,同样是秦、晋、齐、鲁等文化的融合与凝练。"和"不但是处理自身内部的亚文化元素之间的关系所依循的原则,同样是处理自我与他者文化之间关系的准则。例如,历史上的草原游牧民族,如羌、匈奴、羯、氐、鲜卑、乌桓、柔然、高车、突厥、回鹘、契丹、女真、蒙古等民族,以及南方的少数民族,如百越、巴蜀、楚文化等,都被包容进了黄河文化,并最终成为黄河文化有机血脉的一部分。而甘肃黄河文化也呈现出了这一特点。当然,在对待域外他国文化(包括亚、欧、非)时,黄河文化同样表现出一种海纳百川的气概,这种博大精深的包容性,使之成为中华古代文化当之无愧的代表。

三 稳定性

从历史发展过程来看,甘肃黄河文化具有超乎寻常的稳定性。[1]由于半封闭的大河大陆型的地理环境,加之温带大陆性气候与黄土区域的广泛,甘肃省内黄河流域形成了典型的稳定的农业文化。这

---

[1] 彭岚嘉、王兴文:《黄河文化的脉络结构和开发利用——以甘肃黄河文化开发为例》,《甘肃行政学院学报》2014年第2期。

种农业文化既不同于南方（长江流域、珠江流域）的稻作与渔猎结合的文化，又不同于流动性极强的北方草原游牧文化，而是在总结农业经验的循环性与延续性基础上形成的厚重、务实、重视安定的生活，强调要与自然和谐（"天人合一"）等。在社会组织形式方面，形成了所谓的"家国同构"。与西方海洋性文化的扩张性、掠夺性不同，黄河文化的农业特质决定了它的容易自我满足，而农业的定居生活所形成的正统思想使之在想象世界秩序时，往往将自我设定为中心，而将其他文化设定为边陲，从而形成一种优越感。在处理自我与他者文化的关系上，往往强调"华夷之辨""以夏变夷"，当然这本身也是一种二元对立思维的产物。

第四节　甘肃黄河文化滋养和影响下的城市文化特质

兰州是唯一的黄河穿城而过的省会城市，是古丝绸之路的重要节点城市，黄河文化给兰州这座城市印上了深深的文化印记，造就了这座城市的文化性格。兰州的古代历史记忆总是与黄河有着不可分割的联系，[①] 以黄河桥的历史为例，明代以前兰州没有一座真正的黄河桥，春、夏、秋季靠羊皮筏子过河，冬季只能寻找完全结冰的河面。至明洪武年间，征西大将军冯胜为了行军方便，在黄河上建造了一座浮桥，在河面上排列24只大木船，用45根大木柱将这些大船固定，船与船之间用檩木相连，再搭上行走的木板，黄河两岸分别立两根五米多高的巨大铁柱，铁柱上系上缆绳，用缆绳拴住这些河面上的船只，以免被大水冲走，这就是明清以来著名的黄河浮桥——镇远桥。今天浮桥早已不复存在，但巨大的铁柱依然伫立在河岸边，成为黄河桥梁文化的历史记忆。光绪三十二年（1906年），甘肃洋务总局与德国泰来洋行签订黄河铁桥包修合同，后历

[①] 高军：《华夏文明传承创新区背景下兰州黄河文化传承的思考》，《文学教育》2017年第9期（上）。

时三年建成，一百多年后的今天依然横跨在黄河上，成为兰州的一道城市名片。

在黄河文化总体特征下，兰州的地域性文化特质具有独特的符号和内涵。黄河奇石、兰州刻葫芦、水车、羊皮筏子、太平鼓、牛肉面，这一系列符号组合成黄河文化的兰州都市特质，蕴藏着这座黄河之都的人文情感，兰州本土艺术家则用黄河母亲雕像展现了人民与黄河像母子亲情一样的血脉联系。

一　兰州水车博览园

兰州水车博览园由水车园、水车广场、文化广场三部分组成，以12轮兰州水车为主景。此处本是历史上的"水车园"旧址，现成为一个展现水车文化的主题公园，是一处4A级景区。

兰州水车，又名天车、翻车，也叫老虎车。[①] 见于文字记载的中国最早的水车，当是东汉灵帝时毕岚所创的"翻车"，《后汉书》卷78《张让传》中的记载应为目前所见史籍中最早："明年（灵帝中平二年），遂使钩盾令宋典缮修南宫玉堂。又掖庭令毕岚铸铜人四，列于苍龙、玄武，又铸四钟，皆受二千斛，悬于玉堂及云台殿前。又铸天䘵、虾蟇，吐水于（洛阳）平门外桥东，转水入宫。又作翻车、渴乌，施于桥西，用洒南北郊路，以省百姓洒道之费。"后三国时，魏国工匠马钧因灌溉困难，对翻车进行了改进，《三国志》卷29《杜夔传》："马先生，天下之名巧也。""居京都，城内有地，可以为园，患无水以灌之，乃作翻车，令童儿转之，而灌水自覆，更入更出，其巧百倍于常。"水车出现在西北地区，则是到了明朝时期。[②] 明英宗正统三年（1438年），靖虏卫守备房贵由合肥引进水车，并仿造于甘肃黄河边，据《康熙·靖远卫志》记载："水池，在北城外，正统三年（1438年），指挥房贵建于黄河南岸，

[①] 《走进兰州黄河风情线　感受古老黄河文化》，正北方网，2015年，第9—22页。
[②] 王为华：《历史时期灌溉农具——水车的演变及地域应用》，硕士学位论文，暨南大学，2010年，第6—7页。

安置水车城北，挑大池引水注池，汲取甚便。年久，被水冲坏而崖岸犹存。今城北沿河上下用水车浇灌园圃菜果，给用不乏，盖皆仿其遗意而为之者。"而真正让黄河水车在西北扎下根的，则是明嘉靖年间的段续。段续，字绍先，号东川，兰州东关段家台人，明嘉靖二年（1523年）进士，授都察院云南道御史，曾任湖广布政史司（辖今湖南、湖北两省），目睹过南方筒车灌溉对农业生产的巨大作用，也曾有过督修显陵、指挥施工的经历和经验。段家世代为官，经济实力雄厚，这也是段续决心创制水车的经济支持。嘉靖二十年（1541年），段续辞官回到兰州，开始聘请工匠，仿南方水车制造适合黄河取水的水车。[①] 据《重修皋兰县志》记载："续里居时，创翻车，倒挽河流，以灌田，致有巧思。沿河农民皆仿效焉。"1994年，兰州市旅游局为再现这一古老的提灌工具，在黄河风情线上，专门设计仿建了轮辐直径高达16.5米的双轮水车，建成水车园公园。2005年8月26日，被誉为"水车之都"的兰州在百里黄河风情线滨河东路黄河南岸，建起了一处水车博览园，再现了50多年前黄河两岸水车林立的壮观景象。据方志记载，从明代中期起，到清代末期止，兰州黄河沿岸的水车，由一轮逐渐增加到157轮（公元1891年统计数），其中北岸41轮，南岸84轮，河滩32轮。尤其是皋兰的水川，向为水车麇集之地，最多时曾达200余轮。及至1952年，全市水车进而猛增到252轮，只见黄河两岸到处巨轮林立，流水欢歌不绝于耳，提灌面积也扩大到10万多亩，可谓盛极一时。

兰州水车博览园的南大门（正门）是一个造型独特的木架结构的大门，它寓意着两个意思：一是抽象化了的兰州水车的一个组成部分，以此来表达兰州水车这个主题；二是寓意着兰州是一个两山一水的山水城市。大门是由木架组成的，形似两座"山"。它分别代表兰州的兰山和白塔山，左边的水池代表黄河，寓意着兰州是山水相连的美丽城市。

[①] 方立松：《中国传统水车研究》，博士学位论文，南京农业大学，2010年，第48页。

水车广场以知名于国内外的兰州水车为主体，并荟萃中外不同形式、风格迥异的水车数十轮。因此，兰州水车博览园是世界上水车品种、数量最多的主题公园。其中，兰州水车以其独到的构造、精湛的工艺、雄浑粗犷的独特风格成为中国水车的代表。

兰州水车直径16米左右，16对辐条由车轴向车缘辐射构成巨轮，辐条顶端置刮水板，刮水板之间置40个长方体水筒，其下为凌空架设的木槽，可引水流。车轴固定在水巷石坝之上，河水涌入水巷，形成急湍，刮水板受力，驱动水车转动，水筒"倒挽河水"，倾入水槽以灌田，一轮水车可灌溉田地三百余亩。

在水车广场上展现着各具特色的水车，如脚踏水车、手推水车等。在众多的水车旁有一座水磨房，水磨是电力磨面机出现以前广泛使用的磨面工具，由引水道、叶轮、磨轴、磨盘、磨具等部分组成。它以水为动力，带动叶轮旋转，叶轮之上安装石磨，用来磨制面粉。在水磨房出水处有一条蜿蜒小渠，名为"曲水流觞"，再现九曲黄河内水车林立、悠悠旋转的景象。在水车广场西端有一组水池，它由三级七阶大小不等的水池组成，形成一组美丽、壮观的瀑布群，与兰州水车遥相呼应，展现出一个美丽如画的景观。

二 中山桥

兰州中山桥俗称"中山铁桥""黄河铁桥"，位于兰州滨河路中段北侧，白塔山下、金城关前，是一座历史悠久的古桥。中山铁桥长233.5米，宽8.36米，有4墩5孔，桥上飞架5座弧形钢架拱梁。清光绪三十三年（1907年），清政府在兰州道彭英甲建议和甘肃总督升允的赞助下，动用国库白银三十万六千余两，由德商泰来洋行喀佑斯承建，美国人满宝本、德国人德罗做技术指导，建起了黄河第一座铁桥，初名"兰州黄河铁桥"。修建铁桥所用的钢材、水泥等材料都是从德国购置，海运到天津，由京奉铁路运到北京丰台火车站，再由京汉铁路运到河南新乡。从新乡取道西安，分36批，用马车运到兰州。桥建成后，两边建了两座分别刻有"三边利济"和"九曲安澜"的大石坊，分别有楹联：

> 曾经沧海千层浪，又上黄河第一桥。
>
> 天险化康衢，直入海市楼中现不住法；
> 河蠕开画本，安得云梯天外作如是观。

1942 年改为"中山桥"，1954 年整修加固了铁桥，又增加了五座弧形架拱梁，使铁桥显得坚固耐用，气势雄浑。

中山桥的前身系黄河浮桥，黄河浮桥是明洪武五年（1372年）宋国公冯胜在兰州城西 7 里处始建的。明洪武九年（1376年），卫国公邓愈将此桥移至城西 10 里处，称为"镇远桥"。明洪武十八年（1385 年），兰州卫指挥杨廉将浮桥移至现在的位置——白塔山下。至今兰州还存有建桥时所遗的重 10 吨、长 5.8 米的铸铁浮桥柱 3 根，人称"将军柱"。柱上铸有"洪武九年，岁次丙辰，八月吉日，总兵官司卫国公建斯柱于浮桥之南，系铁缆一百二十丈"的字样。当年的黄河浮桥，用 24 只大船横排于黄河之上，船与船之间相距 5 米，以长木连接，铺以板，围以栏，南北两岸竖铁柱 4 根，大木柱 45 根，有两根各长 50 米的粗铁绳，将船固定在河面上。冬季黄河结冰就拆除，春季则又重搭浮桥。

今天，中山桥的观赏价值、历史和文物价值，已远远大于它的交通价值，成为百里黄河风情线上最引人瞩目的金城一景。

三　生命之源

"生命之源"水景雕塑位于北滨河路西沿段，占地面积 3749.44 平方米，于 2004 年 6 月 10 日建成。这座雕塑主体分为两部分，底基座呈圆形拱体，高约三层楼，四周是环状支撑物，好似一双双手在高高举起，寓意着人类对生命的炽热追求；基座上方是圆形彩陶器瓶，其构思奇特，造型别致，彩陶外面美观的纹饰、流畅的线条，标志着中国古代制陶工艺技术的高度发达。彩陶口有水柱喷涌而出，逐阶向下跌落，再现了"黄河之水天上来，奔流到海不复回"的意境。大大小小的水珠喷泻而下，产生流水琴韵的共鸣声，给人以无尽诗意的遐想。"生命之源"水景雕塑，是彩陶文化文化与黄河文化的有机结合，集中完美地体现了黄河文化浓厚的文化内涵，寓意母亲河孕育了中华民族和华夏文化。

四 黄河母亲

兰州最具象征意义的城市雕塑首推著名女雕塑家何鄂女士的作品——"黄河母亲"。黄河母亲雕塑位于兰州市滨河中路黄河南岸，长6米，宽2.2米，高2.6米，花岗岩雕制，总重40余吨。雕塑构图由"母亲"和一"男婴"组成。母亲秀发飘拂，神态慈祥，身躯颀长匀称，曲线优美，微微含笑，抬头，微曲右臂，仰卧于波涛之上。右侧依偎着一裸体婴儿，头微左顾，举首憨笑，显得顽皮可爱。雕塑构图洗练，寓意深刻，象征着哺育中华民族生生不息、不屈不挠的黄河母亲和快乐幸福、茁壮成长的华夏子孙。雕塑下基座上刻有水波纹和鱼纹图案，源自甘肃古老彩陶的原始图案，反映了甘肃悠远的历史文化。同时，水波纹和鱼纹也反映了黄河流域的先民们对自然现象敏锐的观察力。这组雕塑位于滨河路中段，小西湖公园北侧，是目前全国诸多表现中华民族的母亲河——黄河的雕塑艺术品中最漂亮的一尊，具有很高的艺术价值。黄河母亲，成为来兰州观光游览的客人拍照留念的背景，也是兰州的名片之一。

第五节 甘肃节事活动与旅游演艺

一 节事活动

（一）中国天水伏羲文化旅游节

中国天水伏羲文化旅游节，是由天水市人民政府主办的公祭中华人文始祖伏羲大典暨中国天水伏羲文化旅游节，2005年开始由甘肃省人民政府主办公祭中华人文始祖伏羲大典，至今已经成功举办了二十届。经过二十余年的努力，天水伏羲文化旅游节已发展成为"中国最具发展潜力十大节庆"活动之一，公祭伏羲大典被列入国家首批非物质文化遗产保护名录，成为甘肃省独具特色的重要文化品牌之一。

伏羲是传说中的中华人文始祖，相传伏羲的母亲名叫华胥氏，是一个非常美丽的女子。有一天，她去雷泽郊游，在游玩途中发现了一个大大的脚印。出于好奇，她将自己的脚踏在大脚印上，当下就觉得有种被蛇缠身的感觉，于是就有了身孕。而令人奇怪的是，这一怀孕就怀了十二年，后来就生下了一个人首蛇身的孩子，这就是伏羲。当地的人为了纪念伏羲的诞生，特将地名改为成纪，因为在古代，人们把十二年作为一纪。

天水伏羲文化旅游节是甘肃黄河文化与中华寻根始祖文化的融合产物，黄河与伏羲都是人们对于共同始祖的一种形象寄托。

(二) 兰州黄河文化旅游节

兰州黄河文化旅游节是每年一届的旅游盛会，由兰州市委、市政府主办，兰州市委宣传部、市文旅局承办。截至2018年已经开了八届，每届会议主题都与当年热点话题有关，比如生态旅游、全域旅游等。兰州文化旅游节的举办旨在进一步提升兰州城市旅游形象，培育和打造具有独特魅力和优势的节会品牌。通过创新节会模式，深入挖掘兰州历史文化底蕴，丰富节会文化内涵，全面展示兰州丰富的文化旅游资源，促进兰州文化旅游业快速健康发展。加快把兰州建设成为丝绸之路经济带旅游名城、中国西北旅游集散地和国内知名旅游目的地。特别是全面加强与丝绸之路经济带沿线国家和地区的合作交流，打造区域旅游共同体，不断推动文化旅游产业向更好、更快、更深层次迈进。

每年黄河文化旅游节都会邀请许多学界及业界知名专家人士对兰州，甚至整个黄河流域文化旅游发展建言献策。除此之外，也会有许多省份赴兰州进行文化旅游宣传推介活动。近年来，伴随黄河文化旅游节衍生的黄河旅游美食文化节也颇受民众的喜爱。这一节事活动已发展成为兰州一年一度的旅游文化类盛会，逐渐成长为兰州城市宣传的又一有力名片，也成为民众一年一度的娱乐盛会。

（三）敦煌行·丝绸之路国际旅游节

"敦煌行·丝绸之路国际旅游节"是甘肃省委、省政府创新发展思路的重大举措，它既是以扶持壮大文化旅游产业为突破口，培育经济发展新的增长极的思路创新，也是整合甘肃省旅游资源和各类节会资源，突出地方特色，提升甘肃整体形象的模式创新；是甘肃省委、省政府扩大对外开放的重大举措，以敦煌莫高窟和丝绸之路等世界知名旅游品牌为核心元素，打造对外开放的亮丽名片和消费平台，让更多的人接触甘肃，感受甘肃，从而使甘肃更好更快地融入经济全球化和区域一体化的进程中去，真正让甘肃走向全国和世界；是甘肃省委、省政府实现跨越式发展的重大举措，充分发挥甘肃省文化旅游资源丰富的优势，培育新的消费热点和新的经济增长点，推动经济社会协调发展，加快把旅游业培育成为甘肃省国民经济的战略性支柱产业和现代服务业的龙头产业，实现甘肃省由旅游资源大省向旅游强省转型升级。

敦煌行·丝绸之路国际旅游节是甘肃省扩大开放和招商引资的重要战略平台之一，也是丝绸之路沿线国家和地区唯一一个以丝绸之路命名的常设性国际旅游节会。敦煌行·丝绸之路国际旅游节已成功举办八届，每年选择一个城市作为开幕式举办地。首届敦煌行·丝绸之路国际旅游节于2011年8月1日至8月31日举办，开幕式地点在兰州市。

丝绸之路文化旅游节紧扣国家政策，紧抓丝绸之路文化旅游资源，成功地拉近了中国与丝绸之路沿线国家之间的联系，是我国"一带一路"政策的成功实践。

（四）兰州国际马拉松

兰州国际马拉松创办于2011年，是由中国田径协会、甘肃省体育局、兰州市人民政府共同主办的一项赛事。该赛事是甘肃省、兰州市迄今组织的规模最大、参赛人数最多的国际体育赛事，在国内外产生了广泛影响。兰州国际马拉松赛比赛线路设在兰州多年精心打造的城市名片"黄河风情线"沿线，沿途景色优美，山静水动，风景宜人。参赛者在奔跑过程中可以领略到黄河沿岸所特有的自然生态景观，将马拉松挑战自我、超越极限、坚韧不拔、永不放弃的精神与奔腾不息的黄河文化相融合，成为西北地区独具魅力的马拉松赛事。

兰州国际马拉松赛从2011年首次举办，就赢得了社会各界的广泛赞誉，被评为"最佳马拉松赛事"和"中国田径协会马拉松金牌赛事"，并升格为全国积分赛。通过连续两届的成功举办，赛事综合效应不断显现。一是极大地提升了城市的知名度和影响力，加快了"让兰州走向世界、让世界了解兰州"的步伐。二是集中展示了黄河文化和城市魅力，让运动员和观众感受到"如兰之州、如家之城"的城市魅力。三是空前激发了市民的自豪感和荣誉感，这种感情正积极转化为加快城市发展的精神动力，影响着城市的文明进步和发展进程。四是高效聚集了各类经济要素，给兰州发展带来了人流、物流、信息流、资金流，形成了一场前所未有的"兰州热"。五是显著提升了兰州的社会关注度，兰州国际马拉松赛以其空前的视觉冲击力，引起了新闻媒体和市民网民的广泛称赞和热议。

"九曲不回、奔涌向前"的城市精神与马拉松文化相互融合，打造出极具兰州特色的国际马拉松赛事品牌，为城市发展注入了活力和激情，也将黄河风情文化、市民文明素质、城市规划建设等全景式地展现于世，大幅度提升了兰州的城市形象及美誉度，为城市带来强大的吸引力。

二 旅游演艺

（一）敦煌—丝路花雨

大型民族舞剧《丝路花雨》是以举世闻名的丝绸之路和敦煌壁画为素材创作的。博采各地民间歌舞之长，歌颂了老画工神笔张和歌伎英娘父女俩的光辉艺术劳动，描写了他们的悲欢离合，高度颂扬了西域人民源远流长的友谊，再现了唐朝内政昌明，对外经济、文化交往频繁的盛况。它歌颂了画工神笔张和歌伎英娘的光辉艺术形象，描述了他们的悲欢离合以及与波斯商人伊努斯之间的纯洁友谊。被誉为"中国民族舞剧的典范"。至今已演出了1800多场，成为东方艺术的奇葩，并被作为20世纪中国舞蹈经典剧之作，载入中华民族艺术史册。

（二）古道传奇

《古道传奇》是一台以古道为题材，以文成公主入藏开启唐蕃古道为主线索，以古今"穿越"对话为辅助线，融合了现代"穿越"梦幻风格的情景舞台秀。生动再现唐蕃古道的历史文化传说和人文风貌，追述汉藏人民千百年来友好历史和深情厚谊，烘托出"爱在远方"的爱情主题，使观众通过《古道传奇》剧情的进展"一幕走千里，一剧知古今"。《古道传奇》在内容上追述汉藏人民千百年来友好历史和深情厚谊，生动再现唐蕃古道、丝绸之路、茶马古道上的历史文化和人文风貌，使观众"一幕走千里，一剧知古今"，已经成为青藏高原上一场高品质的视觉盛宴。

目前，随着社会主义市场经济的发展，旅游市场也随着人们人均收入和生活水平的提高而逐渐扩大，并且旅游市场存在着人口需求基数大、旅游市场发展较稳定的现状，习近平总书记在十九大上也提出中国特色社会主义进入了新时代，中国社会主要矛盾已经转化为人民日益增长的美好生活需要和不平衡不充分的发展之间的矛盾。因此，人民对文化的精神需求也日益迫切。

人们对文化的需求随着人们物质生活水平逐渐提高而相应的提升，相应文化的层次和水平也在人们严苛的需求之下被赋予了丰富的内涵并且进行了多样化的呈现。随着我国经济社会的快速发展，人们生活质量的不断提高，对于旅游文化的体验与消费需求正日趋高涨。因而，休闲旅游正逐步取代传统的观光旅游，成为旅游的重要形式。与此同时，国内旅游业为了保持其可持续发展势头，需要有效地激活潜在旅游市场。旅游演艺适应消费市场的发展规律、丰富旅游内涵、塑造旅游地形象,具有强大的发展潜力和殷实的市场发展基础,将成为旅游业发展的新业态、新趋势、新动力。

第六节 甘肃黄河文化的形象

古老的黄河,是中华民族的母亲河,也是华夏文明的摇篮与发祥地。它经过亘古不息的流淌,孕育出了世界上最古老、最灿烂的文明。

黄河流域,依其地理与文化特征,可分为三段:从源头到内蒙古河口镇为上游,主要是马家窑文化;从河口镇到河南旧孟津为中游,主要是仰韶文化;从旧孟津至入海口为下游,主要是龙山文化。其中的马家窑文化,制陶业非常发达,其彩陶继承了仰韶文化庙底沟类型爽朗的风格,但表现更为精细,形成了绚丽而又典雅的艺术风格,比仰韶文化有进一步的发展,艺术成就达到了登峰造极的高度。

从黄河文化来说,千万年来,黄河自青海东流,进入甘肃,广袖轻舒,彩练回旋,形成了天下黄河第一弯——玛曲;此后它又穿山绕谷,围堰聚水,形成了刘家峡、八盘峡等高峡平湖。[①] 在黄河中上游的甘肃这片黄土地上,诞生了辉煌灿烂的大地湾、马家窑等彩陶文化,而这片黄土地又赋予了黄河以黄色的容颜。沿黄河甘肃段一路北上,不但可以欣赏河水清澈、溪流纵横、草场丰茂的黄河首曲景色,还可领略黄河特有的跌宕冲撞、奔腾而来、咆哮而去的大河气度,更能饱览高峡平湖、绝壁万仞的壮观景色,还可体验黄河中上游独特的乡风民俗,探究中华民族文明之源。

黄河甘肃段干流全长913公里,孕育出了羊皮筏子、黄河水车

[①] 王生鹏、孙永龙:《甘肃旅游资源与文化资源整合战略研究》,《西北民族大学学报》(哲学社会科学版)2010年第3期。

等富有甘肃特色的黄河文化产物。而黄河三峡,因炳灵峡、刘家峡、盐锅峡而得名,在流经永靖县境内107公里的黄河主道上,有着秀丽的山水,散布着刘家峡水库、炳灵寺石窟、炳灵石林、刘家峡恐龙国家地质公园、太极岛等景点。此外,景泰黄河石林的古石林群不仅颇富特色,而且规模宏大,占地约10平方公里,国内罕见。

甘肃黄河文化是一个时空交织的多层次、多维度的文化共同体。她的内涵十分丰富,包括政治、经济、军事、艺术、哲学、科技、教育、语言文学、史学、宗教、民间信仰、道德规范和社会生活习俗等诸多方面的内容。既有史前时期的仰韶文化、马家窑文化、半山文化、马厂文化、齐家文化等文化类型;还有象征中华民族远古先民的"三皇"(伏羲、女娲、神农)、"五帝"(黄帝轩辕氏、颛顼高阳氏、帝喾高辛氏、帝尧陶唐氏、帝舜有虞氏)以及帝禹夏后氏等。从夏商到清代,农业生产逐步发展,在农具制作、灌溉技术、谷物种植、畜牧业等方面取得很大成就;手工业生产水平不断提高,形成了高超的青铜器、铁器、陶器、瓷器、玉器、舟车等制作技术及其文化成果;科学技术不断发展,在算学、天文学、地理、水利、医学、纺织、造纸、印刷、冶金、建筑等方面积累了宝贵的经验;思想文化兴旺发达,产生了一代代优秀的思想家和思想学说,编著了大量的史学书籍,创作了大量的文学作品,形成了博大精深的宗教文化;艺术方面的成绩斐然,在绘画、书法、雕塑、音乐、舞蹈、戏曲、杂技、石窟等方面留下了丰厚的遗产;涌现出了大量优秀的历史文化人物,他们建构了黄河文化鲜活的文化人格;民俗文化丰富多彩,形成了传统节日以及各种礼俗。近代以来,黄河文化有了更进一步的发展,取得了更为丰厚的成果,逐步走向了世界。

而作为黄河上游文化中心的兰州,既是中国陆域版图的几何中心、西北重要的枢纽城市,也是黄河唯一穿城而过的省会城市。这里有白塔山、五泉山;有浓缩的黄河文化、丝路文化、彩陶文化和民族文化的绿色长廊、文化长廊和水上乐园;兰州黄河百里风情线上的"黄河母亲"和"天下黄河第一桥"——中山桥等,更是领略黄河文化的上佳地点;这里还有水车博览园、金城关文化风情园、文渊阁四库全书藏书楼、中国秦腔博物馆、兰州彩陶博物馆、非物质文化遗产陈列馆、兰州国学馆等;还依托黄河文化,开发了黄河石、刻葫芦、陶器、水车模型等工艺品。①

---

① 《黄河文化:华夏文明的摇篮》,《甘肃日报》2013 年 3 月 15 日,第 3—15 页。

第七章

甘肃黄河文化的发展脉络

第一节 黄河文化的生成历程

在人类从蒙昧走向文明的历史进程中,地理环境的特性决定着生产力的发展,而生产的发展又决定着经济关系的发展,以及伴随着经济关系发展的所有其他社会关系的发展。[①] 在黄河流域建立起黄河文明的中国人也不例外,诚如黄仁宇所说:"易于耕种的纤细黄土、能带来丰沛雨量的季候风,和时而润泽大地、时而泛滥成灾的黄河,是影响中国命运的三大因素。它们直接或间接地促使中国要采取中央集权式的、农业形态的官僚体系。"

从自然条件看黄河流域恰好处于中纬度,是四季分明的温带气候。黄河冲积黄土高原并裹挟而来的肥沃厚重的黄土,利于发展农耕,加之黄河本身提供的可资灌溉的水资源,使黄河流域(黄河及其支流的两岸平地、谷底,尤其是中下游的平原地带)具备发展农业的理想的、得天独厚的自然条件,成为古代中国最发达的农业经济区。这是黄河文化存在的最基本的自然地理条件。

从黄河文化存在的时间看,可谓源远流长。早在旧石器时代,黄河流域就有了人类的活动。在山西省芮城县境内出现西侯度猿人距今有180万年,在陕西蓝田发现的蓝田猿人距今大约100万年,

---

① 彭岚嘉、王兴文:《黄河文化的脉络结构和开发利用——以甘肃黄河文化开发为例》,《甘肃行政学院学报》2014年第2期。

在陕西渭南市发现的大荔猿人距今大约有 20 万年，在山西襄汾发现的丁村猿人距今也有 15 万年，还有黄河河套地区的河套人及其文化，河南安阳小南海发现的洞穴遗址，都在 5 万年以上。经过漫长的旧石器时代，黄河流域出现了以农业为特征、以磨制石器为标志的新石器时代文化。随着生活在黄河流域的血缘氏族部落逐渐由母系氏族公社进入父系氏族公社，部落之间也开始了一系列战争。最终，势力强大的黄帝战胜了炎帝，基本奠定了华夏族的基础。

那么黄河文化形成于何时，它后来又经过了怎样的演变，才发展成为今天这样一个复杂的既具有广袤的空间跨度又具有绵长的时间跨度的一个大体系的呢？为明确回答这一问题而武断地进行分期是不可取的，但是为了便于论述，我们可以采取一个较为模糊而折中的办法，把黄河文化的流变过程大体上分为三个阶段：黄河文化的形成期、发展期、融合期。通过这一划分，我们能够看清黄河文化在历史长河中的大致走向与发展脉络。

学者安作璋将黄河文化作为一种主体文化而形成的时期其界定为先秦时期到秦汉时期。在这一时期，与涓涓细流汇成大江大河类似，黄河流域各个地区的区域文化（地方文化）伴随着征战杀伐与产品贸易慢慢走向融合，逐渐形成大的区域文化，最终，在统一的政治实体的制度规范与区域文化彼此相互自发融合两种力量的推动下，黄河文化逐渐形成。

神话与历史所讲述的从远古时期众多部落的颉颃，到炎帝和黄帝部落的联盟；夏商周时期的中心与四方（边陲）的对峙，以及从春秋战国到秦汉一统，都表明黄河文化在形成过程中不断凝练、提升、壮大。在某种程度上，中华民族的图腾龙，也以象征符号的方式表征了黄河文化的融合过程。

我们之所以把这个时期说成黄河文化的形成期，是因为这一段长达数千年的历史见证了黄河文化的内部消化与融合过程，而且以标志性的事件显示了黄河文化统一的主体特点。一方面，农业经济模式在这一时期逐渐成熟；另一方面，共同的地域、共同的语言以及共同的经济生活所凝聚成的汉族在这一时期形成，当然，最重要的是，能够代表黄河流域文化核心思想的儒家思想在汉代被确立为官方意识形态。

一种文化在初步形成并逐渐壮大之后，必然伴随其所凭附的政治、经济实体的势力范围的扩大，而与周边文化发生冲突、交流、融合等各种双边、多边关系[①]。在魏晋南北朝直至唐王朝时期，伴随汉民族的中央政权与周边少数民族政权的政治权力争夺与经济贸易交流，以及中央政权与亚洲其他国家的丝路贸易，黄河文化向北方草原文化（或游牧文化）、南方江淮流域文化输出，以及与印度文化的激烈碰撞，与古波斯、日本、朝鲜、越南等各国文化交流。在这一过程中，黄河文化进一步发展，最终在唐王朝时期伴随经济高度发达、城市规模空前宏大，而形成了作为中华民族国家繁荣昌盛标志的多元共存、高度繁荣的黄河文化。唐代中期以后，由于南方经济后来居上，黄河流域的经济地位下降，但仍然占据着政治中心的地位，因而在文化上依然具有引领其他区域文化的特征。经过宋元明清，各个地区的文化与黄河文化相互碰撞、交流、竞争，黄河文化的绝对主体、绝对中心的地位有所下降，但是，在整个中华民族文化中，黄河文化依然是主体，这个主体与其他地区、民族的文化融为一体，组成大一统的中华民族文化。

第二节 甘肃黄河的文化脉络

以河流为载体的文明是人类文明的重要源泉，甘肃省作为黄河流域的流经地之一，是黄河文化在此聚集和总和，目前形成了古生物化石线、史前远古人类文化线、农耕文化线、游牧文化线等多条文化脉络。

[①] 彭岚嘉、王兴文：《黄河文化的脉络结构和开发利用——以甘肃黄河文化开发为例》，《甘肃行政学院学报》2014 年第 2 期。

一 古生物化石线

甘肃古生物遗存分布广泛，目前发现的古生物主要集中在庆阳、临夏和黄河三峡。

甘肃省庆阳市合水县发展的黄河古象具有重大的研究价值。1973年，发现的剑齿象化石是迄今世界上个体最大、保存最完整的古象化石，它的发现对研究黄河流域和黄土高原远古时期地形、地貌、气候等提供了极有价值的信息。

临夏和政县被考古界称为"古生物学伊甸园"。它是研究甘肃古地理、古气候和古环境变化的理想场所。和政古代动物化石博物馆是中国唯一的古代脊椎动物化石博物馆，古代动物化石的种类繁多，数量丰富，保存完好。目前，该藏品中有3万多个化石，分为三纲八目150个属种。它们属于新生代晚期的四个不同的哺乳动物群体，占世界上六个之最：世界上独一无二的和政羊；世界上最丰富的铲齿象化石；世界上最大的真马"埃氏马"；世界上最大的三趾马化石产地；世界上最大的鬣狗"巨鬣狗"；世界上最早的披毛犀头骨化石。其中，化石储量的三趾马和收集的头骨化石标均是欧亚大陆首位，超越了世界上最著名的三趾马动物群产地皮克米和萨拉摩斯。铲齿象动物化石不仅在我国而且在欧亚大陆上也是最丰富的，其数量也超过了美国纽约的自然历史博物馆和北京自然历史博物馆。以和政命名的"和政羊"，属世界独有种群，不仅填补了我国哺乳动物化石收藏中的一个重要空白，还为研究我国新生代晚期第三纪古地理气候演变提供了重要的科学依据。

远古时代的黄河三峡也是大量古生物繁衍生息的乐园。甘肃是世界上最大的恐龙分布带之一，永靖黄河三峡是名副其实的"中国恐龙之乡"。甘肃发现了刘家峡恐龙国家地质公园的恐龙足印化石、世界上最胖的刘家峡黄河巨龙、牙齿最大的兰州龙、世界保存最完整和亚洲最大的炳灵大夏巨龙。

二 史前远古人类文化线

（一）新石器时代文化线

作为中华民族和中华文化的发祥地之一，甘肃省已发现的大量新时期时代和旧石器时代的遗址和史料记载证明：远在旧石器时代，中华民族的祖先们就在这块土地上生活和繁荣，创造了灿烂的文化。考古研究表明：大约8000年前，以秦安大地湾为代表的渭河和西汉水流域的先民发明了农业，开始了新石器时代的革命。他们种植糜子、谷子，喂养猪和狗，修建房屋和村庄，并在制陶、建筑与艺术等诸多领域取得了惊人的文化成就，创造了与中原地区同步的史前荣耀文化。大约在5300年前，甘肃中部的马家窑地区的先民不仅铸造了我国年代最早的青铜刀，而且制作了大量具有精湛工艺的彩陶艺术珍品。4000多年前，以山丹四坝和玉门火烧沟为代表的河西先民，开始使用大量的铜器，并从事畜牧业和农牧业，将河西地区带进了历史上的第一个繁荣期。在甘肃广和齐家坪发现的齐家文化遗址，已有4000多年的历史，是继仰韶文化之后重要的文化遗存，标志着广河一带先民已进入铜石并用阶段。

目前发现的大地湾文化、马家窑文化、武山人骨头化石、付家门文化、师赵村文化、西山坪文化、七星堆文化、礼辛镇遗址和马家山村遗址均展示了新石器时代人类文明的遗存，其中以大地湾文化和马家窑文化影响最大。大地湾文化向人们展示了6000年前的彩雕技术，7000年前的防火理念和8000年前原始部落的生活方式和生活状况。马家窑文化将中国彩陶文化推向了一个新的高度，在新石器时代称为中国彩陶文化之冠[①]。

甘肃新石器时代文化的特点是有着悠久的彩陶历史。从甘肃秦安大地湾8000年历史的彩陶算起，彩陶已经经历了仰韶、马家窑、

---

① 巩杰：《甘肃地域文化纪录片对黄河黄土文化的纪录与彰显》，《电影评介》2011年第18期。

齐家、四坝、辛店、沙井等悠久的文化岁月，它历时5000多年，形成了彩陶发展的完整历史。

甘肃彩陶文化，呈现出时间由新石器早期向晚期发展、空间上由东南向西北推进的趋势。属于新时代时期，距今8000—7000年，被考古学界命名为"老官台文化"的遗址，与黄河中游地区的"磁山文化""裴李岗文化"鼎足而立，构成了人类新石器时代早期的文化内涵，归入"老官台文化"遗址，在甘肃有陕甘交界的泾渭流域和大地湾一期遗址。老官台文化遗址中的彩陶，由于处于陶器烧制的初创时期，所以工艺上尚处于探索起步阶段，多为手工制作，胎质以砂质红褐陶为主，较少泥质红陶，只有少量泥质灰陶，烧制火候较低，质松易碎。这一时期的彩陶文化制作，是甘肃彩陶文化发展的序幕。

在甘肃发现最多、分布面最广、最具代表性的当属新石器时代中晚期的马家窑文化。由于马家窑文化遗址中有大量的彩陶，它具有自己独特的特点和自称一体的系统风格，使得一度被考古学界称为"甘肃彩陶文化"。马家窑文化以陇中大地为核心向四周辐射，东起渭源流域上游，西至黄河上游龙羊峡附近，北入宁夏清水河流域，南达四川岷江之滨，形成了一个庞大的彩陶文化圈。

马家窑遗址位于甘肃省临洮县洮河西岸的马家窑村麻峪沟口一座小山上，可追溯到5000—4000年前，马家窑文化是一种与仰韶文化有密切关系的文化，带有明显的地方特色。马家窑文化还包括甘肃省广河县半山村发现的半山文化，以及青海省湟水流域发现的马厂文化。马家窑文化的陶器产业相当发达，特别是彩陶数量及丰富性、造型奇特、精美的绘画和鲜明的地方特色，是其他陶器时代所无法比拟的[1]。

马家窑文化的彩陶，早期以纯黑彩绘花纹为主；中期使用纯黑彩和黑、红二彩相间绘制花纹；晚期多以黑、红二彩并用绘制花

---

[1] 尤农、亚奎：《马家窑文化》，《甘肃教育》2007年第7期。

纹。马家窑文化的制陶工艺已开始使用慢轮修坯，并利用转轮绘制同心圆纹、弦纹和平行线等纹饰，展示出了娴熟的绘画技巧。彩陶的大规模生产表明，这一时期制陶的社会分工长期以来呈现专业化的特点，配备有专门的制陶工匠。彩陶的发展是马家窑文化的一个显著特点，在我国所发现的所有彩陶文化中，马家窑文化彩陶比例是最高的，其内部色彩也特别发达，图案的时代特征非常明显。20世纪50年代末以来，随着大量新出土资料的积累，对马家窑文化彩陶的研究越来越受学术界关注，逐渐形成为史前文化研究中的热点。

在中原仰韶文化陶器衰落之后，马家窑文化的陶器继续发展了数百年，将彩陶文化推向了前所未有的高度。马家窑文化以彩陶为代表。它的风格丰富多样，图案丰富多彩，是世界彩陶历史上无与伦比的奇观，是古代祖先创造的最灿烂的文化，也是艺术发展的高潮。它不仅是工业文明和农业文明的源泉，同时也孕育了中国文化艺术的起源和发展，有着神奇而辉煌的艺术魅力，仍然令我们震惊。

(二) 青铜器时代文化线

甘肃省出土的青铜器不仅数量和种类丰富，而且分布较为集中，甘肃省商周时期的青铜器主要分布在平凉市和庆阳市等地，西周时期的青铜器主要集中在泾川县、灵台县和崇信县等地。研究青铜器时代文化不仅有助于我们研究甘肃的古代历史和人文科学，尤其对于我们研究甘肃先秦时期的历史和文化等具有重要的史料价值。从时间跨度较大的商代末期到战国时期，甘肃省出土的青铜器的形状和装饰与中原及关中地区出土的青铜工艺品风格一脉相承，但也表现出一些地域性变化，包括受偏远民族青铜文化影响的一些因素。这些青铜器物表明，很久以前甘肃东部与中原地区之间存在着密切的关系。甘肃东部从古老的文化发展而来，后进入了青铜器时代的齐家文化，寺洼和辛店青铜文明的先民在此繁衍生息。

齐家文化是新石器时代文化向青铜器文化过渡的阶段，上承马家窑文化,是新石时代晚期至青铜时代早期的文化,是以中国甘肃为中心地区的新石器时代晚期文化,已经进入铜石并用阶段,其名称来自其主要遗址齐家坪遗址。马家窑文化发掘出土的铜器共有两件,分别是马家窑文化早期和晚期的马厂类型铜刀。马厂类型的其中一支以青海乐者中县柳湾为代表,主要分布于兰州以西及青海地区,此支便发展成为齐家文化。齐家文化的冶铜业发达,红铜、铅青铜和锡青铜相继出现,表明晚期齐家文化已进入了青铜时代。寺洼文化以甘肃临洮寺洼山的发现地命名,发现其存在时间为公元前14世纪到公元前11世纪。主要分布在兰州以东的甘肃省境内,并延伸到陕西省千水流域和泾水流域。居民聚落已具相当规模。经济以农业为主,兼营畜牧。墓葬多土坑墓,形若覆斗,葬具有棺或棺椁,除单人葬外,有合葬和火葬墓。随葬品有陶器、青铜器、装饰品及马牛羊的骨骼。少数墓中有殉人和陪葬车马,表明当时已进入奴隶社会。青铜器主要包括戈、矛、镞、刀和铃等。辛店文化从商代一直延续到西周晚期。辛店文化的聚落遗址多位于河谷两岸的台地上。房屋形制较单一,多为长方形半地穴式建筑,门道设在西边,呈斜坡状,在居住面中间有一圆形灶。铸铜业有很大的发展,形状有锥形、长矛、凿子和铜炮等。

甘肃独特的地理环境和气候特征在古代孕育了许多不同的文化类型,进入文明时代后,这里又成为许多民族互动、融合甚至冲突的地区,分别以农耕、游牧和骑猎为主要生存方式的三大文化圈在此相交或相切。这种宏观历史背景决定了古代陇原大地青铜文化的多样性和特异性,这里出土的青铜器物,往往既保有商周青铜器的基本传统,又显现出异族风情,展现出独特的个性。

三 农耕文化线

与生产力紧密相关的是生产工具、生产技术及作物栽培技术,生产工具和生产技术的变迁以及作物栽培凝聚着浓厚的文化底蕴,连缀起黄河文化的农耕脉络。生产工具(材质)的变迁记载了人类文明从使用石器、骨器、木器、青铜器到铁器的演化历程，耕犁、沙田、水车、引水灌溉是中国农业文明的见证。庆阳，甘肃省省辖市，位于甘肃省最东部，陕甘宁三省区的交会处，系黄河中下游黄土高原沟壑区。习称"陇东"，素有"陇东粮仓"之称。甘肃省庆阳市在历史上一直是农业生产的重要地区，20万年前这里就有人类繁衍生息，7000多年前就有了早期农耕，4000多年前，悠久的周祖农耕文化对这里的社会历史和经济发展产生了深刻的影响。

四　游牧文化线

甘肃自古以来就是农耕民族和游牧民族交融地区，古代东西方各民族沿着丝绸之路在这里杂居融合，形成了多民族的大家庭。在甘肃这片神奇的土地上，广泛分布着汉、回、藏、东乡、土、满、裕固、保安、蒙古、撒拉、哈萨克等54个民族，其中裕固、东乡、保安族是甘肃的独有民族。甘肃各民族以其鲜明浓郁的民族风情、宗教文化，深远的内涵，风格各异的表现形式，充分展示着陇原各族人民的传统文化习俗和特有的生活风貌。藏、回、蒙古、哈萨克族等多民族风情各具特色。

蓝天与牧草相伴，牧民与牛羊相伴，美酒与歌舞相伴，心灵与佛国相伴，这就是甘南香巴拉——神仙居住的地方。从甘肃省会兰州南行，不到200公里即进入甘南。这里不仅是两大地貌类型的交接地带，而且是藏传佛教文化与伊斯兰文化的交融地带，还是农耕文化与草原游牧文化的过渡地带。这里比较完整地积淀和保存了藏民族传统的游牧文化、佛教文化和民俗文化。甘南历史悠久，坐落在甘南各地百余座藏传佛教寺院，更是呈现出五彩缤纷的藏传佛教文化的丰厚底蕴，甘南州被称为中国的"小西藏"。大自然赐予的丰茂水草使甘南的牛羊肥壮，藏族牧民衣食无忧。开阔的牧场造就了藏族人民博大的胸襟，他们并不拒绝现代文明的洗礼，但更多的是坚守对佛教的虔诚与信仰，保持心灵的宁静与纯真。在甘南的深山峻岭间，沟谷河流旁，隐藏着众多神秘的藏传佛教寺院，僧侣们潜心研习佛经，成就了一代代佛学大师。甘南是一个距现代城市最近而文化习俗保留最为传统的藏传佛教圣地，也是藏族人民心目中的天堂——"香巴拉"圣地。

  甘南藏族主要从事农业和畜牧业，农业生产以青稞为主，也有小麦、豌豆、荞麦、蚕豆等农作物；牧业生产以藏系绵羊、山羊、牦牛为特产。讲藏语，属汉藏语系藏缅语族藏语支。信奉藏传佛教，其中占主导地位的是黄教，其余还有红教、白教、花教。医药、天文、历算、戏曲、文学、歌舞、"唐卡"和"热贡艺术"等都有较高水平，藏戏（部分）被列为世界非物质文化遗产。藏族有自己的历法。藏历始于1027年，以11月1日为新年。甘南藏族服饰的基本特征是肥腰、长袖、大襟。藏族男女都戴藏式金花帽，藏袍（藏语称"朱巴"）向右开襟，系腰带，男女都穿氆氇或牛皮长靴；甘南藏族的主食为炒熟的青稞或豌豆面粉，拌上酥油茶或清茶，捏成团食用，称为糌粑。他们的肉食类以牛、羊肉为主，不吃奇蹄类动物，多不吃禽、鱼肉，喜欢吃风干的牛羊肉。藏族喜欢酸奶、奶渣等奶制品，用萝卜、油菜叶加糌粑熬粥，叫"土巴"。他们喜欢酥油茶、奶茶、甜茶等饮料。青稞酒是他们最喜欢的酒。藏族习惯随身携带木碗、腰刀，以作餐具；藏族最常见的礼节是敬献哈达。哈达颜色多白色，象征情意纯洁。迎送客人，婚丧喜庆，宗教仪式，都要献哈达。对于尊长，献哈达者双手要举过头顶，躬身，将哈达捧到尊者座前或足下。对于平辈或下级，可将哈达捧到其手上或系在其颈项上，表示问候和祝福；藏族民居以农区为典型，多为平顶房，以石头或夯土筑墙，墙厚实，窗门小，有两三层。上层住人，下层为畜舍和仓库，屋顶上有经房，一般有院落。牧区用长方形或椭圆形帐篷。帐篷用牦牛毛编织而成，顶上有通风缝隙，有的帐篷外面用草坯或牛粪筑成矮墙。帐篷为黑色，冬暖夏凉，便于迁居。在甘南各地，每年的大法会、临潭万人拔河、香浪节、香巴拉旅游节、插箭节、菜花节，无不成为旅游的盛会，藏族百姓的狂欢节①。

第三节　黄河文化的作用与地位

在古代，黄河文化孕育形成的文明一直处于世界领先地位，所以对人类的文化发展有着深刻的影响。

第一，黄河文化作为中国的主体文化之一，孕育形成了儒家思想，确立了中国文化的基本内核，不仅是使中国文化自立于世界文化之林的基础，也是世界文化宝库中的特异瑰宝，并对东亚各国（如朝鲜、日本、越南等国）文化都产生了巨大而深远的影响。

第二，在黄河沃土上生长起来的中华民族，具有和而不同、爱好和平的国民性格，对古代东亚和世界的秩序起到了重要的稳定和维护作用②。

第三，发明于黄河流域的中国四大发明之一的造纸术，使纸逐步取代简、帛，成为中国的主要书写材料，并经阿拉伯人传入中亚、西亚和欧洲，对世界各文化的发展起到了巨大的推动作用。不仅如此，黄河流域还产生过其他一系列的发明，如东汉张衡在洛阳发明的世界上最早用水力推动观测天气的仪器——浑天仪，世界上第一台测报地震的仪器——候风地动仪；黄河流域对石油和煤炭等能源的最早发现和应用等，对人类文明的发展作出贡献。

第四，在长安任西汉太史令的司马迁撰写的中国第一部纪传体正史——《史记》，开中国正史之先河。此后这一体裁承传不辍，并形成世界上任何文明古国无法比拟的具有连续性的宏阔的历史记录和史学传统，从而对中国及世界文明作出了不可磨灭的贡献。

---

① 《甘肃独有的特色民族风情》，甘肃省旅游局网站，2015 年 12 月 8 日/2017 年 3 月 5 日。
② 《"黄河文化"的版本间的差异》，中文百科专业版，2014 年，第 7—20 页。

黄河文化是不断发展的，它不断通过自身的调整，以适应迅速变化的形势。近代，黄河文化由农耕文明开始向工业文明转型，1949年以后，转型的速度加快，北京、天津等现代城市的崛起，标志着黄河文化获得新的生机。

第三篇

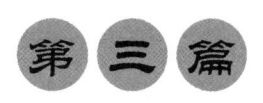

碰撞交融

第八章

甘肃黄河文化与农耕文化

甘肃各地自地质时期以来就已形成了互有差异、各有优劣的自然环境。概括而言，在人类历史时期，各地自然环境大致是陇南较优，陇中较劣，河西走廊优劣相间，从而在各个历史阶段，为人们的各种活动所提供的环境条件不尽一样。早在新石器时代，生活在甘肃境内的先民就已开展了畜牧与农耕生产活动。

几千年来，黄河流域的陇原儿女生长在沿岸的土地上，生于斯、长与斯，春种、夏锄、秋收、冬藏，一年四季，劳作不息。他们的喜怒哀乐，汇入了这块土地；他们的生存希望，投入了这块土地。在与自然的斗争中，在长期的生产实践中，他们的许多习俗融入了农业生产，而农业生产又反过来形成了许多习俗。

鲜明的大陆性气候，造就了四季有别的农事活动；广袤无垠，复杂多样的土地，生长着主副结合、多种多样的作物；悠久的水利灌溉，浇灌出一个又一个粮仓；流传久远农业谚语，则把过去与现在连接。这就是甘肃黄河流域的农业。几千年的发展，让黄河两岸的每一个农事活动，都成为一幅乡俗浓郁的风俗图。

第一节 四季有别的农事活动

甘肃黄河流域幅员辽阔，民族众多，土地类型多样，四季差别明显，在长期的农业实践中，人们积累了丰富的生产经验，形成了许多生产习俗。

一 春季

"立春",乡民俗称打春。俗话说:"春打六九头,遍地走耕牛""春打六九头,吃穿不用愁"。春天是一年农作活动的开始,主要农事活动是播种,耕地之前要先施肥。

"庄稼一枝花,全靠肥当家","种地不上粪,等于瞎胡混","有收无收在于水,多收少收在于肥"。施肥常常在上一年的秋冬已开始。山西阳城,农民常用灌木枝、杂草、庄家根之类熏烧制肥,俗称"压熏"。甘肃临夏的东乡族农民也有类似做法,叫作"烧荒积肥",即当秋后草干根枯之际,在长满草坝子的荒山陡坡上用铁锨垦翻,垦翻起来的草坝子让阳光晒上一秋一冬,来年春上再摞起来,一人高,十几米长,里面架空,下面放些草柴,点火燃烧,火势顺坡缓缓蔓延,直到将草坝子和未经垦翻的野草,一齐烧透,再经几场大雨浇淋,草坝子灰变成红色,生灰就烧好了。

播种之前的第二道工序是耕地。黄河流域的乡民们普遍注重耕地,因为耕地是一年农事活动的基础。于是,有的在立春这一天,有的在开耕前一天,都要举行隆重仪式,祈求当年风调雨顺,五谷丰登。

耕地的工具在70年代普及拖拉机之前,常见的是畜力牵引的犁耕、刨耕种种,而以犁耕最具代表性。旧时农民开春第一次去犁耙地,大多带着香、纸、三个大纸炮。烧香、烧纸、放炮后才开始,目的是敬神农氏,保佑丰收,以及敬土地爷,保佑犁耙地时不打坏犁铧。一年伊始,春播以前,农民们已经开始操劳,真是"手扶犁脚蹬耙,辛苦不到收不下"。而耕地、耙地以及一年内几乎所有的农事活动中,牲畜尤其是牛是离不开的,因此农民们特别重视,视它们为命根子,精心地喂养,小心地使唤。黄河流域的许多地方都有这样的习俗:每年春节或立春这天都给牛吃饭或最好的饲料,以犒劳耕牛,有的地方还要给牛洗澡。

土地上足粪，犁耙等工序完成后，就进入春季最忙的农事活动——春播。

每到三月中、下旬才开始下种。各地根据气候变化和土壤情况，不同作物的不同习性，有着不同的下种时间和深度、密度要求。常言道"处人看脾气，种地看节气"，"春分前后，大麦豌豆"，"清明麻，谷雨花，立夏点豆种芝麻"，"谷雨种棉花，满枝尽疙瘩"，等等，这些农谚是按节气抢种作物的经验之谈。

黄河流域各地的农作物多采用耧种的办法。耧有三腿耧和两腿耧之分。一般的耧又称为"耧车"，由耧脚、耧腿、耧斗、耧杆、扶手、托板等部件构成。耧斗分为两格，大格用于盛种子，小格用于匀送，两格间有调节播种量的活门相通，此门称为"耧门"，耧门通排种管的口子称为"耧眼"，种子由耧眼向下通到耧脚的足窍，把种子播于耧脚所开的浅沟里，系在耧腿后的托板随即覆土、平沟、掩种。操作时，先定耧门，然后一人在前牵引牲畜，使行走快慢均匀，走向笔直，一人扶耧。扶耧是一种技巧性很高的活，通常是由庄稼老把式干的，要边走边摇，使种子均匀地摆撒入耧眼，同时要根据土壤情况提扶耧把，控制深度。有些地方的农民在耧门处设"耧铃"，且行、且摇、且响。播种时节的广阔田野上，处处耧铃，相呼应，相唱和，铃铃朗朗，远远近近，来来往往，此情此景，常令人流连忘返。

除普遍采用耧种播种外，不同的农作物对播种有不同的要求。在种植糜谷、向日葵、高粱时，后面要用石碌碡压土保墒，称为"打碌碡"。过去戏称不会种地的农民时爱说："帮耧时瞌睡，摇耧时不会，打碌碡时碾着垄背。"玉米、豆类等在小面积种植时，多实行开窝点种。用铁锨插入土中往前一撬，捏一两颗种子往缝中一撒，抽出锨来一拍，下种即完成。而像玉米、高粱、大豆等在大面积种植时，多实行溜种，即前面用犁开沟，后面用手点种，一行一溜，分列整齐。与这种溜种相对，还有一种撒种，即把种子随便扬在耕过的土地里，然后再耙一下，这种办法多用于山地种莜麦、燕麦、黍子等。

还有些农作物的播种比较特殊。红薯首先要育苗，通常要修一个池子，底层修好火道，上面覆盖马粪，表层填铺细沙土，把挑选出的多萌芽的红薯成排地埋在里面，插一些试温度的木棒，然后下面烧火，上面泼水，使红薯长出育苗来，再到田间挖种，即挖一个坑，放一根苗，浇两瓢水，用手一一掩埋。种马铃薯时，先把马铃薯切成块状，前面用犁开沟，后面点种，最后耙平即可。

二 夏季

夏季的主要农事活动是夏锄。

"立夏"一过，标志着夏天的到来。"立夏不立夏，鹌鸟来说话"，"春争日，夏争时"。夏季是农业最繁忙的季节。

夏锄是夏季田间管理的主要方式。俗话说："种在春犁上，收在夏锄上"，"一道锄头，一道粪，三道锄头土变金"，"种地不锄草，别想庄稼好"。锄的遍数越多越好。而锄地又因农作物生长期不同而有不同的锄法，如间锄、横锄、小捞、腰垄、耘锄等。锄地大多为三遍，讲究头遍浅，二遍深，三遍壅土又培根。锄地又多在中午进行，使之有效地起到除草的作用，因此，古人就有"锄禾日当午，汗滴禾下土"的感慨。

锄地对农作物的生长有很重要的关系。以小麦为例，有"锄一锄，十两油"的口头语。小麦的锄田一般不少于三次。又俗语讲"杈头有火，锄头有水"。天旱雨少，土壤经过翻锄，切断了毛细管，减少了水分蒸发，起到了保墒的作用。如土壤湿度大，经过翻锄，通风透气，作物根系迅速伸展，植株迅速成长。

锄地也因作物不同而异。农谚："干锄棉花湿锄麻，不干不湿锄芝麻。"棉花是深根作物，耐旱怕涝，易干锄。麻根最怕锄头创伤，一有伤口即长成瘤子，影响麻的质量。湿锄即使偶有碰创，伤口愈合快，不致成为瘤子。芝麻直根下扎，须根少，宜土碎合墒。所以不干不湿时锄最为合适。

锄地中也有许多风俗和讲究。如撒拉族和东乡族的夏锄活动中，男人们一般不参加，只见一块块碧绿的梯田里，三三两两，头戴白、黑、绿三色盖头的妇女们，蠕蠕而动，手持铁铲，埋头劳作。她们充满着对丰收的希望，谱写着温馨幽静的田园诗篇。

锄地和追肥是同步进行的。农民们不只在犁地时施足底肥，还要分期追肥，以满足作物在生长中的需要。"麦子直了头，高粱埋着牛，谷子甩大叶，豆子二棚楼"，正是追肥的关键时刻。追肥也有不同的方法，如窖施、穿施、撒施、堆施、浇施等，不同作物对追肥有不同要求，如红薯，施肥一般不用人粪尿，上此粪会影响红薯味道，所以只施牛、马粪或草灰土。又如人粪尿是优质氮肥，冬天有人担着往麦苗地里浇（春节后却不再浇）。夏天把腐熟的人粪尿，浇在玉米根部。把平时积攒的人粪尿倒入水沟，随水流入菜畦，又是菜园施肥的常用方法。

经过春夏辛苦的劳动，随着立秋时节一过，农民们望着田野一望无际的庄稼，丰收在即禁不住喜上眉梢：收获季节到了。

三 秋季

"春种一粒粟，秋收万颗子。"秋季，既是个大忙季节，又是个收获季节，是黄河流域农民们最愉快又最紧张的时期。这时，大河上下无论是春种还是夏种的作物，都已成熟，玉米黄、高粱红、棉花白，广袤田野，五彩缤纷，煞是喜人。

秋季作物品种多，俗称"秋杂八儿"。因成熟时间不集中，持续时间长，各地人们巧做安排，收、运、打、犁交叉进行。"立秋三天遍地红"。先是高粱熟了，接着就开始砍玉米、摘绿豆、拾（摘）棉花、割谷子、收红豆等。俗话说："麦季忙，不算忙，就忙豆叶猛一黄""收秋种麦茬跟茬"。麦收季节固然忙，但比起秋收时节，简直不算忙。麦收的忙碌是单一的，而秋收的忙碌是复杂多样的，秋收、秋种、秋田管理，三秋时节，甘肃黄河流域各地农民都是挥汗如雨,奋战在广阔田野上。

秋收作物主要是高粱、玉米、豆类和薯类。

高粱又称红秋,穗红为熟。收高粱不宜迟,农民有句顺口溜:"谷老出米,麦老出面,高粱老了精求淡。"高粱十足熟了磨的面发涩不好吃。立秋后五至七天就用锄头或镲子把高粱砍倒在地,妇女用铲刀截下高粱穗,放成小堆。一块地高粱砍完,把分散的小堆收拢成合抱的大堆,用几根小高粱秆拧成腰子捆起来,当天运回村里,剩下的高粱秆待几天后打掉根上的泥土捆成个子拉回。运回村中的高粱穗,架在木杆上、房脊上,或者树杈上,远远望去,恰似一个红色的世界。

收玉米有早晚,春玉米立秋即收,夏玉米秋分才收。玉米俗称最多,陕南、晋南、河南叫"蜀黍",晋中、晋北、陕北一带叫"玉茭子"。玉米的收法也多样,有的连秆带棒砍下,运到厂里剥棒;有的则先把棒子扳掉,叫作"扳玉米"。收回玉米后,有的剥成光穗摊晒在屋顶上;有的留包皮编成串串挂在竖起的木架上,有的吊挂在树枝上。于是,金黄的玉米与鲜红的高粱交映成辉,呈现出一派丰收景象。

收绿豆需选晴好天气,习惯于当日割,当日运,当时打第一遍,以免变天下雨,生芽沤烂。俗语有"谷上垛,麦上场,绿豆扛到脊梁上"。扛到脊梁上,意为收打装包,才算保险。

收芝麻特别注意适时,早了梢头蒴不足熟,秕籽多。晚了下部老蒴裂开,籽会崩掉。所以农民在芝麻叶子落完、枝秆发亮、梢头有三寸长的半熟蒴,即开镰收割,俗称"杀芝麻"。也有的连根拔起,俗称"拔芝麻"。早起拿上扎好的麻秆腰儿和筐箩,先把麻秆腰儿均匀地摆放到地里,每杀一把,拿到筐箩上镰把磕几下,免得熟蒴炸裂地里。杀完就捆,捆的个子不宜大,俗称"捆好个",便于透风晾干。拿回场院晒干,把个子颠倒过来往下抖,又叫"倒芝麻"。

红薯收获最晚,要等下霜以后才刨,俗称"刨红薯""出红薯"。在以往"一年红薯半年粮"的生活中，是农民一项大的生产活动。刨红薯要选择好天气，刨前先摘红薯叶，一家老小挑担提筐，将叶摘下晒干，作为冬季的主要菜吃。刨红薯时须极小心，以免弄破红薯块。有用耙子挖的，有用粪叉刨的，一窝红薯一粪叉，连土端出，放到一块，再将薯块摘下，把大块无伤无瘢的挑出，小心运回入窖储存，小块、伤病的，切片或磨粉。

秋季作物收获后，一般均需碾打。碾打是用石磙压，而陕北、晋北和河南的部分地区有用连枷（又称落杠）打的，特别是打的人多了，分两摊对面站好，一齐开打，边打边移动，场面十分壮观。

"秋粮上场，绣女下床"，实在是大忙季节，真是三春不如一秋忙，打到囤里才是粮。掰玉米，插高粱，打葵花，掐谷穗，一轮接一轮，满场不得闲，直到全部收打入仓。

秋忙还不止这些，作物收割后，还要进行秋种和秋田管理，犁地、播种、锄地、除草、松土保墒、追施苗肥等。一年中主要的农事活动在秋收后还要重复一遍进行，且农谚有"能种一天早，不种十天好""一晚三分薄""白露早，寒露迟，秋分下耧正当时"的说法。秋收秋种交替穿插进行，辛苦地劳动盼望来年有个更好的收成。

四 冬季

寒露一过，天气日冷，黄河流域各地依次进入一年中相对轻松的冬季。

冬季的主要农事活动是储藏，民间习惯的储粮方式有以下几种：（1）仓储。地多人多房屋多的人家，收入的粮食也多，就辟有专室存放。仓房内的地面都要夯实展平，防备老鼠和潮湿。一般粮食就地堆放，也有用瓮储存。仓储的好处是容量大、省器具、易堆放，便于管理。（2）窖藏。窖藏的对象主要是含水分大的作物，如水果、薯类等。一般是在地下挖一个深窖，用砖垒砌，再把小麦、谷子等装进瓮里放入地窖，然后封口埋土。红薯的窖藏各地方法不一。晋南一带的红薯窖最深可达十余丈，窖底开窑，把红薯摆进去，窖口封盖，留下通风口，以调节温度。温度适宜则不易腐烂。(3) 瓮藏。把粮食放在大瓮中保存，不宜受潮，这是各地普遍采用的一种方法。如河南西部的义马地区，储粮多用大瓮，也叫老缸，一般可盛 300 斤粮，山区加石板盖，平地加木盖。(4) 池藏。是近年来时兴起来的一种新的储粮方法，用水泥砌成一个大池，放入粮食，上面覆盖，既防潮湿又防鼠害。(5) 囤藏。囤一般是用苇席编成一个大圆圈，中间倒入粮食。也有用白蜡（灌木）或柳条编制的，高四五尺，大小都有底，里边用牛粪掺土和成泥糊搪一遍，不露缝隙，晾干后装入粮食。还有用木板制成的方形囤，靠底留一闸门（大约四寸），取粮时，把闸板一抽，粮食自动流出来，再一推闸门就关住了。囤藏的好处在于存放集中，堆粮方便，防鼠防潮，也是农村中较受欢迎的一种储粮方式。(6) 挂藏。是民间传统的储粮方法，优点是透气性强，长期干燥，不霉不烂不蛀。挂藏的主要对象是玉米，把玉米棒编结起来，宛如一条长龙，然后或悬挂在屋檐下，或盘绕在树枝上，远远望去，金光灿灿，好不壮观。也有把干菜叶（如红薯叶、芝麻叶、萝卜叶）以及干豆角、萝卜干、辣椒、蒜等挂藏起来的。

　　冬季到来，在土地封冻以前，农民们还要把地冬耕一遍，敞垄冬冻，松土灭虫。冬闲时节，家家户户习惯进行副业生产，或休整农具，为来年的生产做准备。

　　年复一年，日复一日，黄河流域的儿女们一年四季面朝黄土背朝天，辛苦地耕作着，没有一日辍息。他们辛勤的汗水，浇灌了中华民族农业文明的发展；他们劳作的成果，哺育了黄河儿女们的成长；他们坚强的性格与他们脚下的土地一样，构成了中华民族不屈的脊梁。

第二节　历史悠久的水利开发

　　水利是农业的命脉。黄河流域虽然河流众多，但由于地势复杂，地形多样，气候不一，各河情况多不相同，有外流河，有季节河，还有内流河。黄河主流流经各地，因山区面积大，峡谷多，坡陡流急，具有山地型河流特征；或流入平原后，挟带大量泥沙，堆积沉淀，形成地上河。黄河支流各河也具有山地型河特征，而且径流量小，变化大，地区分布不均。含沙量大，河道下切严重。诸多因素决定了黄河流域各河不利于灌溉。

农业离不开水。黄河流域的儿女们很早就注意到进行水利开展，而且长期以来形成了一套独特的引水灌溉方法。黄河流域各地除引水灌溉外，还有其他许多农田灌溉的方法，如打井取水，早在黄帝时代，人们就已懂得这种方法，在一些下湿区，随处便可以打出井来，而在高旱地区，打井是相当困难的，有的费九牛二虎之力也打不出水来。近年来普遍采用机械打管井，以冲击、回旋式钻机打井，以电水泵提水，从根本上解决了井水灌溉的问题。

20世纪50年代以来，各地普遍大兴水利，进行农田水利建设，创造了多种多样的引水灌溉方法，如修建水库，建池蓄水，挖泉截留等。水利工程的建设，保证了农田灌溉的需要，也就保证了农业的丰收。

甘肃黄河流域部分地区普遍多旱，因此俗语有"春雨贵如油""年年防旱、夜夜防贼"之说。打井取水是最常用的抗旱方法。在抽水机普及以前，抽水工具多为辘轳、水车，沿河、沿湖又有戽斗之法，其中辘轳最为多见。

辘轳是一种古老的提水工具，贾思勰在其《齐民要术》中就介绍了它的使用方法。辘轳一般以三根木棍作腿，架在井口上，将麻制或钢丝制的辘轳绕在辘轳头上，里端固地，外端备铁环拴水斗，水斗亦有铁皮与条编两种。放水斗于井中，摇把提水，用以灌田。操作熟练者，放水斗下井时，无须控制摇把，只以手轻按辘轳头，任其哗哗急转直下。提水时，边摇边唱号子，悠然稳沉，号子声和着辘轳的转动声，自有一种韵味。

浇灌土地一般有两种，一是将大面积的平地打成许多小畦，一畦一畦地灌溉，这种方法既能提高灌溉质量，又节约水。另一种是在水源充足的情况下，进行大面积漫灌，这样节省人力，又能充分灌溉。浇灌土地通常是在上午、下午和晚上进行，在烈日暴晒的中午多不浇地。

千百年来，甘肃黄河流域的农民们根据各种不同的地形，种植着不同的农作物，创造了不同的耕作方法。长期的农事活动和农业实践，积累了丰厚的经验，这些经验，有的是关于时令的，有的是关于耕作的，有的是关于收获的，有的是关于水利的，等等，几乎涉及农事活动的每一部分和每一方面。对于这些经验的总结，大部分形成了至今仍在流传的农谚，只有一小部分被笔之于纸，形成农书。

第九章

甘肃黄河文化与民间文化、民族宗教文化

甘肃作为华夏文明的发源地之一，在黄河边书写了一片片光辉的史诗，为黄河注入了无限的生机与内涵，在黄河文化发展史上也留下了壮丽辉煌的浓墨重彩，为黄河文化的发展做出了自己应有的贡献。

黄河文化凝聚着黄河沿线群众对黄河深沉的爱。世世代代的陇原儿女在这片土地上辛勤耕耘、努力付出、获得回报。在陇原之上、黄河岸边开创属于自己的时代。在社会不断变迁、时代不断变化的今天，黄河文化依然焕发着独有的生机，黄河沿线的群众用自己的方式去沿袭、传承着黄河文化。而甘肃作为多民族融合发展且独具民族特色的省份在黄河沿线也焕发着独特的光彩。

黄河作为中华民族的摇篮，不但哺育了作为中华民族主体的汉民族，而且哺育了多姿多彩的其他民族。全国56个民族在黄河流域几乎都有分布，其中甘肃的民族最多。甘肃在历史上一直是生活在这些地域以及更大区域范围内的各民族往来、迁徙、交流、争斗、融合非常频繁的地区。早在距今3400—3100年，作为羌人祖先的辛店人、寺洼人就已经在这里生存繁衍。进入人类社会后，戎、羌、氐、匈奴、鲜卑、回纥、党项等古代少数民族的政权也建在黄河上游一带。黄河流域的民族文化在历史演变中呈现出前所未有的多元性，从时间上看，历经数千年，绵远悠长；从空间上看，

横跨数千公里，壮阔宏大；从内涵上看，包罗万象，博大精深。各民族在生产生活中由于学习、交流、沟通而总结出一系列符合自身价值观的文学、文化及艺术并进行相关有益的创造和实践，同时也为自身的生活增添了许多色彩。

民间文化在他们的心目中占有非常重要的分量。在黄河沿线的甘肃省形成的多元、丰富、奇特的民间文化是黄河文化中非常重要且不可或缺的一部分。黄河流域的民间文化与中华文明共生共存，在几千年的历史演变中始终传承着自身所特有的文明体系，并且呈现出丰富而完整的表现形式。人们在生产生活中由于学习、交流、沟通、总结出一系列符合自身价值观的文学、文化及艺术并进行相关有益的创造和实践，同时也为自身的生活增添了许多色彩。

我们在这里所说的民间文化是由乌丙安等人进行分类的民间文化，即：民间文化是由民俗文化、民间口头文学、民间艺术构成[①]。

节日，是一个民族的历法、信仰、观念、行为、习俗、生产与生活方式发展到一定阶段的具有社会意义的认同标志。黄河流域的节日习俗，是再现此广泛区域内民间的世界观、鬼神观、宗教信仰、伦理观念、生产条件、生活环境、人际交往、家庭关系、社会娱乐、民间巫术、占卜、禁忌等的一个画卷。

第一节 甘肃民俗文化

黄河原始民俗的形成，是以原始思维为基础，首先产生于原始氏族部落和原始人群中间，与当时黄河流域人们的生存方式和生产方式紧密相关。它孕育、发生于漫长的原始社会中，形成于原始社会末期及奴隶社会初期[②]。

人类最早的民俗活动，渊源于各种形式的原始信仰。黄河流域

[①] 乌丙安、向云驹、潘鲁生、赵屹：《中国民间文化分类》，《中国民族》2003年第5期，第21—22页。

[②] 张紫晨：《中国民俗与民俗学》，浙江人民出版社1985年版，第35—38页。

的原始农耕文化中，对于大地的自然崇拜具有典型意义。大地崇拜表现为地母崇拜，地母即后来俗称的土地神。随着农牧业生产的发展，人们在宗教上进入了迷信人化神的阶段。人们崇拜的不只是黍、稷等个别植物神，而是对掌管这些农作物成长的人物神的崇拜①。

在这片被黄河滋润的大地上，甘肃人民世代辛勤劳作，不仅创造了丰富的物质文明，而且形成了多彩的精神文化，民俗正是这一精神文化的重要载体。透过绚丽多姿的民俗文化，可以回望甘肃人民灿烂的历史文化，可以展望甘肃辉煌的未来。

一 春日习俗

春天，是黄河流域万物复苏、春耕春播的季节。俗语说：一年之计在于春。由于黄河流域特定的农业生产规律，祈年成为春节一些节日的重要内容，如春节祈神祭祖仪式中，均含有此意。春节是春季最热闹、最隆重、最能表达民族凝聚力与传统文化内涵的节日。祀神、祭祖、点旺火、燃炮及各种禁忌，寄托着人们追求美好生活的愿望。拜年活动，从表象看是一种礼节，实际上反映了人们希冀加强血缘、地缘、社会关系的一种社会心态。

（一）春节

农历正月初一，即是"春节"。春节是黄河流域最古老的节日之一，也始终是民间最热闹、最隆重、最能表现华夏民族凝聚力与传统文化内涵的节日。随着黄河两岸历代王朝的盛衰兴替，其影响早已突破地域、民族的界定，升华为所有炎黄子孙文化认同的标识。

春节源远流长。它的形成，与黄河流域的物候、农业生产及古历法直接相关。早在仰韶文化时代，农业已成为黄河初民的主要生产，在仰韶文化的彩陶上，已出现关于天文的图案。再加上农作物

---

① 薛麦喜：《黄河文化丛书·民俗卷》，陕西人民出版社2001年版，第58—68页。

的春到秋熟，草木的春荣秋枯，气候的寒来暑往，周而复始，在这种规律性的周期运动中，初民们逐渐萌发了"年"的概念。当历法进一步完善后，原始的过"新年"之俗也出现了。

夏、商、周三代，黄河流域的初民已有喝春酒、庆丰收、贺新年、酬神祭祖之俗。"年"字，在上古象形文字中，为禾谷结穗，以示成熟之形。《说文解字》也释"年"说："谷熟也。"说明年与黄河流域的农业规律有着密切关系。

春节民俗在长期流传过程中，既有继承，也不乏变异；既吸收有原始宗教、道教、佛教的因子，亦闪烁着儒家文化的鲜明色彩；既充满节日的喜庆气氛，又隐现着初民的淳朴、恐惧、智慧和追求。种种因素的渗入，构成春节丰富多彩的民俗内容。但具体来看，由古至今，春节主要是围绕着敬神、祀祖、驱祟、娱人等方面展开的。

除夕，已拉开春节的序幕。诸如挂桃符、贴春联、贴窗花、贴门神、贴年画、接神、报祖、行傩、庭燎等活动，在黄河流域大多数地区，春节在除夕业已开始。到一切准备完毕，春节的气氛已相当热烈，夜过一半，新年来临，春节的活动便进入高潮。

从夜半子时起，守岁的人就开始燃放鞭炮，清脆的炮声此起彼伏，响彻夜空。放鞭炮起源于魏晋南北朝时的"爆竹"。古人信鬼畏鬼，为驱逐附近的鬼怪，于是兴起元旦起床后"爆竹"之俗。即将竹子投入熊熊烈火之中，听竹子发出响亮的爆裂之声，认为如此则能"辟山燥恶鬼"。实际上，这乃是一种亦在自我安慰的巫术。直到宋代，以多层纸裹着火药的纸炮才问世。但放炮的原始意义留存下来，故春节起床放的炮又被称为"驱魔炮""开门炮"。

过春节除放爆竹外，还有在庭院堆柴、累炭，以焚火驱鬼除邪之俗。其俗初名"庭燎"，源于周代，主要烧松枝柏叶、苍术等。在黄河流域，多数地区于除夕开始焚烧，但少数地区是初一起床后才点燃。从黄河上游地区到下游地区，中古庭燎焚柏叶松枝之俗仍处处可见。松柏的芳香随着火光飘入空中，既扫去了冬夜的寒气，又有益于人体健康，为春节平添了喜庆的气氛。

接神、祀神和祭神也是春节凌晨的重要活动。黄河流域是儒家的发源地，儒家一向重视祀神祭祖，作为治家安邦之本。《礼记·祭统》中说："凡治人之道，莫重于礼，礼有五经，莫重于祭。"这种"神道设教"的思想，早已融会在黄河民俗之中，故有节必祭。俗传众神于腊月二十三（或二十四）上天后，将于除夕或春节破晓前返归人间，在神降临时要举行接神仪式。河南、陕西、河北、山西、甘肃诸省，皆有春节三更或五更于高竿上悬黄纸，挂天灯，以接神之俗。黄纸表示虔诚，挂灯以指示地点。清嘉庆《洛川县志》说："元旦鸡鸣，悬黄纸，挂灯笼于长竿，云接天神。"在甘肃灵台地区，接神仪式相当隆重。主人要肃衣冠，亲率子弟燔柏香、放花爆、燃灯球、击锣鼓，然后才在诸神牌位前焚化表纸，接神降临。

祭祀毕，紧接着就是"拜年"。从汉代到近代，黄河流域的拜年基本分为四个层次。一是臣给君拜年。每逢元旦，在黎明前，京城百官都要身着崭新的朝服，入宫给皇帝行贺新岁之礼。故亦称"朝贺"。从汉到清，都有此礼，《东京梦华录》载有宋代汴京（今开封）元旦朝会，百国使者相贺的情形。二是家人给家长拜年。此俗也是形成于汉代，非官宦之家，祭祀完毕，家人无论大小尊卑，依次列坐于祖先牌位前，子、媳、孙、曾孙，由小到大，向家长敬奉椒酒，"称觞举寿"，饮宴贺岁。在大多数地区，拜尊长前，要先进春酒、屠苏酒、椒柏酒或椒盘，同时尊长也给拜年的晚辈"压岁钱"或枣、核桃等果品。充分表现了上慈下孝的人伦之礼和民间家庭的天伦之乐。三是学生给老师、小辈给同宗长辈及乡党亲友拜年。汉代已开此俗之先河，近代此俗仍普遍流行。官宦、绅士之家，要去向邑令、邑佐、老师拜年，然后交互拜年。人不到者，也往往投刺（名片）贺年。普通人家，也须去亲友家拜年。拜年时，对长辈必须行磕头之礼。熟识人相逢，要作揖恭喜。商人相见，例如祝贺"恭喜发财"。青海和甘肃的土族同胞，初一给同姓"当家"拜年时，还需带上油炸蒸馍。河南开封地区，讲究只在上午拜年，当地有"早拜年、晚拜寿"之俗。一到中午，拜年活动就自行停止，所以还流传有"见面忙作揖，入门撅屁股。要想不拜年，还得到晌午"的拜年打油诗。这种拜年活动从元旦开始，延续到元宵节才能结束。它不仅体现了儒家的亲疏之别和长幼之序，而且对和睦宗族乡邻关系及加强、扩大社会关系均有很大作用。

清代以来，在河南、陕西、河北、青海、甘肃诸省区，还有于此日谒庙进香习俗，其时间往往在出门拜年之前。在河北易州，赴各庙烧香，甚至在向父母、尊长拜贺之前。所去庙宇，依身份而区别，士人多去文庙、城隍庙，而庶民百姓则多去掌一地大小事务的城隍庙，进香之时，也叩拜求愿。

武威乡间习俗，大年初一不去别人家拜年，只是在清晨，携带酒菜、香火、馍馍等祭品，赶着牲畜，按"黄历"特定时辰和方向，到村外几十米处，摆上祭品，燃着香火，并烧一堆柴火，牵着牲畜，绕火堆转一圈。并由长者念诵祝词（祈祷神灵保佑人畜兴旺之类祝语），名曰"出行"。回家时，再将馍馍揣在怀中，此意是"空怀出门，满怀进门"，取其吉利之意。现在这一习俗在少数地方还保留着。

正月初二开始，亲朋好友、左邻右舍相互走访拜年。武威习俗，大年初二要先去舅舅、岳父家拜年。初五日焚烧黄钱，送神，表示年已过完。

在甘肃高台、永登等地，还有"迎喜神"的风俗。早上10点左右，家人在自家的牲畜的尾巴和鬃毛上拴上红红绿绿的各色小布条，赶出大门，朝喜神方向放行，有的在牲畜的尾巴上拴上鞭炮，让牲畜扬鬃奋蹄，撒欢乱跑。这时各家大人小孩相逢在一起，有的相互拱手作揖，互相祝福新年好。小辈就给长辈磕头拜年。有些人，就给老弱牲畜喂馍馍，特别给有贡献的老弱病畜多喂些，同时给他们刷鬃毛,表示过年了,主人们对牲畜的崇敬。①

黄河流域的春节食俗也是极有文化含义和地方特色的。约定俗成,春节三日都吃除夕准备好的饭菜,称"隔夜饭",以示年年有余。初一食羊肉或猪肉馅水饺(也称扁食、水煮饽饽等),饮椒酒或柏叶酒,是最普遍的风俗。这些丰富多彩的地方食俗,构成黄河饮食文化中的灿烂篇章。

(二)破五

夏历正月初五,旧称"牛日",俗称"破五节"。因这日习俗主要为"送穷"与送亡亲灵魂归坟,又称为"送穷节"或"哭节",这是黄河流域普遍流行的一个节日。

旧时习惯,春节五日内欢度佳节,市场停止交易,农家停止动磨,家人不远行,妇女不出门,过了初五,一切则恢复正常,故名为"破五"。

初五有许多禁忌:是日非至亲不相往来,忌出行,有"破五出门,一生受穷"之俗谚。妇女禁止动针线、剪子,忌梳发,妇女动针线或谓"刺穷窟",则传说会招蝎子。

破五之日,黄河流域部分未送亡亲之灵归墓的地区,大多也要于此日撤掉供献,收藏起祖先的画像、神主,送亡灵回去。送时是焚香礼拜,鸣放鞭炮,送到门外,有的要送到坟头,再焚香纸叩头,祷念一番。

在宁夏隆德县,初五黎明,家家扫起地上垃圾,焚香表送于谷场或道场上,谓之"送五穷"。在甘肃漳县,商人最重此俗,纷纷于此日清扫房舍,称"扫五穷"。在陕西靖边,家家在初五昧爽,扫除尘垢,名"送穷神"。

初五食俗也很有意思。除大多食水饺外,在山西部分地区,有吃面条之俗,流传有"破五吃顿面,一亩打一石"的民谣。在翼城一带,吃面还与"送穷"联系在一起,讲究专吃刀切面,煮而食

---

① 火泽东、苏裕民:《永登民俗》,甘肃文化出版社2015年版,第61页。

之，名"切五鬼"。陕西铜川、米脂等地，这日专吃馄饨或糕面，曰"补五穷""填五穷"，在甘肃静宁，这日喜食团饭。在河南泌阳，这日早饭为面食和水饺掺在一起吃，还美名为"金丝缠元宝"。

这些各式各样的送穷习俗名称，形式有异，实质相同。透过这些简单的巫术表象可以看出，从很早起，黄河流域的人民就有摆脱贫穷祈以富足的愿望。

过罢初五，春节就进入了一个新的阶段。

(三) 元宵节

农历正月十五为"元宵节"，亦称"元夕节"，因此节为一年中第一个月圆之夜，夜又别称"宵"，故名。道教兴起后，又称之为"上元节"。该节的活动主要是展示灯火，民间又称之为"灯节"。

元宵节是形成于黄河流域的节日，它源于西汉皇帝正月十五夜以盛大灯火祭祀太一神之礼。东汉佛教东渐后，也开始在正月十五于寺庙"燃灯表佛"，使举行灯火活动由宫廷走向民间。魏晋南北朝时期，此节逐渐形成，并出现祭门户、祀蚕神等民俗。唐宋元明时期，元宵节由祀神转向娱人，演化出举行灯会、社火、歌舞百戏、放烟火、猜灯谜、观戏等一系列内容。

明清以来，元宵节仍盛行不衰。虽说黄河流域时值初春，寒意不减，但过罢初五，各地便组织灯社，推选负责人，筹办灯会。在各大城市，灯市也开始出售花灯。大多数地方的灯会为三日，十四为"试灯"，十五为"正灯"，十六为"残灯"。因此从十四日起，便拉开元宵节的序幕。

赏灯是元宵节最主要的民俗活动。夜幕初降，灯会上已是万灯齐放，一派光明，在这自古"君民同庆"的时刻，人们纷纷扶老携幼，涌向灯会。

在宁夏、甘肃、内蒙古、山西、陕西、河北诸省区，元宵节还盛行垒旺火之俗。旺火又称"炭火""火龙""滚火""塔塔火"，有的呈元宝彩，有的呈绣球形，有的为虎、狮、象、龙等形。兽形旺火点然后，兽口、鼻、眼中喷吐火光，十分壮观。在甘肃、宁夏、山西等地，还有一种非常特殊的旺火，如民国时期宁夏《朔方道志》记载："上元，预以泥塑秦桧夫妇像于通衢，中空，实以柴炭，竟日烧之，名曰烧秦桧。"靖康耻后，秦桧执政，诛杀岳飞，反对宋军收复黄河流域，故黄河人对他痛恨万分。

元宵节期间，各地盛行一种走百病的习俗。又称"去百病""走老貌""游百病"等。时间多在正月十六夜，但具体形式各地不同，宁夏平罗一带，十六日夜，妇女结伴游灯市，要以所携之麻挂灯上。甘肃洮州、西和一带，走百病形式是执香烛赴各庙上香。另外，甘肃漳县、和政一带，有元宵夜燃爆竹、送火炬上山之俗，称为"游热星"或"送火"。

（四）寒食节与清明节

我国祭墓之风起于秦汉黄河流域，当时无统一祭期，唐代前期，固定的扫墓日期渐已形成，但其日期是寒食节而非清明节。

寒食节，亦称"禁烟节""熟食节""冷节"等，时间在冬至后105日，夏历三月初，即清明前一二日。这天，民间禁止烟火，只吃冷食。其源流很早，一说源于周代禁火，一说为纪念介子推。后一说普遍流传于全国各地，以黄河流域为甚。

介子推，春秋时晋国人，曾辅保晋公子重耳流亡列国，割股奉君，19年后，重耳回国当上晋文公，遍封群臣，独忘了介子推，介子推不慕名利，背母隐居故乡绵山（今山西介休县），后晋文公焚山以求之，介子推不愿出山，抱树木而死。文公葬其尸于绵山，改山名为介山，并下令介子推亡日禁火寒食。民间为纪念介子推，自觉遵守着这一规定。最初禁火时间为一个月，以致出现"老小不堪，岁多死者"的情况。东汉末，曹操占领并州后，特下《禁绝火令》，令太原、上党、西河、雁门等地不得寒食，若有犯者，家长服刑半年，主吏服刑百日，令长夺其一月俸禄。寒食风俗才稍有改变。渐从一月减为七天、三天、一天。以后，介子推渐被民间尊奉为神，寒食也从规定演化为习俗。关于介子推的故事与寒食禁火之俗由山西到黄河流域,至大江南北,越传越广,人们渐从卜祭祭墓定为寒食祭墓,到唐代初期,终于形成民间于寒食日统一祭墓的风俗。开元二十年(公元732年),唐玄宗正式承认寒食节扫墓的既成事实,他下诏说:"寒食上墓,礼经无文,近代相传,浸以成俗。士庶有不合庙享者,何以展孝思?宜许上墓,同拜扫礼。"《旧唐书·玄宗纪》开元二十年五月条也载:"寒食上墓,宜编入五礼,永为恒式。"从此,集传统鬼魂信仰与入学孝亲观念为一体的寒食上墓,就有了官方赋予的合理性与合法性。

宋以后,扫墓日期渐由寒食节向清明节过渡,清明节渐渐成为祭墓的主要时间,不过,直到清代,寒食扫墓禁火习俗还有相当遗存。

清明,本是二十四节气之一。宋代,随着理学的兴起和封建伦理观念的深化,明文规定,为了追悼亡亲,以表孝道,从"寒食"至"清明"三日,各阶层均须祭扫陵墓。从此清明祭墓之俗兴起,并与寒食节融为同一个节日。经过元明两代的传承、演变与发展,到清代时,清明日习俗越加丰富,不仅有祭墓之俗,殡葬、迁葬、合葬也多在此日进行,还有城隍出巡。除唐代已有的踏青、插柳、秋千外,又增加了簪柳叶、柏叶、佩彩串、系麦棵、演杂技、看花、植树、走百病、蒙童放假、禁女工等习俗,成为黄河流域乃至全国特别重视的一大冥节。

寒食与清明哀乐习俗并存的情况是此节日的显著特点,它既受传统文化又受黄河流域物候现象的强烈影响,因此,对亡亲的哀思与娱人的欢乐便历代沿传了下来。

(五)二月二

二月二,又称"青龙节""花朝节""挑菜节",黄河民间俗称"龙抬头日"。在黄河流域,流传着一个传说,解释了"青龙节"来历。

相传,武则天在夺取唐室江山后,改国号周,自封为大周武皇帝,做了中国历史上唯一的女皇,并给自己造了一个字"曌"。玉皇大帝听说后很生气，命太白金星传谕四海龙王，三年内不准给人间降雨，以示惩罚。这一年，滴雨未下，百姓们眼看生路就要断绝，不禁失声痛哭，祈求雨神降雨，但众雨神谁也不敢违抗玉帝的旨意。小青龙再也忍不住了，它腾身跃起，普降甘霖。玉帝闻之大怒，下令把它压在一座大山下，山上立碑写道："青龙降雨犯天规，当受世间苦难罪，若欲重返九重阁，金豆开花方可归。"天下百姓才知是青龙舍身救了他们。为了救青龙，他们千方百计找金豆，但怎么也找不到。转眼到了二月初一这一天，一个老婆婆背着玉米去集市上卖，不小心，玉米撒了一地，她和周围的人看着金色的玉米眼前一亮，这不就是金豆吗？炒炒不就开花了吗？这样，一传十，十传百，很快传遍了整个民间，第二天，家家炒玉米并到处扔撒。主管镇天龙的天将看到后，误以为金豆真的开了花，就禀明玉帝，玉帝无奈，只好命收法放了青龙。从此，每逢二月二，黄河民间就要炒玉米和各种豆类，河南阳武一带此日家家还要摊面饦、煎糕食之，试图用此巫术法助龙翻身。

据史料来看，在唐代，二月二已成为固定节令，并形成多种习俗。明以后，关于龙的传说与龙的习俗占了主导地位，大致形成了祀神、引龙、避虫、围仓、挑菜、游春、花朝等习俗。

青龙节过后，黄河流域就要兴农事了，在开始之前，山西孝义、襄陵、甘肃兰州、临潭、武威等地有祭土地神之俗，以祈丰年。

从黄河流域各地来看，一般都视此日为吉日和元旦系列活动的终结，一年诸事的开端。从此日后，童子入学、士子出行、农人兴作，女子织纴，一切恢复常业。黄河民间辛勤劳作的一年自此开始。

二　夏日习俗

（一）浴佛节

浴佛节，是我国传统的民间宗教节日，时在农历四月初八日。

佛教传说，此日为佛教创始人释迦牟尼的诞辰，当他出生时，九龙吐水，为他沐浴。后来每逢此日，僧人便有以香水灌洗佛像的仪式，称为"浴佛"，又称"灌佛"，浴佛节因此而得名。

西汉末，佛教传入我国并渐以立足。东汉，随着佛教体系和寺院的建立，浴佛节礼仪也开始于此时。此后浴佛节流行于黄河流域大部分地区。此日，沿黄河各地，诸寺庙均有浴佛庆贺仪式，尤其在一些著名的佛教圣地，如山西五台山等地，其礼仪更为隆重。届时，众僧人集于殿堂，由主持人点灯、上香摆供，三跪九拜，五体投地，众僧诵经念佛，鼓乐齐鸣，经完，用香水沐浴佛像，有的是用五色香水，浴完后，再诵经。反复数次，浴佛仪式结束后众僧聚餐。

在沿黄河各寺庙举行浴佛仪式的同日，民间各种礼佛活动也在进行着。在一些建有寺庙的地区，人们皆赴庙焚香拜佛，有的还向庙院施供，求佛保佑，如甘肃西河、成县、庆阳。而在一些有传说色彩的地区，其礼佛活动就显得生动、有趣。如甘肃皋兰五泉山地区，人们在游观、礼佛、施金钱后，还要到山洞中的摸子泉摸泉中石子，其中盼子心切的妇女是必定要摸到石子的，当地人相信，只要摸到石子就容易怀孕。甘肃敦煌千佛洞的拜佛活动也是从前三天开始，一直要持续几天。

(二) 端午节

夏历五月五日，即是端午节。因它是夏季最重要的一个节日，民国以来，又称此为夏节。端午节萌芽于先秦。据今人考证，有恶日说、纪念屈原说、龙图腾崇拜说等多种。其中恶日说最为有理，验之史实，从先秦起，"恶五月"之说已广泛流行，其所以视五月为恶月，与自然气候对人类社会的不良影响有很大关系。汉代，端午节民俗在先秦的认识基础上逐渐形成。既然端午被视为恶日，是恶月的一个节日，那么古人从安全考虑，不得不想出种种御恶措施。由《后汉书》《风俗通》《四民月令》诸书有关汉代五月五以五彩丝系臂，以避兵、鬼，命人不病瘟；门户饰朱索、五色以止恶气；配制止痢黄连丸、霍乱丸；采葸耳、取蟾蜍，以合疽疮等风俗看，皆是针对恶日、恶月而采取的措施。虽然汉代五月初五也有食粽子之俗，然而当时还没有纪念屈原的内涵。汉以后，五月初五纪念屈原的说法才传播开，端午节又有了新的意义。由两汉至明清，受社会、文化变动和原始宗教及佛道二教的影响，端午节习俗在传承过程中，又发生许多变异，增加了许多新内容，变得更加绚烂多彩。但就黄河流域而言，避恶除疫，仍是端午节民俗的重要内容。

端午节清晨，黄河流域各地均有贴门符的习俗。在黄河上、下游地区，端午还普遍流行在门框上悬挂艾草、菖蒲和艾草编成的艾人、艾虎之俗。艾草是一种常见的草本植物，可入药。从南北朝起，人们将艾草用于端午预防疾病。清代以来，在甘肃、陕西、河北、山东等地，端午还有在门上插桃枝、柳枝、柏枝或杨枝、枣枝之俗。这些树木，均被民间赋予了驱鬼伏邪的功能，认为门上插有这些树条，瘟神病鬼就不敢侵入，起到保护家人的作用。

（三）六月六节

六月六，宋代时称为"天祝节"。"天祝节"是"天赐"的意思，宋真宗时因耻于澶渊之盟，欲借得天瑞封禅泰山诸地，镇服四方，于是假称神明降天书于京师和泰山，并定第二次降天书之六月六日为天祝节，是京师断屠一天，皇上率百官行香于上清宫。随着宋王朝的灭亡，"天祝节"的名称和含义发生了根本性的变化。

不知从何时起，民间传说是日为龙王爷晒鳞日，明代，黄河民间已有晒衣、晒书、造曲之俗，明代内府皇史宬也于该日晒列圣录、御制文集等。清代，六月六的内容与习俗变得丰富多彩，民间称此日为"晒衣节""晒虫节"，黄河一些地区还称此日为"晒经日"。

六月六日，黄河各地绝大多数人家皆取衣书放日光中曝晒，一般清贫人家没有什么藏书，只是晒家中衣物而已，儒生、士子家庭衣物、书籍皆取出晾晒，富有之户则把家中的书籍、衣物、粮食收藏的诗画都在日光下曝晒。

三　秋日习俗

(一) 乞巧节

乞巧节，又称"七夕""双七节""少女节""鹊桥会"等，时在夏历七月初七日。相传，此夜为天上牛郎织女在银河相会之日，民间少女有向织女乞求智巧活动，故有乞巧等名称的出现。

乞巧节起源很早，其由星名演变而来，最早记载见于《夏小正》："七月，初昏织女达东向。"汉时出现描写女郎织女故事的雏形和民间七月初七日曝衣、穿针、看织女星的风俗。后有向牛女二神求赐福的活动，周处《风土记》中记载：此日人们可向牛女或乞富、或乞寿，或乞子，不可兼求，三年可得。南北朝时出现乞巧活动和比较完整的女郎织女故事。南朝梁任昉《述异记》写道：织女本为天帝孙女，心灵手巧，能织造云雾绡缣之一。天帝将其嫁与河西牵牛，织女婚后竟废织纴，天帝大怒，责令其仍回河东，只准二人每年七夕相会一次。这一神话后在黄河各地广泛流传，又有很多变异，较普遍的传说为人间牛郎与天上织女结为夫妇，辛勤耕织为生，后因王母（或天帝）的破坏，遭到分离。牛郎和织女的遭遇引起民间的广泛同情，后人们在七夕设供品祀牛女二星的地区范围进一步扩大了。牛郎织女的家庭生产方式是中国几千年男耕女织家庭生产方式的典型代表，因而女子向织女乞巧风俗经久不衰，并渐渐占了主要位置。唐朝时，宫中建有乞巧楼，织染杼也在此日行"祭杼"之仪。宋朝时，每逢七夕，设有"乞巧市"专卖乞巧物，如七孔针、五孔针、两孔针、针线桶等。此时，还兴起男孩向牛郎乞聪明之俗。清朝时，沿黄河各地的乞巧活动已演变得丰富多彩。乞巧内容在七夕占据了绝对地位，祀牛女祭品与乞巧方式多种多样，形成许多地方特色。

在乞巧之前，大多数地区都有祀拜牛郎、织女二星之仪，有的是在闺内，有的是在庭中，大部分是在星光下摆好供桌，其祭品大多为瓜果，陕西洛南还配以茶浆，甘肃合水陈枣、栗于庭，镇原以果茶饼酒、刺绣针工摆在桌上，山西和顺是用五谷芽供牛郎、织女。

黄河上下，乞巧方式是多种多样的，有祷而乞巧、穿针乞巧、漂针乞巧、漂芽乞巧、蜘蛛结网乞巧、磨碗乞巧、食饺子乞巧、男女同乞巧等。

与其他地方相比较，甘肃西和县的乞巧活动最为特殊、最为隆重，持续时间也最长。《西河县志》载："从七月初一至初七日，进行乞巧活动。妇女连日歌舞，用歌词乞求娘娘保佑自己心灵手巧，也常常抨击封建买卖婚姻。"史书记载迎送"巧娘娘"的过程有"接请、梳头、教线、取水、转饭、送别"等环节。西和县的乞巧节前后历时7天，是民间节日活动中时间较长的节日之一。在活动过程中具有严格的时序性，坐巧、迎巧、乞巧、送巧环环相扣，有先有后，不能颠倒。[①]

（二）中元节

夏历七月十五，道教称为"中元节"，佛教称为"盂兰盆节"，民间俗称"鬼节""阴节""七月半"。

中元节成为中国民间三大鬼节之一，与佛道二教有很大关联。道教认为，七月十五为中元日，地官下降，定人间善恶并为人间赦罪。佛经记载说，七月十五是释迦牟尼的弟子目连借十方众僧之力，解脱其母在地狱受苦的日子。后佛教徒据此神话兴起盂兰盆会，以追荐祖先、祭孤魂。"盂兰盆"是梵文的音译，意思是"救倒悬"。

南北朝时，随着佛教的兴盛，中国始设"盂兰盆斋"。节日期间，除施斋供僧外，各寺院还举行诵经法会以及举办水陆道场、放焰口、放灯等宗教活动，以超度亡灵野鬼。唐朝时，儒、佛、道三教并行，七月十五日的活动在诸寺院、道观和民间更加兴盛。宋代时，七月十五日演变为民间祭祖日。明沿宋俗，到清朝时，这一日

---

① 封尘：《多彩风情，甘肃民俗》，甘肃教育出版社2015年版，第161—166页。

的祭祖活动与诸种习俗已非常丰富。

中元节的祭祖活动与清明有些不同，在祭祖地点、祭品上，中元节因受佛道二教的影响，带有明显的宗教色彩。

此日的祭祖活动在一些地区并不像清明那样正规，只是在家中摆供品、祭祖先，如陕西长安、周至、蒲城，甘肃庆阳，山西襄垣、长治、祁县、永宁，河南汜水、光州、永宁、信阳，山东淄川等地皆是如此。

据《史记》记载，黄河沿岸大部分地区是在中元节上坟祭墓。由于中元节是在夏收之后，又受佛道二教的影响，因而，祭品颇具节令与宗教特色。如黄河下游最突出和普遍的祭物为麻谷、瓜果、素食等。若在家中设祭者，一般都要折成熟、饱满的麻、谷，或摆在供桌上，或奉于门扃，以告稼事将成，山东淄川一带认为插在大门顶上的五谷穗为马，祭祀完毕后，好让祖先骑着马回去。大多数地方在上坟祭扫时，也是采麻谷供祖先，除告稼事将成的含义外，还有向祖先"荐新"之意。此外，西瓜和各种果类也占了很重要的地位，大多数地区皆有瓜果为祭品，山东的祭品中西瓜尤不可少，因而山东又称七月十五为"瓜节"。山西陵川的祭品更具自然特色，以面为牲，列山花、野果为祭品，甘肃清水向祖先祭麦蝉。七月十五后，黄河流域进入秋雨连绵季节，山西平定这日还要蒸面伞供之，以备祖先遮雨，山西潞安、长治，河南浚县等地则早早向祖先烧送寒衣，以备祖先御秋寒。

受佛道二教的影响，此日一些地区还有放河灯、路灯习俗。放灯亦称"照冥"，相传可为亡魂引路。灯具多以西瓜皮、面碗或五色纸制成，上多写着亡人的名讳。有的还联合做一大纸船，称为大法船，船上站着手持禅杖的目连或观音菩萨。据传大法船可以将所有的亡灵超度到天国世界。中夜时分，人们纷纷放灯于河中以招亡魂，有的还依据灯的漂浮状况来判断亡魂是否得救。如果灯在河中打转，那就说让鬼魂拖住了；如果灯沉没，即意味着亡魂转世投胎去了；如果灯漂得很远或靠岸，就说明亡魂到达了天国。

一些地区的放灯别具地方特色。如甘肃皋兰、山西河曲等地，位于黄河之岸，晚上放灯时，附近乡人皆集于黄河桥畔，无数盏灯火在黄河中漂流游弋，宛若一条长龙上的点点银光，颇为壮观。

七月十五，由宗教节日演变为民间祭祖节日的过程以及这一天的诸种祭祖活动，集中体现了原始宗教的鬼神观，儒家的孝亲、报本追源伦理和佛道二教因果报应、轮回转世说教在民间融为一体的情况。

（三）中秋节

八月十五中秋节，又称"仲秋节""团圆节""秋节"等，因是日恰值三秋之半，因而通称"中秋"，此夜，民间以赏月团聚为主要内容。

中秋夜的活动源远流长，早在周代时，已有迎寒和祭月活动。汉魏以后，兴起赏月之举，但未成俗。至迟到唐代，黄河流域民间已形成了中秋赏月、玩月之俗。北宋始定八月十五为中秋节，月饼开始出现。元代又称月饼为麦饼，相传高邮张士诚在暗中串联，利用中秋节民间互相馈赠麦饼的机会，在饼中夹带字条，约定八月十五晚上举行起义，从此，每年这一天家家户户吃麦饼以庆胜利。明清以来赏月活动盛行不衰，民间以月饼相赠，取团圆之意。至清代，黄河沿岸各地形成拜月、玩月、圆月、占月等习俗。

清代，每逢中秋节，绝大多数人家忙碌着自制月饼。月饼多以麦面，也有以黍面、米面或包或夹馅蒸制而成，有些地区是烤制月饼。月饼做好后，配以瓜果馈送姻亲邻里，如陕西西乡一带士民皆以瓜、桃、李、枣、月饼馈送。甘肃镇原以瓜、桃、梨、枣、葡萄、月饼、酒相馈赠。各地月饼形状不同，如陕西府谷的月饼似石磨状，山东济南的月饼大小成套，摞起来像个宝塔。

八月十五日，黄河流域气候宜人，当夜幕降临，一轮又圆又大又亮的华月升起之后，黄河各地的拜月、赏月、玩月、圆月等活动便相继进入高潮。

（四）重阳节

重阳节在农历九月初九。古人视九为阳数，《易经》曰："以阳爻为九。"两九相重，故为"重九"，日月并阳，两阳相重，故名"重阳"。是日民间有登高、赏菊、配茱萸、迎出嫁女归宁等活动，因而又称为"登高节""菊花节""茱萸节""追节"等。

重阳节各种习俗由来已久，据《风土记》和《西京杂记》记载，汉代时已有登高、佩茱萸、饮菊花酒等风俗。这些习俗的起源，有人认为，源于西汉长安登高台游玩；有人说与辽代中原地区的白天古礼有关。黄河各地流传有"恒景避难"说，此说在南朝时已出现。南朝梁吴均《续齐谐记》记载说，东汉时汝南人恒景拜仙人费长房为师，费长房一日突对恒景说，九月九日汝南当有大灾，你可与家人缝囊盛茱萸系于臂上，登山饮菊花酒，此祸可消。恒景如言照办，举家登山，果然相安无事。夕还，却见家中鸡犬牛羊皆暴死。此后，人们每到九月九日就登高、饮菊酒、佩茱萸以祈祥免祸。晋代，九月九登高、饮酒成为一种社会时尚，遂有"龙山落帽""白衣送酒"等佳话流传。唐时，登高宴饮活动更盛极一时，登高游咏之诗话比比皆是，最著名的是王维《九月九日忆山东兄弟》："独在异乡为异客，每逢佳节倍思亲。遥知兄弟登高处，遍插茱萸少一人。"明朝时，又称九月九为"女儿节"，黄河各地多称为"追节"，此日，有迎出嫁女归宁、食糕的风俗。清代时，黄河各地的重阳节习俗发生了一些变异，登高之俗在一些地区仍然存在，在一些地区只是于文人士子中盛行。食糕之俗遍行黄河流域。此外，还有佩茱萸、饮茱萸酒、饮菊酒、赏菊、采菊、赠菊、讲求种菊艺法、敬师、迎女、祀神、祭祖、酿酒、出猎、缠足、占冬等习俗。

此日，许多地区都有登高的习俗，临山而居的人们多于此日登山览胜，如甘肃皋兰山，陕西神木东、西山，山西灵石翠峰绝顶，河北马鞍山等山峰上，游人络绎不绝。没有山峰的地区，人们或上城头凭城远眺，或登高楼台阁对酒欢歌，有些地区，受条件限制无高可登，于是人们约邻唤友携酒食到郊外野饮，当地也认为是"登高"。如河北南皮、南宫、内丘等地皆是如此。九月九前后，正值黄河流域四野农忙，有许多地区农人忙于秋收秋种，再加上登高避灾传说的淡化，因而农人不兴登高之举，只有文人士子才招朋登高，他们多借景抒情，赋诗咏唱，尽兴而归。

为祓除不祥，一些地区有佩茱萸的习俗，如甘肃宁远。

九月初九的晚秋季节，正值黄河流域菊花怒放，黄河人对不畏严寒的菊花有特殊的偏爱，以至使佩茱萸古俗在一些地区变异为簪菊之俗，如山西榆社，河南新郑县、新蔡、上蔡、固始、光山、新安等地皆是。除赏菊、簪菊、饮菊酒外，坐在菊丛旁，对酒赏菊，别有一番情趣，河北巨鹿称为"饮菊花酒"。陕西西乡，甘肃岷县，河北保定地区等地有亲友互赠菊花以示贺节之俗。河南开封城内菊花簇簇，出售菊花者随处可见。汝南、南阳的植菊人多在此日把菊花摆于庭院，种菊多的人还设菊花山。洛阳菊花品种多达上百种，邻近的人们纷纷入城赏菊。

九月九日，黄河各地一个最普遍的习俗是"食糕"。因"糕"与"高"同音，含有"步步登高""升高"之意，可代登高。

四 冬日习俗

当严冬来临之际，黄河人由人间想到冥间，由生者推及亡亲，于是从宋开始兴起，并愈演愈盛的给亡亲送寒衣节便成为冬天的第一大节。冬至节在古代颇受重视，与元旦并重。其祀神、敬祖、拜贺长老、尊师的习俗，皆说明冬至阳气生的节令与当时的观念相合拍。腊八节，佛家以粥供佛，民间以粥祀各种神祇并涂抹门框于树身，以祈安康与丰收，表现的是黄土农业文明的特色。腊月二十三，祭社送神，向社神供糖面，以糖涂抹社神之口，表现了黄河人对神既敬畏又欲使之顺从人意的二重性态度。除夕，已拉开了春节的序幕，备隔年饭，净扫门间、易门神、换桃符、贴春联、设天地棚、接亡祭祖、庭燎驱祟，设宴点灯守岁，黄河人试图开辟出一片圣洁、富裕的天地迎接新年的到来。

(一) 送寒衣节

夏历十月初一，是民间盛行的"送寒衣节"，亦称"烧衣节"。初冬的黄河流域已是寒霜普降，朔风日紧。在广袤的田野上，农事基本完毕，呈现出一派万物肃杀的景象。天气骤寒，农家纷纷培筑垣墙，修糊门窗，换上冬装。

在儒家"孝亲"传统与"灵魂不灭""阳世冥世"等原始宗教信仰的支配下，古人由生者推及死者，由阳世推及冥世，认为远在黄泉之下的亡亲，也需要添衣过冬；作为亡者亲属，有义务为其置备御寒物品，以示悼念孝敬之情。

此节起于何时，已不得而知。据民间传说，它源于孟姜女寻夫送衣。

秦代民女孟姜女新婚不久，丈夫就被征徭役去修长城，结果累死边塞，葬于长城之下。冬季将至，孟姜女为送冬衣，万里寻夫，可怜竟连丈夫的遗体也找不到。她悲愤欲绝，放声痛哭，终于感动苍天，雨注雷鸣，长城崩塌，孟姜女得以找到夫君尸骨，亲手为他殓尸穿衣。由此才有送寒衣之俗。

北宋时，"送寒衣"业已固定在十月朔日。明人刘侗、于奕正编撰的《帝京景物略》记述：当时纸肆专为十月一裁纸做五色衣，衣分男女，另外，送衣时新丧和旧丧要区别对待，给旧丧者送的是五色衣，给新丧者送的是白治素衣，"曰新鬼不敢衣彩也"。为两者举行的送衣仪式也有差别，旧丧者仪式简单，给新丧者送衣时必须伴以号哭，俗定为"送白衣者哭，女声十九，男声十一"，这些巫术禁忌的产生，使送寒衣的神秘色彩更为浓厚。

由于自然地理、信仰、经济诸因素的制约，尽管黄河流域都流行送寒衣之俗，然而具体形式却是形形色色，构成一种同根而枝繁叶茂的文化现象。这种地域特色主要表现在送寒衣的时间、地点和祭供物品方面。

在黄河上游的宁夏、甘肃，地域差别就很突出。如宁夏隆德等地，在夜晚门院外焚烧纸衣、纸钱。而甘肃兰州等地，白日携带糊制的纸箱、冥衣、冥靴、冥冠诸物，谒扫祖墓而焚之。在张掖等地，一些大家族则在祠堂内设酒肉祭奠，然后烧掉五色纸衣。所供祭品也不相同，有的地方仅以汤饼，有的地方却比较丰盛。

在送寒衣的基础上，各地根据本乡本土的特殊性，还演化出其他一些习俗。如宁夏和甘肃部分地区这一日要抬城隍像至厉坛，演戏献牲。甘肃灵台、张掖等县，此日在城隍庙建醮诵经，化纸祭孤，为全县祈福禳灾，举行"寒衣会"。送寒衣这一古老的习俗，因蕴含着传统的人伦观念，至今仍延绵不衰。

（二）冬至节

小雪、大雪之后，便是冬至。冬至标志着冰封雪飘的严冬来临。早在西周、春秋时代，我们聪明的祖先业已用土圭观测太阳确定了冬至，它和夏至、春分、秋分，共同构成我国最早的四个节气。

冬至是北半球一年中白昼最短、黑夜最长的一天，古人解释其是"日南之至，日短之至，日影长之至，故曰冬至"。是说从位于北半球中部的黄河流域观察，这一天太阳的位置最南，出现时最短，照射一物体投下的影子又最长。冬至过后，白昼便一日日延长，流行于山东省的"吃了冬至饭，一天长一线"等俗语，真实地描述出这种变化。故冬至节亦称长至节。冬至由天文节气名成节日，与中国古代盛行的阴阳哲学观念密切相关。古人认为，昼为阳，夜为阴；君为阳，臣为阴；男为阳，女为阴，……阳盈阴弱，自然与社会方能井然有序，正常稳定。由于从冬至起，白昼渐长，黑夜渐短，因此古人给冬至定性为"阴极之至，阳气始生"。在推崇"阳"的社会心态下，冬至便受到统治者格外的青睐和重视。

在鬼神迷信较浓的周代，统治者在冬至主要祭祀神鬼，以求其庇护国泰民安。在人文思想空前流行的春秋时代，冬至进一步与政治、人事联系起来，出现贺冬之礼。步入汉代，冬至已形成一个节日，自上而下兴起贺节之俗。汉代人蔡邕在其著作《独断》中释其原委说："冬至，阳气起，君道长，故贺。"为过好节，京师百官皆休息，皇帝在南郊举行祭天之祀。次日，百官身着新朝服，入官朝贺。从此直至明清，历代统治者皆视冬至之仪为国之大典，前后几日均放假行政歇市，共庆君道增长。

上所化为风，下所习为俗。至迟由东汉起，冬至节走出宫廷，成为全社会各阶层的共同节日。在独尊儒术，儒学为社会指导思想及行为规范的背景下，天、地、君、亲、师，同为儒家推重。表现在冬至节风俗中，就是五者全成为敬贺的对象。

冬至节在长期传承过程中，又出现许多新内容，发生许多新变化。魏晋时期，已有向敬贺对象献袜履之俗，以寓迎福践长的良好祝愿。南北朝时，民间又兴起吃赤小豆辟邪之俗。唐宋明清时期，冬至节已仅次于春节，流传有"冬至大似年"的民谣，或称冬至为"小年""亚岁"。冬至前夕，称为"冬除""冬住""工除夜"。在陕西佳县，前夕饮酒食肉，吃羊头，谓之"熬冬"。在米脂地区，前夕要用冰、炭各一块立于大门两旁，谓之"镇门"，然后献羊祭酒，合家欢饮，也叫作"熬冬"。贫寒之家，也必购豆腐为席，庆贺冬至。

冬至日，人们在家拜贺尊长，又相互登门或修书恭贺，如在路途相遇，彼此作揖，谓之"拜冬"。宋代京师汴梁，"虽至贫者，一年之间，积累假借，至次日更易新衣，各办饮食，享祭先祖"。黄河中下游各地在冬至节也呈现出一片喜庆的景象，唯独山东邹县一如平日，据言此日为孟子的忌辰，特重礼仪的邹县乡民便废除了冬至庆贺之仪。

冬至节中，民间敬贺教师之俗颇为醒目，在众节日中独树一帜。冬至成为敬师的节日，这是由黄河流域的农事规律决定的。冬至所在的农历十一月，正是黄河流域农闲季节。早在汉代，学童读书拜师便定为此日，《四民月令》就记载说：十一月，"命幼童读《孝经》、《论语》"。将敬师之仪固定在冬至，既利用了农闲时间，又丰富了冬至节内容，显见其非常合理。

从东汉至民国，冬至节敬师之俗沿袭未改，为一主要内容。尤其在黄河中下游的陕西、山西、河南、山东几省区，此俗愈盛。清道光《咸阳县志》载："冬至，家设酒烹肉荐先，尤重拜师及友生。"各村塾、庠在这日进行祭孔活动后，各家长或拜访老师，或设家宴招待老师。清宣统《泾阳县志》记述说："延师教子弟者，皆于是日具盛馔款塾师，致关聘以订来年之约。"陕西部分县，这一日馆东要带领家长和学生，手端方盘，盘中放四碟菜、一壶酒、一酒杯，进校慰问先生。入室后，学生先向老师叩头请安，家长再和老师相互作揖问候。礼毕，学生给老师生火炉，清扫房内灰尘。之后，大家围坐在一起喝酒、讲故事、猜谜语。次日，校方还让学生将核桃等土特产分送各位老师。山西虞乡等县，另有一番情景："各村学校于是日先拜献先师。学生各备豆腐来献，献毕群饮，俗呼豆腐节。"其他各地区也有类似的敬师仪式。尊师敬师，正是黄河人的传统美德。

黄河流域东西万里，南北数千，风俗差异很大。在少部分地区，冬至节也是鬼节之一，也要上坟扫墓，烧送纸钱，如内蒙古清水河县，陕西省神木县，山东临沂地区，山西阳城、石楼等地于此日祭扫坟墓。

在黄河流域，冬至是自然气候的一个鲜明转折点，从此日起，便进入一年中最冷的季节——数九寒天。为了便于安排农事生产和生活，自古以来劳动人民便创造出"九九"或"数九"的计算方法，即从冬至翌日起，每九天算一九，共九九八十一天，其中又分为一九、二九、三九……九九，九九完毕，大地解冻，春暖花开。为便于计算，历代文人构思出种种形式，有的在冬至画素梅一支，上有八十一瓣虚线勾勒的梅花，每日染一瓣，瓣尽九九出，此称为"九九消寒图"。

另有"九九消寒表"，横竖皆九格，共八十一格。自冬至翌日起，日涂一格，涂时要注意当日气候，阴天涂上部，晴天涂下部，有风涂左面，有雨涂右面，降雪涂中心。民间流传口诀云："上阴下雨雪当中，左风右雨要分清，九九八十一点全点尽，春回大地草青青。"有好事者将此表作为气候资料收藏,以便日后参用。还有"九九消寒句"、"九九迎春联"以及"九九歌"等,也流行于黄河流域。

冬至节的食俗也很有特色。在黄河上游的宁夏、甘肃等地,冬至节有吃"头脑"或"头脑酒"之俗。如清乾隆朝编的《武威县志》描述说:"长至,往来相拜贺,垛肉及腐为食,曰'头脑'。"宁夏朔方道、平罗、花马池等地是用肉杂粉条豆腐为羹,和酒啜之,称为"头脑酒",取"冬至一阳生,做事有头脑"之意。山西、陕西、河南、山东等省有的地区则吃肉水饺、糕、窝头、饽饽,或吃羊肉。不论吃什么,都是为了驱寒或庆祝阳气升长。民间流传有"冬至不吃饺,会冻坏耳朵"和"冬至馄饨夏至面"之说。

(三) 腊八节

腊八节简称"腊八",时在农历十二月初八。腊八节起源甚早,可上溯至古史传说时代的"蜡祭"之礼。《礼记》说:"天子大蜡八,伊耆氏始为蜡。蜡也者,索也。岁十二月,合聚万物而索飨之也。"伊耆氏,即为传说时代著名人物,有人说就是神农。"蜡"后世写作"腊"。"腊"上古又通"猎"。因此所谓"腊祭",就是以猎获禽兽为主要祭品的一种祭礼。

用猎物祭祀,这是由特定历史条件决定的。上古时代,黄河流域还是荆棘丛生,虎豕横行、人烟稀少的莽莽荒原,农业尚处于刀耕火种阶段,效益甚微,狩猎是先民不可或缺的生产方式。当冬天来临,大河上下白雪皑皑,狩猎更成为主要的生产活动,通过这种原始生产,获得大量的毛皮肉类,以补衣食之不足。到岁终之月,先民出于对大自然一年恩赐万物的感谢,也为报答诸神与祖宗之灵的佑助,所以用各种禽兽举行祭祀。久而久之,形成固定的腊祭之礼。

跨入文明时代,黄河流域的开发仍很缓慢,腊祭之礼自然地被承袭下来。

腊祭对象,历代各有侧重。周代生产力偏低,自然崇拜地位较高，腊祭对象为日、月、百神及其先穑、司穑、猫虎、水沟、昆虫等门、户、中霤、灶、井等。汉代生产力水平大为提高，祖先崇拜超过自然崇拜，其祭祀对象主要成为祖先，其次才是门、户、中霤、灶、井五祀。在黄河流域，祭灶神之俗在民间日益突出。传说南阳新野（今河南新野）人阴子方曾在腊日祭灶神，敬献黄羊，子孙很快繁昌。"故后常以腊日祀灶，而荐黄羊焉。"由东汉起，祭灶就成为腊日重要活动之一。

腊八粥也是腊八节祀神的主要祭品，地区不同，对象也不同。或祭佛，或祭祖，或祭门神，或祭户、窗、园、井、灶诸神祇。有的地区以粥喂牲口和涂果木，"云牲口肥壮，结果殷繁。"甘肃高台县是以粥"分散田亩，祈丰年"。腊八粥还是馈赠亲邻的礼物，各地都有于此日在亲朋乡邻间互赠腊八粥之俗。人们把腊八粥作为吉祥之物，祀神赠人，期望良好心愿变为现实。

腊八正在隆冬三九时节，黄河流域已是万里冰封。河流湖泊，冰层坚厚。从上古起，这时便是凿冰、藏冰的最佳时期。随着时光流徙，由此蔓延出一些与冰有关的风俗。这些风俗在少数民族地区和汉族都很流行。如在青海省土家自治县，土族人民每到腊八，鸡鸣即起去河边背冰回家，散在大门上、屋檐上、房内柜子上、粪堆上、庄稼地里，表示庄稼丰收的意思。在广大汉族地区，有关腊八冰的风俗也是多种多样，宁夏隆德县于此日"凿冰立门前，名曰冰马"。陕西宜川"晚置木炭、冰块于门之左右，谓黑白虎守门，以警鬼魅"。在山西大同、朔州等地讲究于此日藏冰，在岢岚等地，这日有"凿冰酿酒"之俗。在河南、山东部分地区，有凿冰祈神之俗，有的地方还把冰置粪堆上，以为可禳来年旱灾。这种种风俗多是以冰崇拜为核心的，究其原因，冰由水冻而成，水对人的生产生活至关重要，古人由于对水非常崇拜，因此对冰也崇拜起来。近几十年来，伴随着社会变迁，经济发展，文化提高，腊八风俗也发生一些变化，但以食腊八粥为中心的各种民俗，仍保持着极强的生命力。按民间习惯，从腊八起，就开始购置年货，准备过年。顺应民俗,许多地方举办了腊八物资交流大会,直至年底结束,种种商业活动,既满足了人民生活的需要,又为腊八节增添了新的文化内涵和热闹气氛。

(四) 祭灶节

农历腊月二十三(或二十四),是黄河流域民间传统的祭灶节。这一日,又称"小年"或"小岁"其主要民俗事项是祭送灶神。

祭灶之俗,源于原始社会人类对火的崇拜。黄河人由对火的崇拜转化为对灶的崇拜,并随着社会发展,深化为祭灶之礼。祭灶是上古礼制的重要内容,属于祭礼,为"五祀"之一。"五祀"相传为华夏族传说时代的英雄人物少昊所创建,"少昊今天氏始崇五祀"。少昊活动于黄河流域,说明祭灶也形成于黄河流域。夏、商、周三代,都承袭了祭灶之礼。周代祭礼中等级制度森严,规定王七祀,诸侯五祀,大夫立三祀,士二祀,"庶士、庶人立一祀,或立户,或立灶"。庶民百姓只准祭祀灶神或门神,这就是后世民间最崇拜门、灶二神的历史原因。

民间祭灶之俗是从官方祭灶之礼中分化出来的。最晚从春秋起,两者业已并存于世,礼存官方,俗行民间。当时祭灶由老妇人主持。《风俗同义·祀典》记载,孔子指责藏文仲违礼,曾说:"藏文仲安知礼?燔柴于灶。灶者,老妇人之祭也。故盛于盆,尊于瓶。"反映出那时流行老妇祭灶之俗。藏文仲是男子,他祭灶与民俗不合,故遭到孔子贬斥。但到了汉代,男性祭灶已非常普遍。南阳人阴子方祭灶,后代兴盛富贵,出牧守数十,其子孙也皆祭灶,男性祭灶之俗逐渐形成。

黄河流域祭灶风俗大同小异。在甘肃、宁夏和陕西,盛行以糖饼、猪、羊、雄鸡、果类、酒类、刍豆及草料为祭品,有些地方特重供雄鸡,却是"陈而不杀"。在陕西府谷、礼泉、神木等地,还专选红色雄鸡祭灶。在山东、山西、河南、河北诸省,祭品主要为糖瓜、柿饼、果品、水酒、饺子、面条、黄米糕、饼、豆饼与草料等。

用酒肉等食品供祭灶神，如同供祭其他神灵一样，是为表示敬意，并获得灶神佑助。用糖饼、糖瓜等糖制品祭灶神，出于一种原始的模拟巫术手段，以为糖有黏性，灶神多吃糖后，糖会把他的嘴粘住，使其不可胡言乱语，实际上，这是宋代"醉司命"民俗的变种。用豆饼、草料为祭品，是为灶神所乘神马所准备的。为笼络灶神，对其乘骑也不敢怠慢，故也要供祭上饲料。

祭灶仪式多在晚上进行，祭灶前家里人都力求赶回参加，唯恐不在场而被灶君除名。祭前，全家人恭恭敬敬，在灶王及灶王神马像前摆好各种祭品。灶王像前必贴对联，竖联多为"上天言好事，回宫降吉祥""二十三日朝玉皇，初一五更下天堂""灶为家中主，贵乃天上神""二十三日去，正月初一来"之类。横联多为"一家之主""神祇有灵""一家司命"之类。灶君像多为一眉慈面善、长须飘拂之男性老者，俗称"灶王爷爷"。有的在灶王爷爷身侧还立着一位或两位慈祥老妪，俗称"灶王奶奶"。祭送神时，主持人点燃香烛，率全家人下跪祷告，祷词一般是"灶王灶王，你上天堂，多说好，少说歹，五谷杂粮全带来"之类。

由整个祭灶民俗所蕴含的文化因素看，既反映出古代黄河人在迷信盛行的社会氛围下，相信灶神无所不能，因而恐惧神灵的心态，有表现出黄河人追求美好生活，企图通过巫术使神顺从人意从而造福人类的愿望。

古人认为，男女代表着阳与阴两种自然属性，做事必顺其属性。由此观念出发，在黄河流域广大地区流传着"男不拜月，女不祭灶"之说。灶君为男性，当有男性主祭，故宋人范成大《祭灶词》中有"男儿酌酒女儿避"之句。但个别地方却没有这种禁忌，仍有春秋老妇祭灶之遗风。如在山东平邑县、陕西南郑县，均由妇女担任祭灶的主要角色，证明即使在相同的文化大背景中，民俗也会产生地区的差异，也会出现发展的不平衡性。

灶神上天后，民间认为诸神也相随而去，再无神司察人间过愆，从小年次日至年底，百无禁忌、天天吉日，是一年中人们最自由的几天。有婚嫁大事之家，婚嫁不必卜日；平素婚姻择不下吉日的，这几日也不必担忧触犯禁忌，因此这几日，完婚娶亲者最多。

近年来，古老的黄河重新焕发青春，黄河流域发生翻天覆地的变化，经济、教育、文化水平逐年提高，过小年风俗也随之巨变。在广大乡村，祭灶已成遗俗；在城市，它已悄然退出历史舞台。但小年后"百无禁忌"的旧观念仍然普遍存在，最显著的事例是，不论城镇还是乡村，婚嫁者骤然倍增，披红挂彩的迎亲车队络绎不绝，欢乐的鞭炮声响彻云霄，构成一种现代化物质文明与传统民俗碰撞组合的新民俗事象。

（五）除夕

过了祭灶节，再忙碌六七天，就到了农历腊月最后一天，此日从古代起习称为"除日"。"除"，指旧岁将尽，至此而终之意。因这天为"月穷岁尽之日"，故又称"除岁"，其夜称"除夕"或"除夜"。从翌日起，就是新的一年，所以作为辞旧迎新，一夜分两年的除夕，便显得格外重要，从而成为一个重要的传统节日。

除夕与新年（春节）一样，其源头可上溯至夏、商、周三代。但我们今天意义上与春节相同的除夕，是汉武帝时才形成的。东汉时，"除夕"一词已经出现。以后随着社会、文化、信仰的发展，其民俗内涵也在衍变过程不断吸收新的成分，日益丰富起来。

挂桃符是除夕风俗之一。最初门上悬挂桃符，源于远古黄河人对桃树的崇拜。桃树乃生长于黄河流域的一种果木，巫师把它衍变成一种神圣之树，具有驱鬼功能。阴阳学说兴起后，又附会解释：桃是五行之精，为鬼所惧，以其能制百鬼，又称仙木。

汉代除夕，民间还在门上悬挂苇茭和画虎。苇茭被神化为有缚鬼功能；虎被化为阳物和百兽之长，可噬食鬼魅。《风俗通义》卷八记述，东汉"常以腊、除夕饰桃人（即桃板）、垂苇茭、画虎于门，皆追效前事，冀以御凶也"。可证其俗源远流长。宋代撰写联语已成为文人的一种风气。王安石《元旦》诗中"千门万户曈曈日，总把新桃换旧符"之句，苏轼"退闲拟学旧桃符"等，便生动地描述了这种情况。

从明代起，民间开始在红纸上书写吉语，名为"春联"、"春贴"或"对联"。春联由桃符演化而来，二者书写格式与内容完全相同，皆由含义吉祥、词美意佳的对称句组成。春联形制有对联、横批、斗方、小单条之别。对联多用于门、神龛、戏台两旁。横批可贴于对联正中上方，也可单贴。斗方即一正方红纸，贴时一脚朝上。还有在斗方上题以字或图者，如"寿"，颇有艺术特色令人叫绝。单条多用长余尺、宽三四寸的一条红纸，上书"人寿年丰""金银满柜""猪羊满圈""抬头见喜"之类吉言，贴于屋内、箱柜、粮囤、院内等处。

春联贴出，使新年的喜气欢情更为浓厚热烈，意味着拉开了年节的序幕。旧时，约定俗成，年三十春联贴出，债主便不应上门讨债。因此，债台高筑之家，除夕匆匆贴上春联，以使逼债者望而却步。

贴门神也是除夕的重要风俗，它源于两汉魏晋时期在门上绘虎、贴花鸡和挂桃板之俗。魏晋以降，民间把神荼、郁垒之形单独绘出，作为保宅御凶的门神。随着民间造神运动的高涨，自汉代开时，历代又创造出许多门神，如庆成、秦叔宝、尉迟敬德、钟馗、温峤、岳飞、赵云、赵公明、燃灯道人、孙膑、庞涓、常遇春、徐达等。最典型的莫过于钟馗。其相貌狰狞可怖，是唐以后才创造出来的专门捉鬼、食鬼的神，人们希望得到他的护佑，便把他奉为门神。每逢年底，市场上钟馗像总是销售很快。

唐宋以来，由于社会经济文化的进步，黄河流域畏惧鬼怪的社会观念有所淡化，而追求功名利禄的倾向明显增加，具体表现是许多人家的门神像改为赐福天官、福神、禄神、寿星、招财童子、状元、和合二仙等。这些潜移默化的踪迹反映出由于意识形态的变化，人们已由求门神保护而专为向门神索取。清代，晋商势力遍及南北，而在晋商的家乡山西省除夕最为流行贴"招财纸"。如清康熙《隰州志》便载："除夕，门上贴招财纸，以朱抹马形，曰财神所乘也。"黄河流域信仰文化之演进，由此可见一斑。

信仰鬼神是黄河人久有的习俗。在黄河流域各地，均认为年除日百神将回到人间。由此信仰出发，产生了岁除日迎神之俗。甘肃礼县，"除夕日，院中植松枝为栖神之所，设香案奉天地，庭堂供祖先，设祭品。晚，迎神膜拜"。静宁地区，除日"晚又祭灶，谓之'迎神下界'……三鼓，各献酒肴，祭天神、灶神"。

迎神时间大略有三，一是除夕白昼，一是除夕，一是元旦清晨，俗称"接神"或"接灶"。不论迎天地诸神或单迎灶神，皆鸣放鞭炮，焚纸钱香烛。迎灶神，有的地区还要"焚纸印马"或"献饼饵"。在响亮热烈的鞭炮声中，全家人恭恭敬敬，依辈分列队，虔诚地敬香奠酒，跪拜迎神，祈祷庇佑。

在黄河流域诸省区，接亡祭祖也是除日的重要活动，形式多种多样。清代，在陕西、山西、山东诸省均有上坟祭墓，请祖先亡灵回家过年之俗。有的地区是在坟前烧纸钱，燃一火堆。跪下陈述完来意后，前边带路，领亡灵返家。在大门口再烧纸表，鸣放鞭炮，请门神放行。有的地区请祖灵是在村外或大门外，仪式如同上坟，俗称"请亡"或"接亡"。宁夏、甘肃等地谓之"接家亲"。

世代官宦富绅之家，祖先牌位均设于祠堂。一般庶民百姓，祖先牌位设在堂屋或寝室。在甘肃灵台地区，祖宗与诸神的牌位分布是，"庭中设神位，寝室贡先祖，厨房安灶君"。也有祖先、诸神牌位并列一起者，内蒙古丰镇一带就是如此。祭祖先，专设供桌，家有桌上灵牌者则取出摆在桌上；无灵牌者，则临时书写"亡疏"，即用白纸尺许长、八寸宽，合成方筒，每面二寸，上贴红纸三寸许，按三代姓名书于其上。有家谱或祖先图像者（俗称"神祇"或"神轴"），一并挂在桌后墙上，两旁悬挂"祖宗虽远祭祀不可不诚，子孙虽愚经书不可不读"之类对联，桌上摆上荤、素、糖、果多种供品。

在鬼神信仰蔓延的古代，人们认为鬼怪各式各样，专与人作对。喜庆之日，鬼怪尤多。故黄河人在除夕，为保证节日欢乐及一年平安，利用种种巫术方式与鬼怪斗争，以达到驱逐鬼怪和清除邪祟之目的。

除夕夜幕完全落下，黄河流域还有在庭院燃火驱鬼除疫之俗。最早名为"庭燎"，源于周代。后来此举随世事，成为除夕的民俗活动。宋代，此俗在汴梁等地广泛流传，称为"糁盆"。到明代，又美名曰"烧松盆"，以松柏为柴。清代以来，黄河流域又创造出以煤炭为燃料的"烧炭火"形式。

除夕是一年中最特殊的一夜，"一夜连双岁、五更分二年"。在这辞旧迎新之际，人们不愿此夜在睡眠中流逝，久而久之，形成了守岁之俗。直到近世，古代"分岁""守岁"之俗在黄河仍然普遍存在。永登地区在守岁时，还要等到新年第一声钟声敲响之前打"醋坛"接神。事先在火炉中烧上一个约拳头大的石头，石头烧红后，要用火钳夹出来，放在早准备好的大炒勺里。大炒勺中放着柏枝沫，清油、烧红的石头一放，就冒起火焰，这时再在石头上浇醋，持勺者翻几下勺，然后弓身持勺、在各屋室、畜圈中跑一遍，口中还不断念"醋坛神"。[①] 除"守岁"外，尚有"团年""熬年""熬福"等名称，清代守岁，讲究全家团聚，如果家中有人年下不能赶回，家中人吃晚餐时，也要特意给他留把椅子，摆上碗、筷、酒杯，以示团圆。守岁时，家长要给儿女一些钱，俗称压岁钱、带岁钱、守岁钱或压胜钱。

现在黄河流域的除夕之俗发生了巨大的变化，其中最显著的则是"娱人"的喜庆色彩远远超过了"敬神""祀祖"。至于"驱祟""占卜"等内容，皆已成为历史。

五 生活习俗：金锁、银锁、拴锁锁

张掖民间在过去有拴锁锁的习俗，"拴锁锁"是给孩子"过满月"，请干大（即拜干爹），或给小伙子、姑娘订婚时举行的一种

[①] 火泽东、苏裕民：《永登民俗》，甘肃文化出版社2015年版，第60页。

仪式。孩子呱呱坠地的第 29 天，须"过满月"。这天凡是来给孩子过满月的亲戚邻里，一进屋门，首先要给孩子拴个"长命富贵"的锁，以示祝福。

待"宝贝蛋"能跑会跳后，父母又要请三个不同姓氏、品行端正的人给孩子当干大（即干爹），说是能镇邪祛恶、惩凶化吉。父母给孩子寻好"干大"后，择一良日，备好酒席，亲自登门请"干大"们届时光临。这一天吃饭之前，三个"干大"须将各自揣在怀里的"锁锁"掏出来，一一挂于干儿脖上。

娃娃长大后，说下了媳妇，完婚前须先订婚，订婚又要挂锁锁。这天姑娘羞羞答答地在亲戚的陪伴下，早早来到小伙子家，万事就绪，宾主款款落席，一张大红的八仙桌上，双方的长辈笑呵呵地给孩子和姑娘互挂锁锁，锁锁一挂，这小伙子和姑娘就算被拴住在了一起，两家正式成为亲家。不论是过满月，请干大，还是订婚所用锁锁，都是同样的东西。旧时，有钱人家专请银匠定制金锁或银锁，穷家不是铜锁就是串一串铜钱顶替。

六　康宁塞外农家风情

康宁村隶属于张掖市小满乡，全村地势比较平坦，由南向北逐渐延伸，水源充足，属于大满灌区，耕地肥沃，主产小麦、玉米、少量糜谷、洋芋、豆类，经济作物有胡麻、苹果、葵花等。

康宁村由于历年来重视大力发展庭院经济，种植梨树，使得全村人均年收入一直处在全区各乡村之冠，是个名副其实的"小康村"。张掖 1992—1993 年两届梨花节都在这个村举行，白色的梨花一望无际，令游客赞叹不已，流连忘返。

第二节　民间口头文化

一　人物传说

民间口头文化是指通过民间故事，乡间俚语等口头形式传播的一种文化可以通过人物传说、地方风物传说、史事传说或民间故事等多种形式进行表达。

人物传说通常是古史传说，亦是类似于野叟曝言、史记等著述来体现的举例，通常与当时的社会背景与现实状况相结合，或者对历史上真实存在的人物进行述评，从而达到某种目的。

例如，一个个关于"黄河"的有趣的传说：从前，有个打鱼的老头，他有个女儿叫黄荷。有一天，老头在河中捞起一个小男孩，这男孩和黄荷一般大小。老头将男孩带回家，给他起了个名子叫黄河。黄河渐渐长成了一个英俊威武的小伙子，老头便把美丽贤慧的黄荷嫁给了黄河。有一年过年的时候，老头突然得了一种病，什么也吃不进去，急得一家人团团转，又求神，又请医，还是治不好老头的病。这事乐坏了一个对黄荷不怀好意的财主，财主叫人装神弄鬼，说什么，要治地好老头的病，除非用悬崖草和河底的沙子做药引子，小两口一听便各自去取药引子，黄河去河底取沙，黄荷去悬崖摘草。谁知黄河一去不复返，淹死在河里，家里人知道后哭得死去活来。不久，黄荷的爹娘相继去世，财主一见时机到了，便千方百计的迫使黄荷嫁给他，黄荷为给爹爹报仇，就假装同意，不过她让财主向黄河取沙的那条河叫三声"爷爷"。那天，黄荷全身洁白，站在河边，泪水像断了线的珠子，在财主面对黄河叫"爷爷"的时候，她趁财主不注意，将他推入河中，然后自己也跳进去，河水马上掀起大浪，混浊汹涌，气势逼人。从此，黄河的水再也没有清过，好像日夜向人们诉说着黄荷的不幸遭遇。

民间还流传着无数关于"黄河"的故事。传说很久以前，古老的黄河是一匹很难驯服的野马，它任意奔流，好像一个龇牙咧嘴的怪物，日夜怒吼，滔滔不息，吞噬着万顷良田。咬噬着千万重山，黄河两岸的回汉人民只能在山尖、沟底过着刀耕火种的生活。那时候，宁夏不是一马平川的塞上平原，而是青山重叠，沟壑纵横，没有一块平坦的田地，也没有一块田能灌上黄河水。传说，牛首山上住着几户回族人和汉族人，他们老一辈在山底挑水，在山头上种地。老老小小忙个不停,却吃不饱、穿不暖,日子久了,谁也受不了这种折磨。有一年,一个七十开外的老回回,名叫尔德,在山上开了一个瓜果园,种了些黄瓜。他每天起早贪黑,到黄河里去挑水浇黄瓜,肩膀压肿了,脚底起皮了,精心地务育着黄瓜,黄瓜长得又嫩又甜。这一天尔德老汉累了,躺在菜园门上睡着了,他刚睡熟,就梦见天空飘来一朵白云,渐渐地,那白云变成了一个白胡子阿訇,抖动着银色的胡须对尔德老汉说:"今天有两场大风,你要注意,中午是一场黄风,能把黄瓜吹蔫;后晌有一场黑风,能使黄瓜蒂落。不管有多大的风,你都不要把黄瓜摘下来。"尔德老汉惊醒一看,不见白胡子阿訇,却见北面黄风弥天盖地,霎时刮到牛首山来了。尔德老汉细细瞅着黄瓜,果然一个个蔫了,他心里非常难过,一年的血汗白费了,可一想起白胡子阿訇的话,就没有动。到了后晌,一股黑风过,吹得山摇地动,树叶落下一层又一层。尔德老汉一看,黄瓜快要落地,他气得摘掉了一个又蔫又小的黄瓜使劲扔进了黄河。黄河马上断了一条线,像神仙用刀切过一样,清清楚楚地看见了河底,尔德老汉往下猛扑时,河水"哗"地一下又并拢了。老汉又累又饿,坐在河岸上,眨眨眼睛,头脑发蒙,啥也不知道了。这时,尔德老汉又听见那位白胡子阿訇说:"这黄瓜就是征服黄河的钥匙,它可以叫黄河断流,也可叫黄河听人的话。可现在黄河叫黄风和黑风这两个伊比利斯折腾苦了。你不能心急,要耐心,要下更大的功夫。明年,你再种一园子黄瓜,黄瓜熟了的时候,你拣最大的一个扔进黄河里。那时,你走进河底洞里,珠宝由你挑,粮种由你拿,还有一把宝剑可以斩龙杀妖,驯服黄河,你指哪里,黄河水就流向哪里。"

第二年,勤劳的尔德老汉又种了一园子黄瓜,他不怕路远,不惜流汗,从黄河里挑水浇瓜。功夫不负苦心人,最后,园子里结了一个三尺长的黄瓜,长得像一把钥匙。老汉高兴得日夜睡在瓜园里,一直等到瓜熟。这一天,天气晴朗。尔德老汉把那三尺长的黄瓜摘下来,念了个"太斯米",扔进黄河里。这时只听黄河一声咆哮，裂开了一条长缝，河底的石头都看得清清楚楚。尔德老汉下到河底，见靠着河岸有个洞，洞里珍珠玛瑙应有尽有。老汉拿了些，刚往出走时，听得一阵暴风狂吼，一时河面上波涛滚滚，一浪高过一浪。尔德老汉拿起宝剑向那黑旋风和黄旋风左右猛劈几十剑。一会儿，黑风和黄风吹出天边去了。这时，黄河的断缝渐渐地合严。尔德老汉想起白胡子阿訇的嘱咐，这宝剑可以征服黄河，他心里豁亮了，心想：我要叫黄河填满沟壕，淤平山梁。老汉手持两把宝剑，向黄河猛劈下去，黄河的水马上不流了，好像前面堵了一道长城，只是节节升高，远远地看去真怕人。三天以后，南至六盘山，西至贺兰山，到处都是水，只留下几个山尖尖。尔德老汉这才抽出宝剑，叫黄河水向前流去。

从此以后，山大沟深的宁夏，变成了一马平川，居住在黄河两岸的回汉人民靠着勤劳的双手，开渠造田，过上了幸福的生活。

大禹治水的丰功伟绩在民间传为佳话。相传大禹治理黄河时有三件宝，一是河图；二是开山斧；三是避水剑。传说河图是黄河水神河伯授给大禹的。古时候，在华阴潼乡有个叫冯夷的人，不安心耕种，一心想成仙。他听说人喝上一百天水仙花的汁液，就可化为仙体。于是就到处找水仙花。大禹治理黄河之前，黄河流到中原，没有固定的河道，到处漫流，经常泛滥成灾。地面上七股八道全是黄河水。冯夷东奔西跑找水仙花，就常常渡黄河、跨黄河、过黄河，常和黄河打交道。转眼过了九十九天，再找上一棵水仙花，吮吸一天水仙花的汁液，就可成仙了。冯夷很得意，又过黄河去一个小村庄找水仙花。这里的水不深，冯夷蹚水过河，到了河中间，突然河水涨了，他一慌，脚下打滑，跌倒在黄河中，活活被淹死了。

冯夷死后，一肚子冤屈怨气，咬牙切齿地恨透了黄河，就到玉帝那里去告黄河的状。玉帝听说黄河没人管教，到处横流撒野，为害百姓，也很恼火。他见冯夷已吮吸了九十九天水仙花的汁液，也该成仙了，就问冯夷愿不愿意去当黄河水神，治理黄河。冯夷喜出望外。满口答应。这一来可了却自己成仙的心愿，二来可报被淹死之仇。

　　冯夷当了黄河水神，人称河伯。他从来没有干过治水的事儿，一下子担起治理黄河的大任，束手无策，发了愁。自己道行浅，又没什么法宝仙术，只好又去向玉帝讨教办法。玉帝告诉他，要治理好黄河，先要摸清黄河的水情，画个河图，有黄河的水情河图为依据，治理黄河就比较方便了。

　　河伯按着玉帝的指点，一心要画个河图，他先到了自己的老家，想找乡亲们帮帮忙。乡亲们都讨厌他好逸恶劳，没人搭理他。他找到村里的后老汉，讲了他治理黄河的大志。后老汉见他如今成了仙，要给百姓们办点好事，就答应帮帮他。从此，河伯和后老汉风里来雨里去，跋山涉水，察看黄河水情。两个人一跑就是好几年，硬是把后老汉累病了。后老汉只好回去，剩下河伯继续沿黄河察看水情。分手时，后老汉再三嘱咐河伯，干事要干到底，不要中途而废，画好图就动手治理黄河，人手不够，他说服乡亲们帮忙。

　　查水情，画河图，是个苦差事。等河伯把河图画好，已年老体弱了。河伯看着河图，黄河哪里深、哪里浅，哪里常冲堤、哪里易决口，哪里该挖、哪里该堵，哪里能断水、哪里可排洪，画得一清二楚。只可惜自己没有气力去照图治理黄河了，很伤心。河伯想想，总有一天会有能人来治理黄河的，那时把河图授给他，也算自己没有白操心。

　　河伯从此就在黄河底下安度晚年，再没有露面。不料，黄河连连涨水，屡屡泛滥。百姓们知道玉帝派河伯来治水，却不见他的面，都骂河伯不尽职尽责，不管百姓死活。

　　后老汉在病床上天天盼河伯，一晃好些年不见面。他对治理黄河的事不放心，要去找河伯。他儿子叫羿，射箭百发百中。无论后老汉如何讲，羿不让他去找河伯。后老汉不听儿子劝阻，结果遇上黄河决口，被冲走淹死，连尸体都没找到。

　　后来，到了大禹出来治水的时候，河伯决定把黄河河图授给他。这一天，河伯听说大禹带着开山斧、避水剑来到黄河边，他就带着河图从水底出来，寻找大禹。河伯和大禹没见过面，谁也不认识谁。河伯走了半天，累得正想歇一歇，看见河对岸走着一个年轻人。这年轻人英武雄伟，想必是大禹，河伯就喊着问起来："喂，你是谁？"对岸的年轻人不是大禹，是后羿。他抬头一看，河对岸一个仙风道骨的老人在喊，就问道："你是谁？"河伯高声说："我是河伯。你是大禹吗？"后羿一听是河伯，顿时怒冲心头，冷笑一声，说："我就是大禹"，说着张弓搭箭，不问青红皂白，"嗖"地一箭，射中河伯左眼。河伯拔箭捂眼，疼得直流虚汗，心里骂道："混账大禹，好不讲道理！"他越想越气，就去撕那幅水情图。正在这时，猛地传来一声："河伯！不要撕图。"河伯忍痛用右眼一看，对岸一个头戴斗笠的人，拦住了后羿。这个人就是大禹，他知道河伯画了幅黄河河图，正要找河伯求教呢。后羿推开大禹，又要搭箭张弓。大禹死死拽住他，把河伯画图的艰辛讲了，后羿才后悔自己冒失莽撞，射瞎了河伯的左眼。

后羿随大禹一同蹚过河，后羿向河伯承认了过错。河伯知道了后羿是后老汉的儿子，也没多怪罪。大禹对河伯说："我是大禹，特地来找你求教治理黄河的办法哩。"河伯说："我的心血和治河办法都在这张图上，现在授给你吧。"大禹展图一看，图上密密麻麻，圈圈点点，把黄河上上下下的水情画得一清二楚。大禹高兴极啦。他要谢谢河伯，一抬头，河伯跃进黄河早没影了。大禹得了黄河水情图，日夜不停，根据图上的指点，终于治住了黄河。

二　史事传说

在民间，还流传着许多关于黄河的史事传说。相传古时候，黄河里有一位河神，人称河伯。他站在黄河岸上。望着黄河水自西向东流，兴奋地说："黄河真大呀，世上没有哪条河能和它相比，我就是最大的水神！"有人告诉他："你的话不对，在黄河的东面有个地方叫北海，那才真叫大呢。"河伯说："我不信，北海再大，能大得过黄河吗？"那人说："别说一条黄河，就是几条黄河的水流进北海，也装不满它。"河伯始终不信。那人无可奈何，告诉他："有机会你去看看北海，就明白我的话了。"河伯来到黄河的入海口，眼前一亮，海神微笑地欢迎他，河伯放眼望去，只见北海汪洋一片，无边无涯，他呆呆地看了一会儿，深有感触地对北海说：只懂得一些道理就以为谁都比不上自己，这话说的就是我呀。今天要不是我亲眼见到这北海，我还会以为黄河是天下无比的呢！那样，岂不被有见识的人永远笑话。"

三 地方风物传说

在一些地方，根据当地的地势、民间风俗和具体情况还流传着许多地方风物传说。龙门位于壶口瀑布南面约65公里处，在晋陕峡谷的最南端。龙门之南，就是开阔平坦的关中平原。黄河之水从狭窄的龙门口突然进入宽阔的河床之中，河性发生很大变化。龙门的形成，是其东面的龙门山和西面的梁山各伸出山脊，相互靠拢，形成一个只有100米宽的狭窄的口门，好像巨钳，束缚着河水，形成湍急的水流。每当洪水季节，由于峡口中的水位壅高，而出了峡谷后，河谷突然变宽，水位则骤然下降，于是在龙门形成明显的水位差，故有"龙门三叠水"之说。沿袭相传的"鲤鱼跳龙门"的故事，就是指跳跃此处的叠水。该故事说的是小鲤鱼不畏险阻，纷纷跳跃这道通向成龙道路上的门关，能跃过去者，便能成龙。只有那些百折不挠的小鲤鱼，最终才能成龙。这个故事千百年来也激励着炎黄子孙顽强拼搏，奋斗不息。古代人们对龙门峡这种自然奇观的形成，感到不可思议，便想象为大禹所凿开的一条峡口，因而龙门又被称为"禹门口"。

四 与甘肃段黄河相关的故事

黄河是仅次于长江的中国第二长河。在中国历史上，黄河给人类文明带来了巨大的影响，是中华文明最主要的发源地，中国人称其为"母亲河"。千百年来母亲河滚滚东流，留下了很多动人的传说和故事。

与黄河有关的故事和传说，流传最广的当数《大禹治水》《鲤鱼跳龙门》《关于黄河的传说》《李闯王渡黄河》《望洋兴叹》《鲁班造将军柱》《河伯授图》。至于与黄河相关的历史人物，更是数不胜数。除了上述传说中的人物大禹、冯夷、李自成、鲁班、燧人氏、伏羲氏、神农氏创造发明了人工取火技术、原始畜牧业和原始农业，黄帝和炎帝都出生于黄河的支流渭河流域。黄河还孕育了尧、舜、禹、秦皇、汉武、唐宗、宋祖等无数风流人物，著名理财家刘晏，改革家王安石，民族英雄岳飞，文人欧阳修、司马光、苏辙、王之涣等；近代《黄河颂》词作者光未然、曲作者冼星海、提出"一定要把黄河治好"的一代伟人毛泽东等。

关于黄河的俗语与谚语也非常丰富，例如有跳进黄河洗不清、黄河富宁夏，最富是吴忠、黄河尚有澄清日，岂可人无得运时、天下黄河富宁夏、不到黄河心不死、不见棺材泪不流等。

第三节　甘肃民间艺术

一　民间特色工艺品

（一）庆阳香包

香包是庆阳妇女刺绣的民间工艺品之一。庆阳香包以其绚丽鲜明的色彩，大胆而奇特的造型，泼辣而热烈的动感，承传着庆阳民间民俗文化的血脉，凝聚着庆阳悠久的历史文化和人民群众伟大的创造精神。庆阳香包在民间还具有表情达意的信物功能，所以以香包作为庆阳特色文化的代表，文化含量丰富，历史传统古老，地域风格鲜明，内涵寓意深刻，技艺精湛高超，被誉为庆阳历史的"活文物"，足可成为庆阳的亮丽名片和发展信使。

据史书记载，香包，又称荷包，亦称香囊、佩帏、容臭，庆阳地区俗称"绌绌"或"耍货"。多半用于民间端午节的赠品，主要功能是求吉祈福，避恶除邪。庆阳地区有端午节制作佩带"绌绌"

的习俗，"绌"原指原始骨针的一种缝制方法，后借称用布缝制、口袋能松能紧的包袋。据说形成于公元前两三百年前，《黄帝内经》的作者岐伯，曾携一药袋防疫驱瘟、禁毒蛇，开创"熏蒸法"。因岐伯生于庆阳，故此法在当地渐渐成习俗，流传不断。草药被称为香草，因而药袋便被称为"香包"或"绌绌"。中华医学最早的经典之作《黄帝内经》里就有关于香包的记载。2001年，庆阳市华池县在对境内宋代双石塔进行整体挖掘搬迁时，在塔体内发现了一只香包，据考证，该香包至少有800年的历史，但仍色泽艳丽，图案如新，被称为"千岁香包"，这是迄今为止发现的最早的香包。战国时期，屈原《离骚》中有"扈江离与辟芷兮，纫秋兰以为佩"。江离、辟芷、秋兰皆为香包，这说明香包在战国时期已经是一种配饰了。汉代《礼记》有云："男女未冠笄者衿缨皆佩容臭"，容臭即香包，说明汉代未成年的男女都佩带香包。到了唐宋时期，香囊逐渐转为仕女、美人的专用品；至明清两代，庆阳香包十分盛行，成为人们佩带和馈赠的佳品；至清代，香包已成为爱情的信物。在20世纪60年代以前，庆阳地区，香包的绣制普及家家户户，庆阳女儿多，七岁八岁学针线，虽然此后庆阳香包沉寂了一段时间，但2002年庆阳市被中国民俗学会授予"香包刺绣之乡"后，香包的制作和刺绣又开始复兴。

（二）庆阳剪纸

庆阳剪纸是流行于甘肃省庆阳市境内的民间剪纸艺术形式。庆阳剪纸，历史悠久，种类繁多，取材宽广，内容丰富多彩，表现手法灵活，剪纸技艺娴熟，风格古拙质朴、粗犷奔放、简单明快、线条洗练，与中国同类民间剪纸相比，独具特色。2008年入选中国第二批国家级非物质文化遗产目录。

在庆阳民间，逢年过节，娶媳嫁女，满月祝寿，农村妇女们都要打扫庭室、裱糊墙壁，又要执剪铰纸，制作窗花。在窗框、炕围、墙壁、门扇上贴上红红绿绿的各种剪纸花，把自己的居室打扮得五彩缤纷、红红火火。这些剪纸花，因贴的位置不同而名称各异。贴在门上的叫门花，贴在窗上的叫窗花，贴在炕墙上的叫炕围花，贴在顶棚上的叫顶棚花。走进庆阳农舍，随处可见贴在墙壁上的剪纸花，有些已不再住人的窑洞房舍的窗框上、炕围上，被烟火熏得发黑的剪纸花依然牢牢地贴在那里。剪纸在庆阳，如同五谷杂粮一样必不可少，哪里有人住，哪里就有纸剪的花。剪纸，在庆阳成了农村妇女美化生活、抒发情感的精神依托，窗户、门扇、窑壁、炕围则成了妇女展现手艺的美术天地。

（三）兰州刻葫芦

兰州刻葫芦是中国乃至世界上独一无二的汉族民间技艺，主要用刀或者针在葫芦表面进行印刻，来体现中国传统绘画山水、花鸟、人物和书法，然后涂上松墨，令其线条明晰。随着技艺高超的历代民间艺术家的不断发展创新，兰州刻葫芦形成了自己独特的风格，成为欣赏收藏的艺术品。刻葫芦和兰州牛肉面、羊皮筏子并称兰州三宝。坊间有"吉祥葫芦牛肉面，羊皮筏子赛军舰"的说法。

（四）甘肃雕漆

雕漆是我国古老的传统工艺，相传始于唐代。天水雕漆器具在长期发展中，继承传统，博采众长，经过历代能工巧匠的创新发展，形成了自己的独特风格，成为我国雕漆工艺中一个出类拔萃的品种。甘肃天水雕漆选料严格、工艺精湛，具有造型奇特、图案古朴、漆质坚硬、漆面光亮、耐酸耐碱耐高温的特点。天水雕漆已有近百年的历史，雕漆器具小到手杖、茶盘、烟具、小圆桌、小凳、挂盘，大到花瓶、茶几、躺椅、沙发、古式书架、家具、餐桌椅等一应俱全。特别是屏风更具特色，有《群仙祝寿图》《巡天图》《八仙过海》《九天玄女》《松鹤延年》《花好月圆》等200多种规格不同的产品，远销欧美、日本、东南亚等37个国家和地区。现在天水市有国有、集体、私营雕漆产品制造企业40多家，个体作坊160多家。

（五）洮砚

洮砚在宋朝时已闻名全国，至今已有900多年的历史。相传，宋初即有人从临潭、临洮附近的洮河河底采石制砚，后来，因洮河泛滥，河流改道，可采石的地方找不到了。南宋赵希鹄《古砚辨》中写道："除端、歙二石外，唯洮河绿石北方最为贵重，绿如兰；润加玉、发墨不减端没下岩，然石在临洮大河深水之底，非人力所致，得之为无价之宝，蓄旧相传，虽知有洮砚，然目所未睹"。

制作洮砚的洮石有数种，一是鸭头绿，也称"绿漪石"，其色泽绿，有水波状纹路，石质坚细，莹润如玉，是洮石上品。在绿色纹路中夹杂黄色痕迹者，更为名贵。二是鹦鹉绿，其色泽深绿，石质细润，其中带有深色"湔墨点"的更惹人喜爱。三是柳叶青，色绿而又带有朱砂点，石质坚硬。四是淡绿色洮石，具有渗水缓慢的特点。

洮砚之名贵，除了石质优良和色彩绚丽的原因外，还在于砚形繁多，雕刻精细。洮砚的砚式端庄厚重，古朴典雅，在工艺上有不同于其他石砚的独特风格。在所刻粗细得当的线条内填上黑色，这亦是洮砚不同于其他石砚的一大特点。

（六）甘南唐卡

唐卡画源于寺院，它的传承历史与甘南拉卜楞寺院喜金刚学院传授有直接联系，属纯宗教事务类的师徒相传。甘南藏族唐卡画的构图极为别致，整个画面不受太空、大地、海洋、时间的限制，即在很小的画面中，上有天堂、中有人间、下有地界。还可以把情节众多、连续性强的故事，巧妙地利用变形的山石、祥云、花卉等构成连续图案，将情节自然分割开来，使它形成一幅既独立而又连贯的生动有趣的传奇故事画面。

甘南唐卡多在纯棉布上绘制，也有在羊皮上绘制而成的，有丝绣和绸贴丝缝的或版印的单色唐卡，用各色绸缎镶边，面上罩有薄绸和装饰飘带，下端有黄铜和白银装饰的木轴，以便卷展。画幅大小不一，大者几十平方米，小者不足零点一平方米，它的绘画颜料多为矿物质和金银等。

（七）临夏砖雕

明、清两代是临夏砖雕的兴盛时期，1949年后一度冷落，近二十年又得以复兴。砖雕成品主要用来装饰寺、庙、观、庵及民居中的深宅大院，雕刻题材可分自然景物、社会生活及富有民族特色的装饰纹样等几类。

临夏砖雕的工艺主要分为捏雕和刻雕两种。捏雕先捏塑各种造型，后入窑焙烧，制作脊兽、套兽、宝瓶等多用此法；刻雕在土窑绵砖上用刀雕刻，建筑物中的墙饰、台阶等多用此法。刻雕的工艺包括打磨、构图、雕刻、细磨、过水、编号、拼接安装、修饰等八道程序，制作工具有折尺、锯子、刨子、铲、錾、刻刀等，其中铲、錾和刻刀又随工艺要求分轻重、大小、长短、刃口宽窄薄厚数种。其雕刻技法主要有阴线刻、凹面线刻、凸面线刻、浅浮雕、高浮雕、镂空式透雕等种类。

二 民间艺术

（一）皮影

1. 环县道情皮影

环县隶属甘肃庆阳市，地处陕甘宁三省交界，既是中国农耕文化的发祥地之一，又是古老的青秦陇文化和周边族群文化相互碰撞融合之地，特殊的地理位置和深厚的文化底蕴，孕育了"环县道情皮影"这土生土长的民间艺术。

环县道情皮影是中国影戏中重要的一支，是"借灯传影配声以演故事"的民间戏曲，故称"影子戏""灯影戏"，俗称"小戏"或"老道情"，相传产生于宋代[①]。据史料记载，我国"素纸雕簇"始于汉代，至隋唐随着佛教变文的兴起，逐渐发展为较为完备的皮影，北宋初"绘革社"出现，皮影在民间广为流传。道情源于古代道教音乐，其中"俗曲道情"诞生于唐，兴盛于宋，并以歌曲和说唱形式在社会上广为流传。环县道情皮影是道情和皮影相互结合的产物，它在千百年的演变中，广采博纳，吸取了陕西道情皮影和本

---

① 康秀林：《环县道情皮影志》，甘肃文化出版社2006年版，第70—93页。

地民歌、小曲的营养，融合了内蒙古、宁夏、陕北等地的民歌、民乐、说书等艺术形式，以历史故事、民间传说、乡土风情、宗教民俗等剧目为表演内容，借鉴戏曲的叙述方式和演出方法，成为当地人民倾诉感情、丰富文化生活和承担祭神、过关、还愿等民俗活动的综合性民间艺术。

环县道情皮影戏以环县为中心，延伸至周边的华池、庆城县和宁夏盐池县、陕西定边县等在内的分布格局，形成各民族团结、融合和共同繁荣的象征，也成为黄河流域、黄土高原上具有一定规模的原生态艺术群体。

2. 甘谷皮影

亦称影戏、驴皮影、灯影戏、土影戏，是民间艺人用压平的干牛皮或兽皮、纸板雕镂出的各种戏剧人物形象，身高仅半尺。演出时，先挂起一块白布，幕后点起灯，在光亮里，艺人手拿细棍，轻轻挑起皮影小演员，在灯光里准确甩动，这样，在幕布另一面，人们在夜间就会看到白布上小小演员在戏剧音乐伴奏声中提袍甩袖、武打翻滚、吹髯抖须、腾云驾雾、上天入地……具有强烈的艺术感染力。

甘谷皮影戏盛行于明清，唱词和唱腔以秦腔为主。甘谷皮影传统雕刻技法和过程，艺人归纳为顺口溜："先刻头帽后刻脸，再刻眉眼鼻子尖。服装发须一身全，最后整装把身安。刻成以后再上色，整个制作就算完。"

甘谷皮影造型朴拙，纹样夸张，刀法流畅，独具特色，既吸收了陕西灯影简练大方的特点，又兼融陇东影子线条的流畅饱满，具有浓厚的乡土气息。甘谷皮影多用于戏剧演出，以演出古老传统秦腔剧目为主，而尤以折子戏居多。演出时，工作人员少则五六人，多则十余人，吹拉弹唱，每人身兼数职，显示出一派和谐、欢快的景象。每逢民间传统节日，甘谷皮影演员总会走乡串村，活跃于乡村庙宇舞台，小小舞台一时情趣盎然。一首谐趣诗对皮影艺术的审美特征作了准确的释解："一口叙说千古事，双手对舞百万兵。有口无口口代口，是人非人人舞人。"

3. 陇东皮影

陇东皮影又叫灯影子、牛皮娃娃，它是舞台演出的用具，同时也是一种民间工艺品。旧时，陇东皮影戏是以食用的清油（植物油）为燃料的灯光照射牛皮做成的人物剪影为傀儡的一种民间影子戏。白天有太阳的时候也可演出，称为热影子戏。

陇东皮影的刻制原料十分讲究，要求以小口齿青槽期的黑毛公牛皮为佳，皮板薄厚适中，质坚而柔。在整个的制作工艺上，无论是选皮、刮皮、拓样、针稿、簇刻、着色、出汗、砖熨等各道工序都毫不马虎。陇东皮影雕刻艺人世代相传，雕刻刀法也非常讲究，有走刀、推皮、打眼、"扣碗碗"等，以先繁后简、先内后外的顺序雕刻。

早期陇东皮影只有 20 厘米左右高，纹样和色彩简单概括，往后发展，皮影高一尺左右，着色以黑、红、黄、绿为主。其整体造型是头大身小（5∶1），身段上窄下宽，手臂过膝，全身头、胸、手、腿等部分用牛筋绞连，身上的若干关节，根据动作需要，用三、五根毛竹操纵，通过灯光投影，影人在影幕上便表演出各种动作。清末，陇东皮影出现了带有复杂图案构成的大片布景，如"花果山""金銮殿"，称之为"大片"，尺寸为 220—250 厘米，中片亦有 100 厘米。

（二）兰州太平鼓

兰州太平鼓是一种具有 600 多年历史的汉族鼓舞，主要流传于甘肃省兰州、皋兰、永登、酒泉、张掖、靖远等地。太平鼓作为兰州地区城乡人民喜爱的汉族民间表演形式之一，含有庆贺新年太平之意。每逢大的庆典活动，太平鼓表演都是整个活动的高潮部分，那铿锵有力的鼓点，显示了黄河之滨人民的英雄气魄，其风格独特，具有浓厚的西北特色和艺术魅力。甘肃兰州太平鼓舞已有六百余年的历史，素有"天下第一鼓"之称。2006 年 5 月 20 日，兰州太平鼓经国务院批准列入第一批国家级非物质文化遗产名录。

兰州太平鼓是世界独有的民间鼓舞文化艺术，木质鼓身彩绘龙狮，牛皮鼓面皆绘太极，鼓身重数十斤不等。鼓者几十乃至几百，阵容雄浑，旌旗指挥，锣钹击节，鼓身飞扬，起落有序，表演时左手扣环，驾驭鼓身，右手持鞭击打鼓面，身法刚健多变，节奏时缓时骤，鼓阵开阔进退，鼓声雄浑激越，充盈天地，气势磅礴，奇伟壮阔，神似黄河排浪百折不挠，势如万马奔腾惊心动魄，声同春雷阵阵，山河滚滚，方圆十数里皆闻。太平鼓的历史可以追溯到遥远的过去。兰州市博物馆收藏着兰州乐山坪出土的新石器时代马家窑文化彩陶鼓，史学界称它为鼓的"鼻祖"。

（三）秦安小曲

秦安小曲，又叫秦安老调，主要流传于秦安、清水、甘谷等县的部分乡镇。与西北大部分地方的传统戏剧和曲艺有所区别的是，秦安小曲摆脱了秦腔、道情、曲子戏等戏剧粗犷、高亢、激越和鼓子、说唱、弹唱等小曲小调的悲壮、苍凉、哀情，更多地表现了一种类似江南小调的纤巧、清甜、缠绵、低回的韵味。其跌宕起伏的旋律、悠长宽广的音韵、细腻圆润的唱腔、雅致婉转的调式和宜大宜小、亦庄亦谐的情节及演唱方式别具一格。

秦安小曲采用秦安当地的方言演唱，表演形式或为一人自弹中三弦自唱；或为二人分持三弦与摔子（铜质碰铃）对唱；或多人分持三弦、摔子、四片瓦等轮唱。唱腔属曲牌连缀体式，分为"大调"和"小调"，常用的曲牌有"越调""越尾""穿字越调""四六越调""十里亭""满江红"等40多个。曲调高古而通俗，旋律简洁而丰富，唱法柔媚而雅致。传统曲目除了相传由该曲种的首创者秦安人胡缵宗采用"四六越调"所作的《玉腕托帕》，还有清代嘉庆年间秦安人张思诚所作之《小登科》《昭君和番》《重台赠钗》，以及民国以来广泛传唱的《伯牙抚琴》《王祥卧冰》《状元祭塔》《百宝箱》等。

（四）兰州鼓子

兰州鼓子是形成并主要流行于甘肃兰州地区，用兰州方音表演的曲艺形式，相传甘肃农村流传的以唱"打枣歌"和"切调"为主的"送秧歌"形式流入兰州后以清唱方式表演，而形成兰州鼓子，是在清代中晚期。清末民初兰州鼓子又受到北京传来的"单弦八角鼓"和陕西传来的"迷胡子"（眉户）等的影响，艺术上进一步定型。其表演形式为多人分持三弦、扬琴、琵琶、月琴、胡琴、箫、笛等坐唱，走上高台后由一人自击小月鼓站唱，另有多人用三弦、扬琴、琵琶、月琴、胡琴等伴奏。兰州鼓子唱腔的音乐结构属于曲牌联套体，常用的唱腔曲牌有《坡儿下》《罗江怨》《边关调》等40余支。长期以来，兰州鼓子主要由业余爱好者演唱，职业艺人很少，王义道、曹月儒、唐江湖、马东把式、张国良、卢应魁等是早期比较有名的兰州鼓子唱家。其传统节目内容极为广泛，既有历史故事和民间传说题材的中长篇，也有咏赞景物和喜庆祝颂的短段。广受听众欢迎的节目有"闺情曲"和"英雄曲"两类，前者如《别后心伤》《拷红》《莺莺饯行》《独占花魁》等，后者如《武松打虎》《林冲夜奔》《延庆打擂》等，也有一些反映消极出世思想的作品，以《红尘参透》《渔樵问答》等最为典型。20世纪40年代中期，热心兰州鼓子的爱好者李海舟（1907—1983）组织了"南山学会鼓子研究会"，调查保存了不少兰州鼓子的艺术资料。中华人民共和国成立后，兰州鼓子开始走上高台，出现了一些新节目，代表性的有《杨子荣降虎》《夺取杉岚站》《劫刑车》《韩英见娘》等，知名演员有段树堂、王子英、张麟玉、王雅录等。长期以来，兰州鼓子的发展处于自流状态。

（五）"花儿"

"花儿"由于流行地区的不同，被分为临夏"花儿"和洮岷"花儿"两大派，两派又根据其结构、格调、唱法的不同分为诸多分支派。临夏"花儿"流行范围广泛，有河州花儿和莲花山花儿之分。洮岷"花儿"，是以临潭、岷县花儿为代表，但不像临夏花儿的结构严谨，句法结构也比临夏花儿单调。"花儿"会是各地歌手进行艺术交流、畅抒心怀的舞台。

第四节　甘肃民族节日

一　藏族

（一）藏历新年

藏历年，藏语为“洛萨尔”，是藏族人民的盛大传统节日，在黄河流域流行于青海、甘肃藏民区。藏历年的形成，与藏历的使用密切相关。公元前一百多年，藏民已有简单历法，即“本教历法”。唐代文成公主进藏，带入许多关于天文历算的书籍，使藏历进一步完善。从宋仁宗天圣五年（1027 年）起，藏历与皇历（即阴历）逐步统一，到八思巴的萨迦王朝统治全藏时，藏历完全成熟，过年时间也随之固定下来，大多数地区是在藏历正月初一过年。

为欢度新年，往往从十二月起，藏族人民便开始购置年货，在水盆中浸泡青稞种子，育青苗，酿制青稞酒。接近年底，又把白面以水和酥油揉和，油炸馃子，藏语传统称之为“卡塞”。“卡塞”种类繁多，有耳朵状的“苦过”、长条状的“那夏”、勺子形的“宾多”、圆盘状的“不鲁”，此外还有三叉、四叉的长油果，五叉的“霞岔”及馄锅、圈圈、酸奶丸子、手抓羊肉、酥油茶、糌粑等节日食品。每家还要准备一个单斗或双斗的“琪玛”，斗内盛满酥油拌成的糌粑、炒麦粒、炒蚕豆、人参果、白糖等食品，上面插上青稞穗和麦苗及酥油制作的彩花板。这些丰盛的食品，既标志着过去一年的收成，又寓意着在新的一年里风调雨顺，农牧业齐获丰收。

除夕前几天，各家各户纷纷开始大扫除，摆上新长垫，贴上新年画，里外焕然一新。藏族同胞还有于新年在屋内或帐篷内、大门口绘一些图案的习俗。除夕前一日晚饭前，要在灶房正中墙上用干面粉撒一个吉祥徽，在大门口用石灰粉画上象征吉祥、永恒的雍仲（“卍”）号，在房梁上画很多白点，表示人寿粮丰。还有的是在帐篷或屋内外画上太阳、月亮、吉祥结、海螺、宝贝等吉祥事物，以求吉祥和增添喜庆之气氛，或用白灰和糌粑粉在帐篷内及屋内绘些奶桶、牛、马、羊、鞍、麦穗等物，以祈农牧业丰收。

这日晚上，各家都吃以糌粑、蕨麻、原根、大米、小麦、豌豆、核桃仁和羊油等九种食物做成的九宝饭或面团土粑，藏语称之为"格突"。这时一顿团圆饭，全家围坐欢聚，饭内专放有面制的太阳、月亮、牛鼻圈、拴马桩、帽子、茶壶、木炭、团肉、骨头或辣椒、石子、羊毛等，每一种东西均寓有一定意义，象征来年某人的某种情况。或指全年各方面均吉利，或指做某事吉利而做某事不易等。如吃到石子，预示未来一年他心肠硬，木炭预示心里黑，辣椒表示嘴如刀，羊毛表示心肠软。吃到这类东西的人，都要即席吐出，家人则针对性地评论或取笑一番。

按传统习惯，年饭每人要吃九碗，每次不能吃完，要将残汤剩饭倒在一个盆里。吃完饭后，再端上这盆，打着火把，到各个房间转悠，俗称"赶鬼"。此外，家家房顶上都燃起象征吉祥的松脂，门窗都挂上"祥布"，桌柜上都陈列满各式点心和"琪玛"，并在其上方悬挂松赞干布和文成公主画像或神佛画像，以示崇仰。

除夕，藏族人民还有在家具、住地四周、花园、畜圈墙上和屋檐上摆列冰块之风俗，象征着给降临的众神献上净水。《循化志》也记载藏族人民除夕风俗："过年，取河冰列墙上，块块相接。除夜，于房中烧香念经，其父母已故者叩首哭泣，乃团坐食茶而睡。"

藏历新年中，祭神是青海、甘肃藏民起床后的头一件事。不等天亮，藏族人民便纷纷去"拉则"煨桑祭神，即在凌晨时分，登上距村较近的山顶上，将香、表、桑切（藏语，指柏叶、柏香青、酥油、糌粑等物）煨起，然后举行祈求天马送福禄的民俗活动，称"放禄马"。禄马多是印在黄白色方纸上的，中刻一匹飞马，四周篆署八卦符号。放禄马时，将禄马印纸置于帽顶，双手托起，迎风撒向空际。藏俗以第一个去"拉则"煨桑为荣，一旦山顶上火光闪烁，桑烟滚滚升起，四方之人都可以看见。同时，第一个煨桑者还要吹响白色的吉祥海螺，燃放鞭炮。不一会儿，远近山顶都有桑烟升起，先来者煨好桑后，后来者不再另外煨桑，只是在先来者留下的煨堆上添加"桑切"，焚香献酒，跪拜祈祷。

在青海、甘肃有的藏族地区，还有垒桑炉之俗。桑炉或在院中央，或在屋顶依山处。新年黎明，各家都点燃桑炉，桑烟在晨曦中四处弥漫，远山近野，高楼低屋，都浸沐在或浓或淡的桑烟里，大大增添了新年的喜庆气氛。

祭神完毕，紧接着就是拜年，各家都先在家内举行拜年仪式。一般程序是，男女老少先给神佛敬献哈达，然后小辈手捧"琪玛"和青稞酒，先给长辈献"琪玛"、敬青稞酒拜年。"琪玛"象征着吉祥，五谷丰登和牛羊兴旺。长者先从"琪玛"中取些糌粑向上弹三弹，或三口，或三杯，或一口一杯喝了敬酒，祝以"扎西德勒"（吉祥如意），小辈则回敬"扎西德勒彭松错"（吉祥如意，功德圆满）。平辈人之间，或弟拜兄，妹拜姐，或互相祝贺节日吉祥。仪式完后，都食酥油熟人参果，互敬青稞酒，共进早饭。

早饭后，各家都有人到村里最年长者和辈分最高者家中拜年，有些人还讲究到寺院拜佛，向大喇嘛叩首，以求新年中平安吉祥。有些病人甚至以身贴地，围绕佛寺爬行一两周，希望能借以佛力消除病魔，恢复健康。

在青海、甘肃的藏区中，大年初一有许多禁忌，如禁止扫地，禁止挑水或背水。这些地区还流行以牛羊占卜的习俗，称"出新"。即清晨成年男子一起床，就往羊圈或牛圈跑，去看牛羊的卧向，牛羊头冲着何方，则意味着何方吉祥。于是人们给牛、马、骡的头上、身上全拴上三色或五色花布，驱赶着向吉祥方向走上一遭，则意味着来年一年吉祥。

（二）酥油灯花会

藏历正月十五日，是青海、甘肃等地藏族传统的"酥油灯花会"，该会藏语为"美多却杰"，意为"供花节"。因此节日所供之花主要用酥油为原料，且有灿烂灯火，故称为"酥油灯花会"。

酥油灯花会是藏族新年"默朗钦茂"（汉译为"祈愿大发会"

或"传大召")的重要组成部分。它与祈愿大法会同形成于15世纪初叶。1407年藏传佛教大师、格鲁派创始人宗喀巴为敦促藏传佛教诸教派共同振兴佛法，严守戒律，与阐化王扎巴坚赞协商于元月举行祈愿大法会。1408年年底，一切准备事项就绪，诸教派僧人一万余名，俗家信徒数万名集于拉萨。法会于1409年正月初一至十五日举行，宗喀巴率领僧俗信徒诵祷佛经、发愿文以及进行其他佛事活动。正月十五日为佛祖释迦牟尼示现神变降服妖魔日，这一日，宗喀巴为纪念佛祖举行了"举阿曲巴"（即后人所谓的"元宵会""花灯会""酥油灯会""灯会"等），在拉萨大昭寺周围的八廊街上，摆满用酥油添彩塑造的佛像、护法神、度母、菩萨神像及各色人物、花卉鸟兽塑像，惟妙惟肖，玲珑剔透，四处灯火，彻夜通明，观酥油花灯者通宵达旦熙熙攘攘。从此，随着格鲁派的兴盛，酥油花灯会也广泛流传，成为格鲁派寺院共行的传统灯会，并且世代相衍，深入民间，成为全部藏族人民的盛大节日。

今天，酥油灯花会仍是正月大法会的重要组成部分，仍是以寺院为中心而展开的僧俗同庆的欢乐节日。正月十三日起，随着"却处曼兰"（即正月祈愿大法会或神变祈祷大法会）步入高潮，酥油灯花会也拉开了帷幔。这天上午9时左右，藏族六大佛寺之一的甘肃拉卜楞寺要举行"晒佛"仪式，仪式在晒佛台举行。佛像长约30米、宽约20米，是用高级绸缎剪堆而成的释迦牟尼、无量光佛及弥勒佛像，每年依次展示一幅。另一个藏族六大佛寺之一的青海塔尔寺是正月十五举行晒佛仪式，佛像长约50米、宽约30米，有狮子吼佛、释迦佛、宗喀巴和金刚萨埵佛像，也是每年依次展示一种。晒佛仪式极为隆重，太阳东升，到了特定时刻，佛像便在虔诚庄严的诵经声中被徐徐展开，接受阳光的沐浴和僧俗信仰者的瞻仰。在太阳的照耀下，巨大的佛像闪烁着彩色的光芒，身着紫红色袈裟的老少僧人，口颂佛经，在佛像前顶礼膜拜；而男女信徒也整装敬礼，瞻仰佛容，衷心祈祷。晒佛后，由总法台率仪仗队及僧众巡礼寺院一周，诵经沐浴后结束。

从正月十四日起，各地藏族人民全赴所在地寺院烧香还愿。到塔尔寺和拉卜楞寺的善男信女更是成千上万，络绎不绝，除本地区信徒外，还有的来自西藏和内蒙古，甚至有的风尘仆仆，不畏艰难，一步一叩而来，抱着极其崇敬的心情来观瞻这些名刹古寺供养的佛、法、僧三宝。本来就很洁静的寺庙，为迎接四面八方的朝拜者，这几日更是装饰一新，一尘不染，香烟缭绕，处处显示着佛界的超脱与非凡气象。

十四日，各寺院均举行法王舞。法王舞也叫"跳神""跳布扎"，它原本是西藏土风舞。佛教在西藏传播的过程中，根据需要，选择了土风舞中的拟兽舞、法器舞和面具舞，注入佛教内容，改造成一种驱祟逐邪、降鬼伏魔、祈求平安的寺庙宗教舞蹈。舞蹈者都由喇嘛担任，多达数十上百人，均戴跳神面具，穿着跳神外衣，按跳神谱扮成金刚力士、牛鹿之神、护法神、阎王、凶神、财神、骷髅诸角色。法王舞共有360种之多，每种舞蹈均有特定的宗教内容和象征意义，表演时，舞蹈者在鼓钹、长号、唢呐等乐器的伴奏下，跳出种种舞蹈。舞蹈者狰狞的面具和威严的动作，在观众心理上造成强烈的震撼，随着危害佛法和佛教徒的妖魔鬼怪被降服驱逐，法王舞达到高潮，诸神列队登场舞蹈，向观众表示，将继续为护卫佛法勇敢战斗，为芸芸众生谋取利益。

十五日便是酥油灯花会，藏区各寺庙都向佛献上各种酥油艺术造型及大量酥油灯、供灯等。在黄河流域，青海塔尔寺的酥油灯花会最负盛名。酥油是从牛奶、羊奶中提炼出来的脂肪，松软易熔化，酥油花只能在冬季且冷冻后制作。塔尔寺有一大批心灵手巧的艺术家，一进入冬季，他们就用晶莹洁白、细腻松软的上等酥油调上各种矿物颜料，塑造出一个个巧夺天工的艺术形象。酥油花，又名酥油塑，它同堆绣和壁画一起，被誉为塔尔寺艺术的"三绝"。

酥油花的创作题材十分广泛，山水花草、飞禽走兽、佛教故事、人间生活、神话传说等，都是它表现的对象，尤以故事为题材的酥油群塑驰名，如释迦牟尼生平、文成公主进藏、西游记等。

正月十五日晚上，身着盛装，面带春风，来塔尔寺参加酥油灯花会的人络绎不绝。在朦胧的月光下和灯火闪烁中，那争奇斗艳的花草树木，千奇百态的珍禽异兽，小巧玲珑的亭台楼阁，栩栩如生的历史人物和佛教人物五彩纷呈，与金碧辉煌的殿堂交相辉映。嫦娥奔月、天仙配、孙悟空三打白骨精等汉族神话故事个个形态逼真，吸引着大批藏族人民。其中最令人叫绝的是文成公主进藏故事群塑，以唐代长安大明宫，唐蕃古道和拉萨大昭寺为背景，塑造了两百多个人物，上百匹骏马以及宫殿宝宇，山水风光，再现了这位公主从长安启程，历经千山万水，克服凶险困难，到达拉萨的藏汉联姻的宏大历史场面，游人观此，禁不住赞叹不已，既从欣赏中得到充分的艺术享受，又从艺术享受中使思想得到升华。

酥油灯花会期间，各寺庙还要举行其他文艺活动，如高跷会、演藏戏等，藏族人民扶老携幼，前往观赏，并且通宵达旦、载歌载舞，欢庆佳节。

（三）香浪节

香浪节，是藏语安多方言的译音，亦译为"响浪节"。最初之意就是人们背着经书在一个地方转，祈求神灵保佑。后衍变为甘肃省甘南藏族自治州的传统娱乐性节日，时间为农历六月四日至十七日之间。这时正是牧草丰茂、牛羊肥壮、山花遍野的夏季。

每年一到这个时间，广大藏民准备好油果、炒面、牛羊肉等食品，举家携带帐篷、炊具，骑上骏马，云集在如茵的草原和山坡密林中，扎下帐篷，备下香茶、美酒，互相拜访、请客，迎来送往，庆贺节日，充分领略大自然的无限情趣，过几日轻松愉快的野外生活。

节日期间，矫健的骑手们骑着披红挂绿的骏马、牦牛，由四面八方陆续赶来，参加赛马、赛牦牛、射箭和"大象拔河"等娱乐活动。活动开始前，各家喝过吉祥酒和奶茶，吃罢手抓羊肉或蕨麻米饭，集中到开阔地上，推选出一个最有威望和最有组织能力的人来担任总指挥，举行各种活动。

节日期间，还有多场文艺活动。在乐器的伴奏下，男歌手竞相上场，手握一瓶扎着红绸或羊毛的酒，绕场高唱祝酒歌，歌词内容主要是唱赞"扎西"（吉祥）。一名歌手唱完后，将酒瓶传给下一位要上场的歌手，谁接着酒瓶，谁上场唱歌。当场上的气氛达到高潮，男女青年便围成一圈，一人领唱众人和，边歌边舞，顿地为节，依词和步，跳起藏族民间最欢快热烈的"锅庄舞"。在一些地方，香浪节期间还演出藏戏，使节日内容更加丰富多彩。

（四）雪顿节

雪顿节是藏族传统节日，流行于青海、甘肃及西藏等地藏民间，从藏历七月初一开始，持续五天左右。在藏语中，"雪"意为"酸奶"，"顿"意为"宴"；"雪顿"意为"酸奶宴"，即吃酸奶的日子，故雪顿节又被称为"酸奶节"。雪顿节原是百姓为六月间修行闭斋的僧人们的施舍日子，后来逐渐演变为以藏戏为主的节日，故也有人称此为"藏戏节"。

雪顿节起源于数百年前喇嘛教的一种纯宗教活动。15世纪后，格鲁派在黄教中势力雄厚，地位最高，人数最多。他们认为，每年6月15日至7月30日，是原野中各种小虫最繁多、活跃的时期。为表示慈悲，弘扬佛法，保护生灵，因而规定这段期间为禁期，所有喇嘛只准在本寺院内潜心研读佛经，不许外出活动，以免踏死小虫。到7月30日由达赖喇嘛宣布解除禁令，喇嘛方能出寺。

禁期之内喇嘛的生活比较清苦。为感谢喇嘛的善举，祝贺学业上的进步，每当禁令解除，喇嘛出寺下山后，虔诚、善良的藏民都取出上等酸奶子来敬献、款待喇嘛。喇嘛们除参加酸奶家宴外，还尽情游乐几日，久而久之，便形成了节日。

17世纪中叶，清朝正式册封了达赖五世和班禅四世，赐予金册、金印，使藏区"政教合一"制度更为加强。从此，"雪顿节"活动的内容更为丰富，并开始演出藏戏。虽然当时宗教活动与娱乐活动相结合，但其范围却局限于寺庙之内，因此它主要是寺庙喇嘛的节日，尤以达赖喇嘛所在的哲蚌寺为盛，故又称之为"哲蚌雪顿节"。

后来，达赖五世由哲蚌寺移居布达拉宫，每年雪顿节，各地藏戏班子均是先在哲蚌寺演出，次日再到布达拉宫为达赖演出。

18世纪中叶，即达赖七世时，罗布林卡建成，成为达赖喇嘛的夏宫，每年4—9月，达赖喇嘛在这里处理政务，举行庆典。因此雪顿节活动又从布达拉宫移到罗布林卡，并开始允许拉萨及其附近的藏民入园观戏。从此，雪顿节不仅由僧侣的节日成为全部藏民的节日，而且逐渐成为以演藏戏为主要内容的节日，这也是此节为"藏戏节"的由来。

在青海、甘肃等地，"藏戏节"也是多在寺庙举行，每到此节，藏族男女老少，均赴寺院欣赏藏戏。藏戏内容大多以宣扬佛教教义为主，如《赤美更敦》《顿月顿珠》《诺桑王子》等，都是劝人向善、惩罚邪恶之类，藏族人民非常喜欢，看得如醉如痴。另外也有歌颂男女纯洁爱情的题材，也深受藏民欢迎。

近几十年来，雪顿节的内容更为丰富多彩。藏族人民身着节日盛装，除观赏藏戏会演外，还在树荫下搭起帐篷，在草地上铺上长垫、地毯，摆上果酒、菜肴，边饮边谈，唱歌跳舞。商业部门也搭棚设摊，供应各种货物。下午，各家互串帷幕做客，热情好客的主人唱不同曲调的祝酒歌让客人喝个痛快。直到夜深，各家才回家休息，精力旺盛的年轻人，有时载歌载舞，通宵达旦。

（五）望果节

望果节是藏族人民预祝丰收的一个节日，也叫作"旺果节"，于每年秋收之前选择吉日举行，为期一至三天。"望果"是藏语的音译，"望"，藏语的意思是田地，"果"的意思转圈，"望果"就是转地头、转田地。该节流行于青海藏族农业区。

望果节源远流长，相传开始于西藏本教的兴盛时期，至今已有一千五百年的历史，最早流行于雅鲁藏布江中下游河谷地带，据《本教历算法》等资料记载，早在公元前5世纪时，此地已开始兴修水利，使用木犁耕地，为了保农粮丰收，藏王布德贡杰向本教教主请求良方。教主根据本教教义，指示农人们绕田地转圈，以祈求"天"来保佑农作物的丰收，这就是"望果"。当时的望果不是正式节日，只是收割前的一种祈愿活动。

这种活动的具体方式一般以村落为单位，全体村民列队绕本村土地转圈游行，队伍最前面由捧着炷香和高举幡杆的人引路，一段距离后是由本教巫师举着"达达"（绕着哈达的木棒）和羊右腿带队，意为收地气、求丰收，后面跟着手举青稞穗和麦穗的村民。绕完圈后，虔诚的村民们把谷物穗各自带回家中，把一些供在神龛上，把一些放入粮仓中，预示着粮食满仓。祈愿活动结束后，人们在第二天还要举行娱乐活动，进行角力、斗剑、耍梭镖等竞技比赛。

以本教教义指导的望果活动，一直沿传了一千多年。

公元8世纪后期，喇嘛教宁玛派占据了主导地位，将其教派的习俗贯穿到各项祭祀活动和社会活动中，望果节也带有了该教派的色彩。从此在举行望果活动中，还有念咒使符的仪式，以此来助佑丰收。

14世纪，喇嘛教黄教创始人宗喀巴经过对西藏各教派的大力整顿，确立了以黄教为主的绝对地位，其佛教教义对西藏的节日习俗发生了深刻影响，"望果"活动带上了浓厚的格鲁派色彩。从此，在游行队伍前，要举佛像，诵经文，人们回家后，要把青稞和麦穗供在佛像前，以求佛祖庇佑农业丰收。此时，望果日成为传统节日，望果仪式完成后，人们还要进行一至三天的娱乐活动。

现在，望果节的内容愈加丰富，每年秋收前，一村或数村的村民们选一吉日，大家高擎彩旗，抬着用青稞、麦穗等农作物搭成的"丰收塔"，敲锣打鼓，兴高采烈地围绕田间地头转一圈，之后，选场地进行角力、斗剑、耍梭镖、歌舞等活动，一村或几村乡民在一起还要进行赛马、射箭比赛，并请文艺团体来村唱藏戏。附近藏民们身着盛装，前往观赏参加各种娱乐活动。

二 回族

(一) 圣纪节

圣纪节，亦称"圣纪"，是伊斯兰教三大节日之一，也是黄河流域所有穆斯林的重大节日。圣纪节在伊斯兰教教历三月十二日。伊斯兰教以该日为创始人穆罕默德诞生纪念日。相传穆罕默德于伊斯兰教历十一年（公元632年）三月十二日逝世，故又称该日为"圣忌""圣忌节"。中国穆斯林习惯把"圣纪"与"圣忌"合并纪念，俗称办"圣会"。"圣会"皆由各地清真寺筹办和主持。

届时，诸清真寺张灯结彩，还在大门处扎牌坊，挂彩旗，整个清真寺面貌一新，处处洋溢着节日的祥和气氛。穆斯林都穿着节日的盛装，由各家汇聚于寺，恭听阿訇诵祷经文，赞颂圣祖穆罕默德的丰功伟绩。

这一日，有的清真寺还炸油香，宰牛烹羊，设宴聚餐，与赴会的穆斯林共度节日。有的清真寺则是把牛、羊肉均分成若干份，凡来参加纪念活动的穆斯林，每户赠一份，让在家的穆斯林也分享节日的欢乐。

在部分地区，这日穆斯林在家也宴请客人，宴请阿訇来家诵经，以示"崇功执德"之意，庆贺佳节。

(二) 开斋节

开斋节，是阿拉伯语"尔德·菲图尔"的意译。中国穆斯林俗称开斋节，甘肃、青海等地的回族、东乡族、保安族、撒拉族等又称之为"大尔德"，宁夏山区的穆斯林又称之为"小尔德"，是伊斯兰教三大节日之一，也是黄河流域各族信奉伊斯兰教人民的重大节日。

公元623年，伊斯兰教创始人穆罕默德规定，每逢伊斯兰教历九月，健康的成年穆斯林均当斋戒一个月，即称"斋月"。一月内，每天自日出到日落，禁绝饮食，当夜色笼罩大地后，方可进食。目的是为培养穆斯林的坚强意志、廉洁的操行、守法的精神和忍耐痛苦的品格。养成宽厚仁慈、互助互爱的品行，同时还可预防和治疗慢性病。斋月期满这一天，正是伊斯兰教历十月一日，因此这一天便成了开斋节。如斋月最后一天未见新月，则继续斋戒，开斋节一般顺延不超过三天。

据伊斯兰教经典记载，伊斯兰教初创时，穆罕默德在斋月满时，洗浴罢，身着洁净的服装，率穆斯林步行到郊外旷野举行会礼，散发"菲图尔钱"（开斋捐），表示赎罪，以后相沿成俗。开斋节前，每个家庭成员都要向穷人发放"开斋捐"，打扫或粉刷房屋，并把清真寺装饰一新。同时各家纷纷准备节日食品，炸"油香"，做"馓子"，宰羊宰鸡等。

开斋节，穆斯林均早起，全身沐浴，换上盛装，手持经香，聚集到清真寺参加会礼。之后，大家先向阿訇道安，接着互道"色俩目"（阿拉伯文音译，原意为"和平""平安""安宁"）。会礼结束后，或由阿訇率领集体扫墓，或各家各户单独上坟，为死者祈祷，在墓碑的碑文上描红，把字迹填清楚，整墓培土。

开斋节盛行拜节之俗。亲友之间互相拜节，互赠油香、馓子等各种炸果，表示祝贺。年轻夫妇或未婚婿也要携带礼物，在节日期间赴岳父家拜节，有的地区，小辈均要去给长辈拜节。因此日是个喜庆的节日，许多青年还特地选定这个佳节举行婚礼。

（三）古尔邦节

古尔邦节，是阿拉伯语"尔德·古尔邦""尔德·艾祖哈"的音译。甘肃东乡族、保安族，青海撒拉族及其他地区回族又称之为"小尔德"，宁夏山区则称之为"大尔德"。因其原意为"献牲"，因而又意译为"献牲节"，还引申为"宰牲节""忠孝节"，是伊斯兰教三大节日之一，也是黄河流域各族穆斯林的重大节日，在伊斯兰教历十二月十日举行。

古尔邦节源于古代阿拉伯地区的一个动人传说。相传，"先知"易卜拉欣一天夜里梦见真主安拉，安拉启示他把儿子易司玛仪献祭，以表示对安拉的虔诚。当易卜拉欣遵命执行时，安拉遣天使牵一只羊赶至现场，命易卜拉欣以羊代替易司玛仪作为牺牲。从此古阿拉伯人形成每年宰牲献祭的风俗，伊斯兰教创立后，继承了这一风俗，并定十二月十日为"宰牲节"。

黄河流域是我国穆斯林的主要聚居地。为欢度古尔邦节，每年节前，穆斯林便把房屋打扫得干干静静，家家开始煎炸油香、馓子等各种节日食品，并准备好节日宰杀的牛、羊等牲畜。

古尔邦节拂晓，穆斯林便都起床沐浴、燃香，然后衣冠齐整地聚集到清真寺参加会礼。有的还要在去的途中诵经赞主，人到齐后，由阿訇或教长率领步入礼拜大殿，会礼开始时，先面向圣地麦加方向鞠躬、叩拜，再由阿訇宣讲"瓦尔兹"（教义），最后大家相互拜会，道"色俩目"。

会礼毕，还要举行宰牲仪式，凡家境好一些的都要宰一只羊，有的还宰牛或骆驼。所宰牲畜必须头角端正，肢窝完整、健壮没有任何缺陷。经挑选的若是幼畜，羊羔一般须满两岁，牛犊、骆驼羔一般须满三岁。宰牲时其主人必须在场，并由"阿訇"念"清真言"。所宰之肉分三分，一份自己家食用；一份馈赠亲友或招待客人；一份济贫施舍。所宰牛、羊等的血液、粪便以及食后的骨头等残渣余物均须深埋，不得随便乱丢。

宰牲典礼结束后，穆斯林们便开始携带油香等礼物拜访亲友，主人们按照传统的礼节，摆好丰盛的筵席，真诚地款待客人，大家同食羊肉、油果、馓子和瓜果等，宾主畅谈无间，身着盛装的男女青年尽情地在庭院中、广场上载歌载舞，沉浸在节日的欢乐之中。

三 土族、东乡族、撒拉族、保安族、裕固族

（一）花儿会

"花儿会"，也称"唱山会"，是黄河上游青海、甘肃、宁夏诸省区回族、土族、东乡族、保安族、裕固族等少数民族的传统娱乐节日。因以演唱"花儿"为主要内容，故得名。

受地理环境、文化传统等因素的制约，各地举行花儿的日期不

尽相同，有夏历正月十五、二月二、三月三、五月五、六月六、中秋节、重阳节几个日期。在各地区的花儿会中，以甘肃莲花山和青海五峰山花儿会规模最大，参加人数最多。这两处的花儿会皆于每年六月举行，会期五至六日。

花儿会已有两三百年的历史。关于其起源，各地说法不同，但都有一些美丽动人的传说。如甘肃和政松鸣岩花儿会，据说是为纪念一位仙女。传说在很久以前，一位年轻的猎手，在松鸣岩下看到一位山花般美貌的少女，坐在湍急的小溪边，唱着悠扬动人的山歌，年轻猎人听痴了，不觉弄出声响。少女发现了猎人，一边跑，一边唱，直向松鸣岩而去。年轻的猎人顺着歌声紧追不舍，由山脚一直追到山顶。当到了山顶，却听到歌声是从天上的彩云中传来的。猎人回村把所见所闻一说，还把听来的歌学唱了一遍，众人都被那优美的曲调陶醉了，推测那少女定是仙女，于是都唱开了那些歌。那歌越传越广，谁唱谁爱，被誉为"花儿"。人们还为那位仙女在松鸣岩修起一座庙，为纪念仙女，年年在这里举办花儿会。

"花儿"这种山歌也称"少年""山花儿""土花儿"。在男女对歌时，男方称女方为"花儿"，女方称男方为"少年"，由此得名。其曲调称"令"，有"尕连手令""好花儿令""柳柳姐令""红花姐令"等百余种，唱起来节奏明快、高亢激越、奔放自由，最适宜在旷野山冈唱。在黄河上游地区，几乎人人会唱，尤其到了夏季，山花烂漫，野草如茵，到处都是清脆悦耳的"花儿"声。

每年夏历六月初，在青海五峰山、甘肃莲花山等地都要举行一次盛大的"花儿会"，人们从各地纷纷赶来。如莲花山花儿会，每年从六月初一起，康乐、临洮、渭源、临潭、岷县、和政、卓尼等县的歌手穿着节日的盛装，手持彩伞、花扇，络绎不绝地从四面八方汇集而来，人数往往在十万人左右。

外地歌手来时，边走边唱，看到什么唱什么。沿途路经某一村时，本地歌手早已候在村口，以一条马莲绳拦住去路，与外地歌手对唱，直到本地歌手兴尽意满之时，方撤掉拦路绳，准予放行。

花儿会主要有游山对歌、夜歌、敬酒歌等多项活动。但歌手们差不多来齐时，正式对歌最先进入高潮。歌手们在草滩河边，林间山坡，溪畔桥头，一簇簇席地而坐，饮酒行令，自由对唱"花儿"，或一边游览山色，一边与相遇者对歌。对歌者往往一组组自由组合，每组有男有女，两组歌手初次相逢，对歌内容一般是先互相表达仰慕之情，接着询问双方彼此关心和有兴趣的事，包括生产、生活、人情风俗或重大新闻。不论什么内容，都能编为诗句，张口便唱。高水平的歌手还能把《三国演义》《水浒》《西游记》《封神演义》里的故事情节，编串成诗，娓娓唱来，称为"唱大传"。

在莲花山花儿会上，各地歌手从昼唱到夜，又从夜唱到昼，一直唱到六月初四黎明，开始成群结对地攀登莲花山。莲花山风景宜人，飞瀑流水，山花怒放，歌手赏心悦目，更是唱兴大发。从山底到山顶，单唱的，对唱的，合唱的，此起彼伏，彼伏此起，满山遍野全是花儿声。

散会前夕，各地歌手以家酿的青稞酒，相互敬酒唱歌告别，并热情邀请对方来家做客，全是以唱表心，以歌代言，即所谓"敬酒歌"。第二天起，歌手们相继离开莲花山，在王家沟门再次聚集，又纵情唱一夜，这即是"夜歌"。

六月初六，所有歌手又转到临洮县境内的紫松山，由当地歌手为他们中间的名家披红戴花，再次与他们对歌。直到夕阳落下，各地歌手才依依不舍地告别。那些在对歌中结下友情或种下爱情的男女青年，更是唱了一曲又一曲，难舍难分。

花儿会早先也是庙会，每逢其时，各地商人皆来摆摊设点，出售货物，也有人来朝山进香。今天，花儿会已和物资交流大会相结合，变得更加热闹兴旺。届时，会场上专搭有歌台，供歌手对唱比赛，参加人有老有幼，都尽情欢唱娱乐，以"花儿"表达对幸福生活的热爱以及对未来的追求。

（二）纳顿节

"纳顿"是土族语的音译，原意为娱乐、游戏，汉译为七月会、庄稼人会或庆丰收会，是居住在青海省民和县官亭、中川、甘沟一带及甘肃省的临夏、永靖、肃南、武威、永登等县市的土族人民为庆丰收而举行的娱乐节目，于每年农历七月十二日至九月十五日在周围二十几个大村庄轮流举行，每村会期为一天。

"纳顿"一般以村为单位举行，会期前，先在会场正西（或正北）方向扎一顶帐篷，将会上所用的面具、服饰、旗帜等准备齐全。清晨，人人身着节日盛装携带上蒸好的大菜饼和烟酒等物来到会场，向大会负责管理这些物品的人"献供"。

当某一村"纳顿"开始前，有迎接外村"会手"的仪式。具体过程是，由本村20—50个老人和青年组成本村"会手"，手擎彩旗、扇子在前面领队，其后为锣鼓队，其他本村青年手执柳条尾随最后。这三部分人组成欢迎队伍，随着锣鼓的节奏，边行边舞，到距村数百米外的地方迎接外村"会手"。两村会手相见后，各自起舞，来回旋转三遭，再由几位老者向外村"会手"敬酒致辞。然后两队会和一起，高呼"大好"，一同步入村内会场，向久候在场上的村民作精彩的表演。

"纳顿"就其艺术形式而言，是一种表现丰收喜悦的大型舞蹈，共由五部分组成。先是由老人、中青年人、儿童参加，多达上百人、数百人的集体"会手舞"，场面热烈，动作欢快，充分反映了喜获丰收的欢乐心情。接着表演戴着面具的传统哑舞剧《庄稼其》（意为种田人），该剧通过父教子种庄稼的过程，表现了土族人民"以农为本"的生产、生活情景。然后是表演三国故事《三将》和《五将》。最后表演原始粗犷的面具舞《杀虎将》。表演者身穿古式战袍，挥舞长剑，表演虎与牛、人与虎之间的激烈搏斗后，踩着猛烈急速的舞步出场，象征着已降服或格杀了凶猛的老虎。同时也以舞蹈形式再现了土族祖先在远古畜牧时期的狩猎生活和英雄事迹，歌颂了土族人民征服自然，不屈不挠的斗争精神。观众深受鼓舞，总是报以热烈的欢呼，剧后，大家一同宴饮，共度佳节。

"纳顿"期间，也是土族人民走亲访友的时间，走村串户，交换丰收的欢情，观看他村的表演，既是一种休息，又是一种享受。

第十章

甘肃黄河文化与建筑文化

生活在黄河流域的远古先民，于民智未开之时，只能营窟而居。阴暗潮湿，空气不畅，猛兽毒虫不时侵扰，人们受尽穴居之苦。传说有巢氏出，方教民架木为巢，原始人从穴居到地面定居，标志着人类进入建筑文明时代。黄河流域作为中华民族的发祥地，处处留下了体现古代人民智慧的建筑，其中甘肃的民居、窑洞与土房和砖构瓦屋更是悠久历史文化的见证，在黄河流域历史上发展进程中形成的建筑艺术和民居习俗文化也是黄河劳动人民智慧的结晶。黄河流域各地气候、地理等自然环境的差异，形成了不同的建筑特色。同时在长期的居民建筑、居住历史传承中，民间房屋的建造不仅在住宅布局、房屋结构、装饰、防护等方面达到了很高的技艺水平，而且在房屋分置、室内陈设、居住照明等方面也积淀了丰厚的文化习俗。此外，在民间，充满地方特色的建筑惯制和居住迁移习俗也世代流传，经久不衰。优美的自然景观与丰富的人文景观相得益彰，蕴含着多元的黄土民俗风情与黄河文化内涵。至今，我们仍能够循着这些居住文化习俗传承流变的轨迹，探索到它所深藏的文化底蕴。

第一节 各具特色的居住特征

黄河流域的居住特征是与其所处自然环境紧密联系的。这一带地形复杂，气候悬殊，冷热不一，因而出现了各种各样的居住方式。一般来说，山区以窑洞为主，选址和周边的自然巧妙地融合在一起，依山就势而建的各式窑洞，冬暖夏凉，古朴实用。平原多建房屋，少数民族地区以游牧生活为主，则世代以蒙古包、帐篷为居所。这些各具特色的住所交相辉映，构成了黄河流域居住的主要特色。

窑洞，是黄河流域西北黄土高原上的传统民居，甘肃村寨中紧依地势的窑洞，与地形充分结合，如同山体中自然长出的一样，完整地保持着与空间环境融合一致的生活方式，是黄河文化的完美体现，它较多地保存了先民"穴居"的习俗。从黄河考古发掘得知，氏族公社建筑遗址中出土的房屋几乎都是窑洞。《中华全国风俗志》中还记载有蒙古窑洞。可见少数民族穴居的习俗延续了很久。

窑洞的前身是"窟"，即挖地穴为土室，为冬季避寒所居。《礼记·礼运》曰："昔先王未有宫室，冬则居营窟。"孔颖达疏："地高则穴于地，地下则窟于地上，谓于地上累土而为窟。"黄河先民充分利用地形、地势、地物等天然条件，以挖"窑洞""地窨子"等形式来居住。

唐代窑洞已相当发达，山西柳林锄沟唐窑至今保存完好。宋时已有大型窑洞，据宋代郑刚中《西京道里记》说，当时武功窑洞已有数里长，中间可住千余户人家。中原及西北各地为黄土区域，很适合建造窑洞。窑洞广泛分布于黄河中上游的甘肃、山西、陕西、河南四省。河北中部和西部及内蒙古中部也有少量分布。据（甘肃）《重修灵台县志》载："城乡居民多倚崖掏穴，连壁接住。"窑洞的建造风格是不事雕饰，平淡朴素。

陇东的"地坑庄"与"地窨院"亦颇为相似。《重修镇原县志·十九卷》按语曰："所谓地坑庄者，以高原无山可倚，于地上挖一大坑，内修窑只，中砌水池，以防阴雨。远望不见人烟，及入其门，则鸡鸣犬吠，白叟黄童，几疑别有天地，非人间矣。"

陇东窑洞以平凉和庆阳地区为中心。其主要分布在平凉、合水、环县、宁县、灵台等地。其特点是拱顶做尖心券，上部重量直达壁体，没有坍塌危险，而且美观大方。前洞的前券高而跨度大，后券低而窄，构成前大后小的样式。这种构造方法主要为了便于窑洞深处采光和通风。而以延安、绥德、米脂、榆林等地为代表的陕北窑洞则为矩形房屋式样。因窗户较大，故洞内光线明亮。拱顶前后略成斜度，外观的券边和券顶全部用石块镶砌，坚固而整齐。尤其是券口，成半圆形，宽大开阔，木窗格状变化多。除了槛墙外，满洞口都做成花窗，其面积大大超过了所需的采光面积，成了陕北窑洞的一大特色。

由上可见，黄河流域的窑洞具有因地制宜的特点，各依其不同的土质、地形、材料而建造不同形式的窑洞，表现了黄河人民利用自然条件的智慧。

黄河流域另一类住宅是土房和构砖瓦屋，这是典型的上栋下宇式，有天棚、地板、四壁和固定的生活空间。

黄河流域的土房，可从周原出土的实物睹其形状。河南辉县发掘出战国时期的青铜器上，便有那个时期用夯土技术建筑的房屋。其后，夯土和用土坯建造房屋一直延续到秦汉时期。由敦煌壁画可知，隋唐的民间住宅均用夯土和土坯建筑。《文姬归汉图》及《清明上河图》则仍可看到宋代民间大部分建筑仍使用土墙甚至土方顶。直到明清，尚存土房实物，可见黄河流域土房历史的长久了。

此外，在陇西地区，有一种独特的民间住宅建筑，叫作"板屋"，也作"版屋"。顾名思义，板屋是用木板建造的房子。西周春秋时期，陇西一带是秦人部落和西戎民族活动的场所，当时，板屋这种民居形式已经出现且相当流行。我国第一部诗歌总集《诗经》的《秦风·小戎》篇中就有这样的句子："在其板屋，乱我心曲。"魏晋南北朝时期，陇西为氐人所居。氐人不论贵族还是平民，无论是房屋还是仓库，都采用板屋的建筑形式。正因为陇西的板屋极为普遍且特色鲜明，左思在其传世之作《三都赋》中写道："见在其板屋，则知秦野西戎之宅。"板屋已经成为陇西地区的一种象征。近年来，陇西人民大都改住砖瓦房，板屋越来越少。但是一提及陇西，不少人仍不免要想起《诗经》所云，产生思古之幽情。①

在甘肃省洮河、大夏河中上游康乐、广河等裕固族聚居地区，还流行一种九杆帐房。其外形呈圆锥状，既不同于圆形凸顶的蒙古包，也不同于方形的牛毛帐篷。它的建立，多用9根杆子做支架，故名"九杆帐房"。为了适应放牧生活的需求，设帐地点多选择在避风向阳、水草丰美之处。或许是受汉族风水思想影响之故，裕固族人对九杆帐房的朝向颇为讲究，多为坐北向南，也有坐东向西或坐西向东的，但帐房门绝对没有朝北开的，否则就会被认为不吉利。②

在甘南地区半耕半牧的藏民，大都有固定的居所——碉居。碉房是定居藏民的主要居住形式，多为平顶楼房，底层为牛马厩，第二层以上住人。甘南地区碉房均为土木结构，土打墙或泥土抹面，多为两层，墙体由下向上稍有收分，外墙面很少开窗，给人以坚实、浑厚、淳朴的感觉。甘南地区定居的藏民，户户住碉房，家家有院落。院落有单院、内外院、上下院、三进院等。内外院者，内院为生活院，外院为生产院；上下院者，上院为生活院，下院为辅助院。一座碉房，一般由居室、堂室、经堂、库房和低层的牛马厩组成。再从选址来看，藏民往往选择向阳山坡定居，因坡修建，灵活布局，从而创造出一个个富有自然野趣的藏族寨落山村。③

第二节　美观合理的住宅布局

黄河民居整体布局自然、灵活。以木构架为主土木房屋建筑体系在平面布局方面有一种简单的组织规律，即以"间"为单位构成单独的建筑，再以单座建筑组成平面，进而以庭院为单元，组成各

---

① 朱士光、吴宏岐：《黄河文化丛书·住行卷》，甘肃人民出版社2001年版，第68—69页。
② 朱士光、吴宏岐：《黄河文化丛书·住行卷》，甘肃人民出版社2001年版，第67—68页。
③ 朱士光、吴宏岐：《黄河文化丛书·住行卷》，甘肃人民出版社2001年版，第69—70页。

种形式的组群。通过各个单元建筑的平面整体的有机安排形成一个既美观又合理的布局。在庭院的布置上，主院紧凑，附属建筑宽广，且兼种花果树木，显得主次分明。民间住宅一般由院子、街门、附属设施组成。

从商周后期的宫室已可看到整然成行的柱网，证明当时已产生了"间"的概念。一座建筑除少数例外，一般均采用奇数。早在春秋时代的门寝建筑已采用这种方法。这种以"间"为单位划分建筑单元的方法，为后世的院落和规模巨大的组群建筑打下了基础。

古时庭院布置的原则，由于为阶级社会的政治制度及其意识形态所支配，大都采用均衡对称式。即沿着纵轴线进行设计，其中多数以纵轴线为主，横轴线为辅，而组成一个对称的庭院。这种庭院形式多为"四合院"和"三合院"，其变格则为"二进院"或"三进院"。至于山区院落多依山而筑，没有定格。

比较典型的四合院是一种四面建房，中间是院的住房形式。它以高檐出厦的大房为主，坐南朝北，大门在东南角，带耳房，再配有左、右厢房，下房及门洞、街门、院门等。四合院又有大小之分，大四合院为正房（北房）三间，两头各有两间厢房，东西住房各三间，东南门（大门口）西南（猪圈兼厕所）各两间。院子南北长，东西窄，泄水的阳沟设在东南角的大门口东边，叫作"走顺水"。小四合院为正房三间，两头各有一间厢房，东西住房各三间，南房两至三间，大门、栏各一间。

据贾云飞在1991年《西北民俗》第1、2期上撰文说，在陕西韩城，党家村的四合院规模宏大，位置集中，且最具有代表性。这个村从清嘉庆、道光、咸丰三代以来，修建了鳞次栉比、极为壮观的四合院144座，此外还有若干哨门，祖祠和一座"文星阁"（俗称塔）以及27院马房。

鸟瞰党家村的四合院组群，犹如海中波涛，高低起伏，且雕梁画栋，色彩斑斓。由于其建筑刻意求精，故显得雍容毓秀。一般是上厅房，下楼房，两边为厢房。此外，还讲究硬山顶或悬山顶，以及板桶瓦包沟、四檐八滴水……党家村四合院，运用八卦方位，巽、坤相伍，把门开在门房的右侧，成为"巽"子门。也有开中门的，但这样开了之后又设一道四扇两开的"屏门"。平时，屏门紧闭，人形两侧，只在"过事"时才将门打开，让宾客畅然而入。

党家村四合院在街门的设置上很讲究，其"走马门"就有众多的设施，诸如门身、隐门、门额、门墩、柱础、照墙、踏垛、上马石、拴马桩、旗杆斗子、灯架、水眼等，应有尽有。

由于四合院能较灵活地适应不同地区的气候，以及满足统治阶级对不同性质的建筑功能上和思想性、艺术性上的需要，只要将庭院的形状、大小与木结构的形体、式样（为采用斗拱）、材料装饰、色彩等加以变化，即可解决。因此，商周以后，在漫长的奴隶社会和封建社会中，在气候悬殊的黄河流域，广泛使用这种"四合院"的布局方法。只是一般贫民在建筑规模和质量上略逊一筹而已。

自清康熙、雍正后，商业兴盛，人口剧增，城市地价日贵，除富家仍建四合院外，外租房屋及一般人家都以"三合院"为标准格局。即北、东、西三面建屋，南面开门，最为典型。

有些大型组群建筑将"四合院"的基本格局加以变化，便显示出另外一种意趣。坐落在山西祁县的"乔家大院"（现为祁县民俗博物馆），就是这方面的典型例子。这座城堡式的建筑在坐东朝西的高墙上开一拱门，进门后是一条笔直的巷子。左右两面是高大的砖墙，南对面各有三座院子。高墙之内又有高墙，大门之内还有大门。长巷为东西方向，路北有三个院门，除最后一个门进去是小花园外，其偏东两个院门，进去都是两进正院，左侧有小跨院，厨房、马号等。巷南三门内，都是一进院子，有偏院。六处住宅在一个大围墙中。正院、跨院、外院大小共20个，361个老式房屋标准间，排列十分整齐，门窗全部在墙上开洞，猛一看好像是西式建筑，又好像窑洞建筑风格。正院里进正房是五间楼房，楼上五间有明柱、有栏杆、有廊子、有隔扇。而楼下前檐都砖砌到底，中间又一精美起脊飞檐小门楼，两边墙上各开两个斗拱西式窗，建筑精美，坚固而别有风格，这种格局在其他地方是很少见到的。

流行于陕西关中、陕南等地的"四合头"虽然也是四面建房，围成一个小院落，但有一种却较为复杂：前有门房，后有两对厦房，厦房后有厅房，厅房后有两对面的厦房，最后为楼房。这种布局均匀对称，整齐美观，但缺少变化，略显呆板。另一种较为简单：前有门房或厅房，中间有两对面的厦房，后有楼房。这种"四合头"房间的间数多少，可根据需要和财力来定。这一带除"四合头"外，尚有"三合头"。此种院子是以三面房屋围成。基本上有三种类型，一种是前有两对面的厦房六间，后有庵间大房三间；一种是前有门房三间，后有两对面的厦房六间；还有一种则是前有两对面的厦房四间，后有庵间大房三间，民间称之为"七星剑"。这种房子的变化虽仅是将门房与厦房间数略作调整，但在布局安排上却是较为灵活的。

第三节　等级分明的房屋分置

如果说，黄河流域的住宅布局反映了当地民众的审美观的话，那么其房屋的分置则反映的是传统的等级观念，这是几千年来封建等级制度和宗法制度在这一地区居住文化中的反映。在中国古代社会中，以封建的宗法制度为核心，以封建礼教为内容的纲（伦）常关系渗透到社会生活的各个方面，反映在房屋分置上，则是尊卑有序、内外有别、等级分明。《史记·礼书》曰："人道经纬万端，规矩无所不贯……君臣朝廷之礼，贵贱尊卑之席，下及黎庶、车舆、衣服、饮食、嫁娶、丧祭之分，事有适宜，物有节文。"讲的就是无论朝廷，还是民间即使是在日常生活中，也都要讲究一定的等级、规矩。

古时在建造房屋之前，就必须考虑到房屋的分置问题，《礼记·典礼下》曰："君子将营宫室，宗庙为先，厩库次之，居室为后。"至于居室建造的规模，历代统治阶级又根据不同的等级制定了与之相应的居住制度，并严格地按照礼的规定来分置房屋，将其纳入封建礼制的规范之中。

周代在民间已有按身份地位建置居处的习俗。唐代，是我国封建社会的鼎盛时期，住宅限制也颇为严格。据《唐会要·舆服志》载："王公以下，舍屋不得施重栱藻井。三品以上，堂屋不得过五间九架，厅厦两头门屋不得过五间五架。"至于庶人"所建造堂屋不得过三间三架，门屋一间一架"。由于为官方这些规定所限制，民间所见房屋大都相对窄小、低矮且单调而平淡。不过，即使没有这些规定，一般平民也无钱修建过于奢华的居所，故直到明清，黄河流域的华北及西北地区，除一些大地主外，一般平民尚使用穴居，即今所谓窑洞。至于佃户及更下层的贫苦人多是无立锥之地，他们常是在地主家里住或租赁房子住。自盖亦很粗陋，多为一列三两间或一横一顺式而已。以每二人住一间为最多，中间堂屋供祖先或天地君亲师，并供会客起居之用。

在四合院中，一般要设置厢房。与厢房配套的尚有厅房，厅房的位置一般在中央，也可以在前面，分客厅与过厅两种。厢房供家人居住，客厅作为会客、迎宾之用，一般不住人，过厅作为连接前后院的通道，也不住人。灶房一般设在走马门相邻的两间厢房内，其位置要随门的位置而定，在民间，移门便须挪灶，这种设置原则俗称"门主灶"。

在农村的四合院中，北方是主房，则北房最高，在建筑中用料最好最讲究，在院中占主要位置。北房一般有正房三间，两边各挂一个小间，即所谓"明三暗五"。在正房内，住家中最长者。偏房内住长大但未出嫁的闺女。东房西房称东西厢房，东厢房地位比西厢房高，也比西厢房宽大些，供家中成家的子孙居住。南房仅次于北房，规模大于东西房，不少地方都习惯把南房当会客房用。这样分置，是按辈分高低来决定的。但是，由于经济条件所限，在黄河流域的偏远山区，许多人家保持着共处一室的生活习俗，两代人甚至三代老少挤在一间房子里睡觉。

与汉人相比，同样是居住在黄河流域的蒙古人，其俗则详于上下而略于内外。蒙古包中男女左右居……男女之嫌不知避忌。且父子共居一室。《史记·匈奴传》云："匈奴父子乃同穹庐而卧。"

青海牧民，有一处帐房就是一个家庭，一家人同住一帐，左部归男子居住，同时也是待客的地方；女子住在右部。万一男客过多，左方不够座时，允许家人过去坐到右方，但绝不使客人过去，这是他们帐房中最要紧的秩序。

藏族人的帐篷内分置亦是左男右女。灶房粪（藏民以牛粪作燃料，常堆于帐内）处为第一座位，依次而下，略有重少轻老之风，这一点与汉族风俗正好颠倒。不过，藏族幕帐内部既有男女分界，故对于夫妇双栖视为失礼，因此多有所顾忌。

在黄河流域普遍流行的四合院与少数民族的幕帐，在房屋分置与居住习俗方面有着明显的区别。可见，各民族风俗的形成，与其政治及社会伦理等上层建筑有着至为密切的关系。作为黄河民居的典型代表——四合院，是中国古代建筑特有的形式，是封建等级制度在建筑上的具体体现，是各种封建观念和思想作用于建筑的产物。

第四节　古风犹存的屋内陈设

黄河流域的屋内陈设，熔雅俗于一炉，集古今之大成，虽于时代的发展变化中不断创新、更替，然循其传承流变的痕迹，至今犹然可见古代陈设的遗风。

屋内陈设最初是为实用而设。黄河流域远古先民洞穴中摆放的各式各样陶制品，主要是炊具、饮食具或储藏器。随着社会进步，居室的陈设不断丰富，大量与生活有关的器物摆入了人们的居室。

床榻是屋内的主要陈设。自商、周至三国间，由于跽坐是人们主要的起居方式，因而席与床是当时屋内陈设的主要因素。

黄河流域大部分农村皆盘有土炕，这是一种颇为特殊的卧榻。

因其兼具通火取暖的功能，故又称为"火炕"。《归绥县志》曰："城乡房屋……室内设土炕，与火通，故其炕暖。"炕的起源很早，隋唐已盛行，宋时益盛。

灶炕相连是黄河民间使用土炕的一大特色。住窑洞者，土炕一般设在进门之右侧，炕南连接灶台。由青砖或泥坯筑起高约一米的炕墙，炕洞垫起黄土，再用土坯或砖撑起，上面盖起泥制炕板，有的地方也用石板。在烧饭的同时便可将炕烘暖，能够节省燃料。

被褥俗称铺盖，是床上主要用品。黄河流域农村被子多用粗布、印花布做面，自染蓝布、白布做里，中着棉花。褥子小于被子，有的妇女用各色碎布拼接成褥面、褥里，多用自纺粗布。枕头有方形、长方形、圆形多种形状。方形用于靠座，长方形的则用于睡觉。两头多绣图案。多数家庭白天被褥叠垛在炕角，上遮一绣花单子。也有的卷成筒状摆放在炕沿。富裕人家则置于炕柜之内。

黄河地区普通人家坐具有方杌、长板凳、单背靠椅、太师椅、小凳子。还有花布彩绣布垫，妇女们精心编制的草墩、蒲团等，坐在上面柔软舒适，成为坐街看戏的随身带物。

黄河乡村屋内大型家具是"躺柜"。这种柜子一般长七至九尺，较短的仅五尺。宽三至四尺，高可三尺，呈长方体。一般漆成红色，也有漆黑色的。柜面的前半部分有活动之盖，正中安一个黄灿灿的铜制暗锁，用精致的铜片遮盖锁孔。平时一柜多用，既可代桌子，亦能充几案，摆放装饰物件，敬神上供。家境好点的尚要摆平面柜、立柜。平面柜较立柜扁、平、大，一般成双摆放。中间放一夹桌，夹桌比较讲究，镂花雕刻、油漆彩绘，可敬神上供，也可摆放器玩等什物。

有的人家另有方桌、小炕桌、小炕柜等用来存放衣被。炕桌当是古之几案演变而来。古所谓"几"，是一种很矮的小桌。《考工记》有所谓"室中度以几"的记载。它的用途，皆为席地时凭抚之物。《庄子》曰："隐几而卧。"稍后发展成为书案。自宋以后，高坐具兴盛，于是几案与桌子几乎合为一物，而颇似今日之写字台了。后来，乡间置炕桌，尽管用途多有改变，但其形制仍存古之几案的遗制。

山西大同石家寨司马金龙墓中出土过一件木制人物故事屏风，上有漆画和文字题榜。屏风一般置于厅堂正中，前面置椅，两面又有数把椅子相对而设，或在屏风前置两圆凳，供宾主对坐。这种陈设格局反映了当时人们的审美观，可以看出人们对于对称的偏爱。

有些人为了把房间布置得更加雅致美观，不仅在空间陈设放置各种家具什物，还在墙壁上做一番精心装饰，如在墙壁上作画写字，应用壁带、壁衣、壁纸及悬挂书画琴剑等物。在窗上糊上挂帘，窗户纸上贴窗花等。咸阳秦宫遗址发现的壁画上人物车马，色彩多样，风格雄健，规整而多样化。黄土高原晋西北农村居室内流行画"炕围"，炕围是请民间工匠画的，在炕周围的墙壁上画上人物山水、民间故事等，别有一番情趣。

蒙古包内的陈设配合也是很得当的。据民国26年天津百成书局石印本《蒙古概观》说，蒙古包内"则不设床帐，席地而卧，中置火炉，是为取暖炊饭之用，炉之四周，围以毛毡……正面或左面……（摆放）柜箱，藏物器具等"。蒙古人在柜上多供佛像和佛像照片，前设供具供品。此地称为"佛坛"，家人一般睡在佛坛前面，头向神位。左方为男子睡处，女子睡于右方。在靠近的卧处，则摆放大小衣箱、橱柜等物。

甘肃裕固族人民普遍信仰藏传佛教，所以，过去帐房内正上方为供佛敬神之处，先多陈放新式家具。左侧垫上毛毡、兽皮，上铺毛毯、被褥，用以住人或待客；右边为伙房，置炉灶，用来做饭和取暖。房顶开天窗，昼开夜闭，以通烟气。而甘南地区藏胞喜爱白色，在居室布置上，多用白色器物和装饰，如雪白的哈达、乳白的毡毯等。[①]

[①] 朱士光、吴宏岐：《黄河文化丛书·住行卷》，甘肃人民出版社2001年版，第68—70页。

我们从黄河流域广大农牧之家室内的陈设中可以看出，他们的陈设虽然较为简陋，但仅就所陈设的日常用具、物品而言，仍于简朴之中不乏古典的韵味。若是富裕之家，其陈设则不但较为齐全，而且气氛和格调也颇具艺术性。

屋内陈设，作为黄河居住文化的一个组成部分，它在发展过程中与建筑和社会风格互相渗透、互相影响，形成了这一区域特有的民族式样和风格——新旧兼容，古风犹存。

第五节　功能多样的防护设施

长期以来，黄河劳动人民在房舍的防护方面，创造了一套科学严谨的防护方法和相应的防护设施，往往每个防护设施都具有多种功能。如窗户，同时具有防风、防沙、御寒、采光、通风换气及排烟等一系列功能，可谓一物多用。

窗户的主要功能是通风与采光。房屋不但有前窗，有的还开后窗。至于窑洞，因一般三面都是土壁，只有前脸与外部相通，故为使外部的清新空气进入窑内，必须依靠前墙"穴"口的窗子。此外，还要在顶部留一通气孔，也有的在窗户上部留一活动式气窗，并在户外安一个气斗子。这个气斗子除了通风透气外，还有一个作用，就是春天燕子从南方飞回北方，要进入居室与人们做伴，而风斗变成了燕子的入口。燕子新来，则要衔泥筑巢，一次次往返于窑内外，每于风斗而入，给这塞上农户平添了许多春意。

陇东窑洞大都只留三个窗，即门顶窗、采光窗和通风窗。通风窗在前墙上部，为方形，面积小于大花窗，不设窗扇，只安两扇小板门，每于春夏开启，秋冬则时有关闭。在通风窗的上部做一换气斗，以备夜间将一切窗关闭后，作为通风换气的设备。而在陕北、晋中窑洞中全部是用大花窗来通风。

房舍里的光线，白天依靠自然光，窗户就成了射入室内的主要入口。除采光外，如前所说，尚有防风、防沙和御寒的功能。甚至从室内向外瞭望，也要通过窗户。每当春来，倚窗而望，远近青山绿水，尽收眼帘，别有一番情趣。造房时，对门窗的设计亦很讲究，窗格的变化相当多，有方字格、丁字格、古钱格、冰纹格、梅花格、菱形格以及"一马三箭"等。在这些花样繁多的窗上贴上雪白的麻纸，再点缀以窗花，甚是美观。如此来说，窗户更有装饰的作用了。

除窗户之外，房（窑）的门，除了供人进出外，尚有防寒、通气的功能。如夏天天气较热时，便将门打开，以增加通风量。房门俗称"家门"，家门一般外边有门框，设一扇"风门"，再在里面用厚木板做两扇能安门闩的双扇门，安上门闩则可防盗。

农村房舍排烟除利用门窗外，主要用烟囱，烟囱有明暗之分。留在墙壁内，屋顶上垒起一米多高的烟囱，称为"暗烟囱"；做在墙外的烟囱，称为"明烟囱"。有的烟囱极为讲究，有双坡式、卷棚式等多种形式。山西定襄一带，在烟囱上安一个木制的盖板，拉一条绳子，从房檐垂下，点火前拉开，烧完火便拂绳盖上，避免炕中的热气跑掉，成为一大地方特色，人称"定襄一大怪，烟囱拿上绳绳拽"。蒙古族之蒙古包，其顶部及左右上下的毡子，均系以绳，能够自由活动，可随时启闭。透光散烟，宛若天窗。

为了保护柱网外围的板筑墙，瓦房房顶采用较大的出檐，但出檐过大则妨碍室内采光，而且夏季暴雨时，由屋顶下泄的水，往往冲毁台基附近的地面。因而汉朝时创造了微微向上反曲的屋檐，接着晋朝出现了屋角反翘结构，并产生了举折。这样，既可避免上述弊病，也可起到保护与装饰的双重作用。不过，前述这种反翘和举折，一般见于大型建筑物，普通民众多数是瓦房前、墙门前装檐台（即门窗前台阶），并在两旁安置滴水石（现在一般抹一截水泥地）。房后檐下要挖水渠排水，以保护后墙基。有的房子使用"歇檐"。所谓歇檐，就是房屋前坡下使用两排腰檩和两行立柱，这样一来，在墙与走廊之间便出现一个甚为宽阔的狭长空间。加之滴水又远远超过走廊以外，故一旦下起雨来，不但可以防止雨水冲刷前墙及墙基，人们还可以在檐下避雨、休息或观赏，并通过走廊进入其他房间，也不致遭雨淋打。

窑洞居舍，由于开洞与地面距离较大，故雨水一直渗不到窑洞内。在原壁方面的雨水，一旦流至券口处，便从券口滴下，而流不到洞内，这是因为洞壁比券面退回去许多。陕西、山西吕梁一带窑洞筑以石板窑檐，雨水下来经石板送往地面。地面防水采取地面高出窑洞之外地面，洞外地面做斜坡的方法来处理。坡度的大小随地势的高低而定。地窨院除顶部防水设施外，尚要在院角挖一渗井。渗井用砖瓦碎片或石块填入，地面留出一个"箅子"，以此来排除地面积水，这种方法是颇为巧妙的。

旧时黄河流域汉族地区的房屋面橡条上铺有薄砖，叫"望砖"，用以承托瓦片，可防止透风漏尘，并可使室内的顶面外观平整。现在大多以"望板"代替，亦称"屋面板"，即以木板铺钉在屋面橡上和檩上。现在建房大都于此位置铺设防水层、保温层、隔热层以及瓦片，还有的干脆用做屋面的钢筋混凝土预制板。

房屋内部的"天花板"，古称"承尘""藻井"。民间叫作"仰尘"或"顶棚"，它虽是屋内栋梁下的装饰处理，但它同时兼有遮蔽、隔热、保温以及改善音质的作用，此设施唐代已有之。为不漏出建筑的架梁，在梁下用天花枋，组成木框，框内放置密且小的枋格，或在木框间放置较大的木板，板下设彩绘或图案纸，称为"藻井"。一般居民，则用高粱秆或苇秆等简易轻便材料做框架，然后糊纸。

黄河流域的民居，无论窑洞还是木结构房屋本身即具备防震功能。窑洞与整个天然土层大块连为一起，土富有弹性，故地震对窑洞的破坏性较小。有的窑洞还在窑上支以箭木，有的甚至上木箱，以增强抗震性。至于藏民的帐篷和蒙古族的蒙古包，本身属于轻体结构，防震效果就更佳了。至于木结构房屋，其本身的结构特点，导致它具有"房倒屋不塌"的特点。

在黄河流域的民居中，即使一个很细微的部分，也是有多种作用的。例如窗户上糊纸或安装玻璃，既有装饰作用，又有挡风的功能，还可以起到消隔噪声的效果。

有的人家为了防火，在院内打一小井，除供水外，还作为救火的水源。有的院内地下水又苦又涩，也要打井。除防火外有时也用来取水浇灌庭院的种植物，如蔬菜、果树等。总之，黄河流域民居的各种防护设施，其用途大都不是单一的，往往一种设施的设置，都在房屋、院落的整体中予以统筹考虑，一物多用，尽其所能。这是黄河劳动人民聪明智慧在建筑中的具体表现。

第六节　世代传承的建筑惯制

黄河人对于自己的"家"——房舍，有着特殊的感情，尤其是广大汉族居民，世代定居，恋土重迁，将建舍立家视为大事，故修房盖屋，殊多讲究，而这些讲究世代传承，相沿成俗，遂成惯制。

黄河地区民间在建房时，诸如选址、择地、动土、选材、立柱、上梁、落成，均须按一定惯制进行。许多惯制作为一种民俗现象，往往是科学成分与封建迷信杂陈，敬畏与祈祷并存。长期以来，积淀成一种特有的文化心理，深刻地影响着黄河地区房屋建筑的行为。

在黄河地区民众所遵循的建筑惯制中，大部分与民间禁忌有关，许多内容本身就属于禁忌。而我国关于建筑的惯制，有相当一部分不仅出于原始崇拜，而且，中华民族特有的阴阳五行观念与"天人合一"的思想也渗透其中。兴建房舍，先要择地，择地要看风水。俗以为，在一块风水好的地基上建造房舍，可以人财两旺，否则，便会招致灾祸。

选择地基时，要顺势，忌逆势。建房忌讳坐南向北，这是根据地理、气候的环境，为避风、向阳而设。地势忌南高北低，俗话说："南高北低，主寡妇孤儿，门户必败，北高南低，主多牛马。"一般选宅基要选在向阳有水之处，利于采光和用水。

住宅地基的选择，还要看周围的环境。《营造门》云："凡宅宜居宫观仙居侧近处，主益寿延年，人安物阜，不宜居当冲口处，不宜居塔冢、寺庙、祠社及炉冶及军营战地；不宜居草木不生处，不宜居正当流水处。"这些都是以求神佑、避鬼祟、躲战乱、图清静、多生殖、恐讼争等准则的心理反应。山西一带喜散居，旧有居不近市的习俗。河南一带，也忌讳宅无出路，以防遇到红白喜事不好借道。按照俗理，红白喜事皆应走公道，忌入私室。

古俗有"宅不西益"之说，即宅地不可向西发展，否则，据说会妨碍宅神，发生死亡事故。蒙古鄂温克族以西方为上，因而在建新蒙古包时，一定在主包的东侧。

选好房基，在动土之前，还要"谢土"（祭祀土地爷）。民间认为，土地爷是掌管土地之神，故动土之前要对其表示感谢。祭祀时，摆上面蒸的猪头、羊头、牛头等三牲作为贡品，焚香烧纸，祭者口中默念祈告土地爷恩赐的祷词，并磕头敬酒，反映了人民群众对土地的崇拜心理。

动土之日要选在吉日，否则，一旦冲犯了太岁，便会灾连祸结。早在汉代，人们已经有太岁行经方位与动土兴造、迁徙、嫁娶有关的观念。传说，如在太岁头上动土，且正值此人命运衰微，则会遭伤亡之祸。

除前述"谢土"之外，立柱、升梁也要祭祀。立柱，是在打好房基、制好构建后，择黄道吉日。届时，杀猪请客，通常是在夜间进行，因民间存在妇女不洁的观念，故不允许妇女观看。

立柱之后是上梁。亦称"升梁"。这个程序比立柱更为隆重。上梁亦要选择吉日。上梁这一天不能选在火日。立木还要选良辰，到了那一刻，匠人组织往上吊脊檩（实际上是一根中檩，其他已经上去）。边吊边放炮，直到落稳为止。中檩的中段，用正方形红纸包住，大面朝下，两角相交处用麻线（圆形方孔）压住。从方孔中钉入铁钉，另外在中间还有一条红线，下系几根"发米"（脱粒高粱穗），以寓发财。这些都在大红布上放着。中檩放好后，匠人将其挑下，上梁仪式完毕。土家族有唱上梁歌的风俗，并要请歌师来唱，现编现唱。最后还要抛撒糯米粑粑。围观者在一片喧笑声中争抢粑粑。同时宣告新房主体结构建成。上梁这一系列风俗，集祈祷与庆贺为一体，表示房主人对建造新舍的重视。

既然对上梁如此重视，那选用梁木也必有所宜忌。房梁一般喜用榆木，取其"余粮"之意。忌用桑木，俗说"桑不上房"。因"桑""丧"同音，恐不吉利。豫北一些地区，还忌桃木、枣木、椴木、柿木、杏木、椿木上房。民俗以为桃木上房主荒，要跑财，枣木上房人早亡，椴木上房绝后代，柿木上房家不宁，椿木上房，人财将被冲没，等等，可见，民间许多习俗都是从避凶祸、图吉利生发出来的。

对梁木的重视，除反映人们某些祈祷的心理外，由于认为大梁是"一房之主"，自然便须谨慎对待了，这与老百姓对皇帝与官员的尊崇敬畏心理是一致的。在这里，尚隐含着"崇上尊主"的意思。

如同选址一样，在设计房舍格局和结构时，要考虑虚实、形状、高低门向等。

待到房屋落成，要像升梁时一样举行隆重的仪式。旧时，青海等地的汉、藏、土族均流行"安中宫"的建房风俗。中宫，即房院的中心点，民间视其为家庭的心脏，也是家中土神所居之处。故每当新窠落成，必先安置中宫。先要选吉日，届时用五色粮食、八宝库（金、银、铜、铁等八样）、海龙、海马、十二精要、酵面等装入大口瓶内。用红布封口，红线束定。再用八卦画符的砖一块，经老师傅步罡踏斗进行渡炼后，按选定的时刻挖坑入内，掩埋后上扣一书写篆符的黑碗，最后用泥加封，上面焚香酹酒。这其中有许多内容颇似巫术，也是一种祈祷仪式。

陕北佳县、米脂等地在新窑落成时则举行"合龙口"的仪式。届时，石匠大师傅站在窑垴畔，于鞭炮声中将一上扎红绸、盛有两个大馍及众多小馍、枣子、硬币的斗，从窑洞底面吊到窑垴畔，口念:"吊金斗、吊银斗,鲁班留下合龙口。"新窑主人站在下面撩起衣襟承接,是时石匠大师傅撂馍时口中又念道:"接得住,荣华富贵,接不住,富贵荣华。"反正接住接不住都好。念毕,人人争抢,纷纷说道:"抢着红枣,好上加好","吃了小馍,快快活活","拾着小银元,四季保平安"。仪毕,主人把红绸赠给石匠大师傅。这是民间一种特有的竣工仪式,似乎也有借此机会犒劳工匠之意。青海一带汉、藏、土族也保持着与上述相似的习俗。

  黄河流域世代传承的建筑惯制,绝大多数是出于"自我保护",同时崇拜信仰等原始宗教意识与民间祈盼吉祥的心理糅合在一起,形成了一种禁忌、祭祀为主要内容的文化习俗。这些习俗将会随着科学知识的普及而逐步淡化,而代之以新的内容①。

---

① 朱士光:《黄河文化丛书·黄河民俗卷》,陕西人民出版社2001年版,第155—176页。

第十一章

甘肃文化与彩陶文化

甘肃彩陶文化是华夏文明引以骄傲和自豪的重要的组成部分，它从远古时代一路走来，分为新石器时代和青铜器时代两大阶段：新石器时代以农业文化为主，包括大地湾文化、仰韶文化和马家窑文化；青铜时代受气候变化影响，甘肃中部及河西地区以农业和畜牧业兼容的文化形态为主，包括齐家文化、四坝文化、辛家店文化和沙井文化。1925年，安特生发表了《甘肃考古记》一书，彩陶是这些时期社会文化发展的缩影，并且可以通过考证了解甘肃的黄河文化。

第一节 甘肃彩陶的起源

甘肃彩陶是世界文化遗产宝库中的瑰宝，是中华悠久历史文化中的明珠。在中国的彩陶文化中，它具备独树一帜的特点，马家窑文化将史前彩陶推至巅峰阶段，多种色彩的综合运用，器型、纹饰的完美结合，各类纹饰母题的异彩纷呈，制作的精湛工艺，谱写了中国彩陶史上最辉煌的篇章；从距今7800年到2000年前后，甘肃彩陶绵延了5000多年，是各地彩陶中历史最悠久的；在甘肃新时期、青铜时代的文化中，大部分考古文化均含有彩陶，且风格多样各不相同。既有来自东方中原文化的影响，又有来自西方中亚文化的因素，因此，甘肃彩陶文化既是本土强势传统的反映，也是东西南北文化交融的结晶。

在迄今为止的考古发现中，最早含有彩陶的考古学文化是距今8000—7000年前的大地湾文化，该文化得名于甘肃秦安大地湾遗址①。

仰韶文化是黄河中游及其附近地区新石器时代的一个重要发展阶段，在世界上都享有较高的知名度。这一个时期是黄河流域经济文化大发展大繁荣的发展阶段，居住在黄河流域的先民有许多重要的业绩都是在这个期间被创造出来的。仰韶文化时期，黄河流域的先民通常集结成一个个凝聚式群体，其社会结构已表现出一定的复杂性，即一般的集团内部划分成不同层次的亲属组织。通过研究当时的村落或墓地，往往能够得到对这些组织大概的了解。

黄河流域是文明重要的发祥地。在我国，最早跨进文明社会门槛的是黄河流域，这一时代的历史变革在距今4000年前后就已经发生了。而在此以前，黄河及其之外的其他地区都经过了一个文明发祥的阶段。这个阶段究竟有多长，如今还不能确指，但仰韶时期的大部分时间肯定已在此经历之中了。特别是当进入距今5000年前前后的仰韶晚期时，一些显而易见的文明因素已在黄河流域及其外围的几乎所有考古学文化中被孕育了出来。毋庸置疑，在开创文明的共同历程上，黄河流域自然有其独特的地位，现在我们知道，从最初孕育到产生文明这一过程的千里之行，远在6000多年前仰韶早期时，就已经开始产生了。

发展至此的黄河流域新石器时代的历史，则向人们揭示了之后一个阶段产生在这里的文明主要是黄河先民本身努力奋斗的结果。正像夏鼐先生所说："中国新石器时代主要文化中已具有一些带中国特色的文化因素。中国文明的形成过程是在这些因素的基础上发展的②。"古老的华夏文明在它的发祥期就表现出强烈的特色，这也

---

① 郎树德、贾建威：《甘肃考古文化丛书·彩陶》，敦煌文艺出版社2004年版，第58—6页。

② 夏鼐：《中国文明的起源》，文物出版社1985年版，第95—100页。

正是人们十分看中它在世界文明进程中的地位而每每与地中海文明媲美的重要原因。

第二节　甘肃的彩陶文化

作为史前先民们生产生活的见证，彩陶本身蕴含着一种浓厚的文化气息。经过多年的考古发掘，甘肃地区保存了大量极具价值的彩陶，彩陶文化在甘肃历史悠久，源远流长。彩陶不仅展现了先民的聪明才智，更反映了甘肃地区灿烂的彩陶文化，尤以大地湾文化，仰韶早、中期文化，马家窑文化等最为典型。陶器的产生使得人们的生活逐步稳定，定居生活也从此开始。陶器是史前时期人类的重大发明之一，陶器虽然容易残破，但在埋藏中不会腐烂，它便成了史前人类活动的重要见证之一。

一　大地湾文化

大地湾文化是甘肃地区已知最早的新石器时代文化遗存，因首次在甘肃省秦安县邵店村大地湾发现而得名[①]。根据大地湾遗址采集的木炭标本进行碳14年代测定（后经树木年轮校正），其绝对年代为公元前6220—前5360年[②]。大地湾文化的彩陶，在中国乃至整个东亚的史前彩陶文化中占有十分重要的地位，也是中国彩陶重要的起源地。该文化主要分布在渭河中上游地区，此外，于泾水、西汉水上游以及丹江上游等地也有少量发现[③]。

二　仰韶早、中期文化

甘肃地区的仰韶文化是仰韶文化分布的西缘，其年代相对晚于

[①] 张忠培：《关于老官台文化的几个问题》，《社会科学战线》1982年第2期。
[②] 谢端琚：《甘青地区史前考古》，文物出版社2002年版。
[③] 中国社会科学院考古研究所：《中国考古学·新石器时代》，中国社会科学出版社2010年版，第114页。

师赵村一期而早于马家窑文化，同属于新石器时代的考古学文化，其文化面貌与关中地区相对应的仰韶文化半坡类型和庙底沟类型基本相同，但又有明显的地域性特征。甘肃地区的仰韶文化的发展结果可以分为两个阶段，即仰韶文化的早、中期①。其中仰韶早期文化遗存主要分布于渭河上游地区②，泾河、白龙江流域也有偶见。仰韶中期文化的分布范围则要比早期广泛，与庙底沟类型的强势扩张密不可分，渭河流域较为常见，而泾水、西汉水、白龙江流域以及偏远的川西高原地区都零星分布③，已发掘的典型遗址有秦安大地湾、天水师赵村、西山坪遗址等。

三 马家窑文化

马家窑文化是黄河上游地区一支影响较为广泛且具有浓郁地方文化特征的新石器时代晚期文化，因最早发现于甘肃临洮马家窑遗址而得名。经碳14年代测定，马家窑文化距今公元前5000—前4000年，持续时间长达1000多年。不同阶段的马家窑文化表现出比较明显的文化特征④，比较统一的认识是将其划分为马家窑文化早中、晚两个阶段。马家窑文化是甘肃地区彩陶发展的鼎盛时期，代表着中国彩陶艺术的最高成就，堪称全国之冠，在世界文化史上具有重要的意义⑤。

马家窑文化广泛分布在甘、青、宁地区，三省区境内的黄河、泾河、渭河、西汉水⑥、洮河、湟水、白龙江，以及岷江上游地区都有发现其相关的遗址和墓地。尤其是甘肃地区，全省遍布马家窑文化的遗存。马家窑文化早、中期阶段分属马家窑文化的两个地方

---

① 苏秉琦：《关于仰韶文化的若干问题》，《考古学报》1965年第1期。
② 甘肃省文物委员会：《甘肃渭河上游渭源、陇西、武山三县考古调查》，《考古通讯》1959年第7期。
③ 陈苇：《先秦时期的青藏高原东麓》，科学出版社2012年版。
④ 谢端琚：《甘青地区史前考古》，文物出版社2002年版。
⑤ 段小强：《甘肃彩陶文化与华夏文明起源》，《天水师范学院学报》2013年第4期。
⑥ 甘肃省博物馆：《甘肃西汉水流域考古调查简报》，《考古》1959年第3期。

类型，其中早期阶段属石岭下类型，中期阶段属马家窑类型，前者主要分布在甘肃东部地区，中心区域在天水、武山一带，后者主要分布在河湟地区，中心区域在兰州、永靖一带。而马家窑文化晚期主要分为半山类型和马厂类型，是马家窑文化极度扩张时期，分布范围在早中阶段的基础上更加广泛，文化的中心从渭河流域逐渐转移至河湟地区。

第三节　制陶工艺与制陶技术

一　原料与成型

甘肃中东部地区现代民间制陶均选用老百姓俗称的"红黏土"或"红胶土"。它们大多为黄土所覆盖，但由于诸多自然灾害及雨水的冲刷，往往裸露于地表。这种土壤在地质学上称为"第四纪红土"，含钙量较低，主要成分为硅，并且因 Fe_2O_3 含量较高，经过氧化烧成的陶器色泽亮丽呈红色或橙色。这种黏土以低 SiO_2、低 AL_2O_3、高助熔剂为特征，黏性好、可塑性强，是理想的制陶原料。这种易熔黏土原料因地域的不同而略有差异，甘肃东部地区黏土含砂量较少，可塑性极强，陶器的质地较为细腻；而中部地区的黏土含砂量较多，陶质略显粗糙。这就造成了各个地区各类文化彩陶质地的差异。

古代制陶原料的选择加工及基本程序凝聚着广大劳动人民的智慧。村民将采集来的红土块晒干砸碎，去掉粗颗粒、钙质颗粒及杂质，再研磨成细土面，加水搅拌成泥浆，之后将泥浆进行澄滤以去除残存的渣滓。最后将过滤后的泥浆澄去水分，便成为光滑细腻的制坯泥料。黏土原料如不经淘洗，即便勉强成型，在烧制过程中也会因杂质过多而造成陶胎开裂。在甘肃的考古发掘中已发现有淘洗池，如兰州白道沟坪遗址马厂类型窑场中发现一个圆坑，口径0.58米、深0.44米、底径0.20米，坑壁有红胶泥附着，坑周围的地面上还发现许多红胶泥块以及用红胶泥搓成的泥条等①。大地湾一期彩陶内外器表光滑细腻，就是因为涂抹了经过淘洗的泥浆。仰韶文化彩陶均为细泥陶，表明淘洗技术进一步提高。

陶器的拉坯成型方法大致可分为：手制、模制和轮制。无论哪种成型方法，都会在陶器上留下制作的痕迹。捏制的陶器，会留有手指的印痕；泥条筑成法制成的陶器，器壁会产生一圈接一圈的泥条痕；以慢轮修整的陶器，则会在器底和器口遗留轮旋产生的同心圆；而快轮制成的陶器因坯体快速成型，器壁会产生螺旋式拉坯痕迹，在底部留下切割产生的偏心涡纹。研究结果表明，甘肃彩陶的成型方法主要为模具敷泥法和泥条筑成法。距今8000—7000年前的大地湾文化使用模具敷泥法，属于模制范围；从距今7000年的仰韶文化开始，直至青铜时代，始终使用泥条筑成法，属于手制范围。到了仰韶中期，圆底器基本消失，泥条筑成法最终完全替代了模具敷泥法。泥条筑成法又分为盘筑、圈筑两种方法。盘筑是泥条一根接一根地连接起来，呈螺旋式地筑成坯体；圈筑是把每根泥条首尾相接，做成泥圈，再用泥圈擦垒成坯体，胎壁内侧往往留有泥条的缝隙。两种方法中以盘筑法多见，马厂类型彩陶有时使用圈筑法。

二　颜料与绘画

大地湾文化的彩陶色彩是偏暗的红彩；之后的仰韶文化、马家窑文化主要以黑彩为主，并有少量的白彩。赤铁矿在自然界较为多见，容易获取，主要成分是Fe_2O_3，经高温烧制呈现红色，所以红彩成了人们早期彩绘的选择。黑彩是甘肃彩陶中最常见的色彩，矿物以磁铁与黑锰矿为主。白彩的主要成分为石膏或方解石。

---

① 张学正、朱耀山、吴柏年、陈贤儒、杨重海、何乐夫：《兰州新石器时代的文化遗存》，《考古学报》1957年第1期。

颜料准备好之后，便最开始着手绘彩，在此之前还需在陶坯上加施一层彩色陶衣，这是仰韶中期以后各类型彩陶文化常见的做法。于红色陶衣上再绘黑彩，色彩对比强烈，更加绚丽夺目。陶衣原料一般为经淘洗的细陶土泥浆，有时调入其他颜料。加施陶衣时，将泥浆涂刷在器表或器物置放于泥浆中蘸泡而成。马厂类型、四坝、辛店、沙井文化流行红陶衣；仰韶、马家窑文化有少量白色陶衣[1]。

接下来是彩陶制作至关重要的环节——绘彩。史前社会的先民席地而坐，物品则置于地面或小土台上，因此绘彩重点多在器物腹部及以上部位。绘彩时人们根据器物的造型，对口沿、颈部、腹部花纹及内彩，应该有事先的设计与构思，图案所在位置确定之后，将器物彩绘部位根据需要加以划分、定点，然后进行绘画。

彩陶是在陶坯尚未完全干燥时进行绘彩的。坯体绘彩后要用卵石、骨木器等工具进行打磨，这样可使器表变得光洁细腻。绘上去的彩料经过滚压打磨的手段，嵌入器表，牢固地附着在坯体上，不至脱落，成为器表的有机组成部分，且烧成后器表光亮，色泽美观。半山类型的彩陶器表打磨最为精细，图案明丽，光彩夺目，达到极致。

三 入窑烧制

制作彩陶的最后一道工序是入窑烧制，陶窑的结构在很大程度上决定了陶器的烧成温度，结构越合理则烧成温度越高，陶器变得更加结实耐用；陶窑的密封情况既能影响窑内温度，还会造成氧化或还原的烧成气氛，影响陶器的颜色。因此，陶窑的结构是衡量制陶工艺水平的主要标志。

根据民族学资料，最原始落后的烧成工艺是平地式烧陶，或称平堆烧。因火力不均匀，温度不高，密封不严，陶器烧成后颜色不

---

[1] 亚萍：《〈中国文物分析鉴别与科学保护〉简介》，《考古》2002年第3期。

均匀,质地松脆。大地湾一期未发现陶窑,但陶器上常有红黑相间的斑块,色彩不甚纯正,陶片易碎,都表明烧制技术较为原始落后。

第十二章

甘肃文化与饮食文化

黄河是中华民族的母亲河，它发源于青藏高原的巴颜喀拉山，流经青海、四川、甘肃、宁夏、内蒙古、山西、陕西、河南、山东九省区，注入渤海。从内蒙古的河套到河南的孟津为黄河的中游，山西、陕西两省和河南西部为黄河中游地区。华夏民族的劳动、生息、繁衍在黄河流域留下了深刻的烙印，并创造了灿烂的饮食文化。黄河中游地区的饮食文化历史悠久、源远流长，是中国现代饮食文化的代表，是中国饮食文化的重要组成部分，成为中国饮食文化历史长河中影响最大、流传最广、独具特色的馨香一脉。甘肃的饮食文化史随黄河文明的变迁、发展而不断地变化发展，可分为四个明显不同的阶段：原始社会的萌芽期、夏商周三代的发展期、秦至北宋的繁荣期、元代至今的转型期[①]。

第一节　甘肃饮食文化起源

黄河是中华文明的摇篮之一，甘肃是黄河文明的重要发祥地。甘肃是中国最早出土旧石器遗物的地区，甘肃远古文明遗址出土的大量石器、骨器、陶器、青铜器大多与生活有关，其中数量最多的是日常实用品，以烹饪器具为主。

[①] 姚伟钧、刘朴兵、赵荣光主编：《中国饮食文化史·黄河中游地区卷》，中国轻工业出版社2013年版，第2页。

人类历史的最早阶段是旧石器时期，石器的制作以打制为主，人类的生产以狩猎和采集为主。自从人类学会制造工具以来，首先加工成的工具就是石器工具。所以，人类最早制作的炊具和食器也当以石器为主。《中国大百科全书·考古学》记载：1920年，法国古生物学家桑志华在庆阳县城北部（今华池县境）的黄土层及黄土底部的砾石层中发现三块旧石器。第一块是石英岩石核，有明显的人工打砸的痕迹，形状如手斧。石核出土于辛家沟，即今华池县上里塬乡鸭口村马家拐沟，时间是1920年6月4日。另外两件是石英片，属于刮削器，出土于赵家岔，即今华池县王咀子乡银坪村郭家嘴子村小组，时间是1920年8月10日。刮削器是用来刮削兽皮、兽肉，挖取骨髓之用。三件石器所属时代为旧石器时代中晚期，距今20万至5万年。考古学家张光直讲道：中国化石人类与旧石器时代文化的研究，可以说是自1920年法国的桑志华神父在甘肃庆阳赵家岔黄土层、砾石层中发现旧石器肇始的。三件石器是中国境内最早发现的旧石器，也是甘肃境内最早发现的石器。

第二节　古代甘肃先民的饮食种类

一　五谷

五谷指五种谷物。在古代，五谷有多种不同的说法。最主要的有两种：一种指稻、黍、稷、麦、菽，另一种指麻、黍、稷、麦、菽。两者的区别是：前者有稻无麻，后者有麻无稻。唐朝以前，中国的经济文化中心在黄河流域，而稻的主要产地在南方，北方种稻有限，所以五谷中最初无稻。五谷后来泛指粮食类作物，一般指粟（稷）、豆、黍、麦、稻。在甘肃的古文化遗址中，发现有不少粮食作物的遗存物。

二　油料

马家窑遗址中发现了大麻籽。大麻种子可以榨油，秆茎纤维可用于纺织。马家窑文化遗址中还出土有陶、石、骨纺轮,齐家文化遗址中出土有粗、细麻织物。这些遗存物表明,甘肃地区此时已经有麻的种植。另外,甘肃敦煌马圈湾汉墓中出土过豌豆。可见,至新石器时期,甘肃先民所食用的粮食已是五谷俱全。

三 肉食

在甘肃的旧石器文化遗址中,就已经发现了不少动物骸骨,表明甘肃先民食用的物品中不但有粮食,也有大量的肉类。在西峰仰韶文化遗址的代表南佐疙瘩渠遗址中,发现猪、狗、羊、牛、鹿、鸡等动物残骸。这些温顺动物骨骸的集中出现,表明在新石器时期,甘肃先民的家畜饲养业正式出现。齐家文化遗址中大量猪骨头的存在,则表明养猪业也很发达。鹿、鼬等野生动物骨骼的存在,表明狩猎活动的频繁。遗址中出土的工具种类及动物骨骼品种的增多,表明先民的饮食结构逐渐丰富。齐家文化以后,甘肃大地出现了四坝文化、辛店文化、寺洼文化和沙井文化等具有相对独立性的区域性文化。四坝文化出土有四羊首权杖饰,发现了随葬的羊骨,可能意味着养羊业的发达,羊成为财富的象征。属于沙井文化的永登县树屏乡榆树沟村文化遗址出土有四件青铜铃。可能是家畜颈项下的饰物,是牧业发达的表现。畜牧业的发展,为甘肃先民提供了更多的肉类食品[①]。

第三节 甘肃古代农民小麦种植技术的发展

在黄河流域史前时期,小麦的种植与技术变革和发展也为黄河沿线的居民们提供了一定的生产生活要素,推进了农业技术和社会的发展。

在中国农业史上,以黄河流域为中心的旱作农业体系发生过重

---

① 刘再聪:《民以食为天:甘肃饮食民俗》,兰州大学出版社2009年版,第2页。

大转变，小麦种植经过漫长的发展，最终取代粟成为北方地区的首要栽培作物。考古资料显示，小麦在黄河流域最早出现的确切时间是龙山时代，然而此后却长期在农业生产中不受重视。甘肃省民乐县东灰山遗址也曾先后发现了小麦等5种作物的炭化籽粒。这些炭化小麦是我国境内已知发现年代最早的小麦标本，该遗址的发现表明，至少在青铜器时代，我国已开始栽培小麦。从西汉晚期开始，小麦才逐渐在该地区得到了大范围推广。与此同时，小麦的社会地位也逐渐提高，并对中国古代社会经济、文化等方面产生了深远影响。

本书对黄河流域史前至两汉时期与小麦有关的出土资料和文献记载进行分析梳理，并对该时空范围内的种植与推广历程、特点、因素及影响进行相关研究的基础上，尝试探讨中国古代农业文明发展的脉络，以及技术创新、文化交流等条件的内在联系与相互作用。

史前至两汉时期小麦在黄河流域的种植与推广历程划分为试种、劝种和广种三个阶段。试种阶段从龙山时代至西周，该时期小麦分布呈"西少东多"的特点，黄河下游和黄淮平原的种植面积多于其他地区。小麦在农作物中所占的比例极为有限，表明当时人们对其缺乏重视。劝种阶段从春秋至西汉早期，该时期小麦在黄河下游及附近地区的分布有所扩大，但同时关中地区却出现了"不好种麦"的情况。"五谷"的出现反映出人们逐渐认识到小麦的重要性，而政府"劝种"冬小麦则标志着其地位的提升。广种阶段从西汉中晚期至东汉，该时期小麦栽培除了在黄河下游附近继续得到较快发展之外，还在关中及河西地区得到了大力推广。自武帝元狩二年（前121）中央政府开始逐渐控制河西后，两汉统治者均非常重视这一地区的管理，通过设郡、驻军、移民、屯垦等措施，使河西地区的经济结构由游牧转变为农耕；在此过程中，小麦栽培也得到了显著发展，在河西地区汉代烽燧、关塞等遗址中，屡有小麦籽粒出土。据《居延汉简考释·释文之部一》中"钱谷类"簿录所记载军粮出入账目中，在各类农作物中，粟出现的次数最多，共计148次；其次就是麦或小麦，共计出现79次。以上证据表明，西汉晚期，小麦已成为河西走廊地区的主要种植作物之一，是河西四郡农田屯垦的重要内容。[①] 而从小麦在政府颁发的农事诏令以及人们的日常生活中频繁出现，亦可看出当时其已成为农业生产中不可缺少的组成。

接下来对小麦种植与推广的主要影响因素进行探讨。因小麦生长特点与黄河流域降水量分布不均的自然环境相矛盾，导致其长期无法得到广泛种植。黄河下游和黄淮平原的气候与降水条件更为适合小麦发育，是其试种阶段分布特点形成的基础。随着人类适应并改造自然环境的能力不断增强，耕作技术、生产工具和水利灌溉等方面得到了较大发展，带动了黄河流域小麦栽培技术的进步。与此同时，冬小麦由于生长周期的季节性差异，在作物体系中逐渐凸显出互补性优势，使得统治者意识到其对于农业生产和社会稳定的重要性，从而推动其种植面积迅速扩大。西汉中期以前，由于转磨普及程度的低下和面粉生产的滞后，使小麦的食用方式难以为人们所接受，导致其缺乏种植积极性。西汉晚期至东汉，转磨形制及筛粉工具的发展提升了面粉磨制的质量，发酵技术的成熟也令面食加工技术得到了显著进步，不仅使小麦的优势得以充分展现并被社会认可，还促进了其在黄河流域的广泛普及。

第四节 甘肃特色美食

对一个地地道道的甘肃人来说，其对辣椒也有对于土豆同等的热爱，明朝末年，辣椒传入我国；清朝中后期，辣椒传至甘肃。直到民国时期，辣椒在甘肃才普遍种植开来。由于兼具蔬菜与调味品

---

① 李成：《论两汉时期中国北方小麦种植的发展》，《西北大学学报》（哲学社会科学版）2016年第11期。

的特性，辣椒完全融入甘肃人民的日常饮食生活中，不仅成为诸多甘肃特色名吃的重要原料，丰富了人们的饮食文化生活，同时也缔造出甘肃人民喜好食辣的"辣椒文化"。

随着人们物质生活水平的不断提升，人们对饮食的要求和质量也在逐步提升，而拆分出来的"饮"与"食"也在人们的生活中起到越来越重要的作用。各式各样的饮品正逐渐被人们所正视与接受，甘肃古代饮食名品，主要有"瓜州红曲""河西柰""玉门枣""张掖丰柿""驼乳糜""驴肠""浑炙犁牛""羊羔酒""西凉葡萄酒""凉州白麦"等，它们都知名于当时，载之于史册，是古代东西饮食文化交流的见证。

甘肃作为黄河沿线上的一颗明珠，在不断发展的过程中饮食文化也在不断的传承演进和发展。其中有几种不得不介绍的美食值得向大家推荐。

一　兰州拉面

兰州牛肉拉面，又称兰州清汤牛肉面，"中国十大面条"之一，是甘肃省兰州地区的风味小吃。传说起源于唐代，它以"汤镜者清，肉烂者香，面细者精"的独特风味和"一清二白三红四绿五黄"，一清（汤清）、二白（萝卜白）、三红（辣椒油红）、四绿（香菜、蒜苗绿）、五黄（面条黄亮），赢得了国内乃至全世界顾客的好评，并被中国烹饪协会评为三大中式快餐之一，得到美誉——"中华第一面"。

二　香醇唐汪手抓羊肉

唐汪，即甘肃临夏回族自治区境内的唐汪川。唐汪川传统饮食，平伙手抓羊肉是中亚、西亚、撒尔塔、色目人东逐时传入我国并发展流传的一种民族饮食。"唐汪手抓"传人是唐汪川的汪玉元，他在1978年把手抓羊肉带到金城小西湖经营，手抓羊肉以选肉质佳、无膻味且肥瘦有致的羯羊特色名扬兰州。这种羊肉必须当天宰当天煮，调料上乘，搭配适宜，火候得当，成品味醇，肥而不腻，一直垄断兰州美食市场。

三 羊羔肉垫卷子

羊羔肉垫卷子是永昌民乐一带地方特色小吃之一。做法是：将羊羔肉剁成碎块，用清油爆炒，辅以葱段、蒜片、干椒，佐以姜粉、花椒粉、盐等调味品，加水焖至八成熟。将和好的面擀成薄饼，抹上清油，卷成筒形，切成寸段，放在肉上。焖到面熟肉烂，即可上桌。羊羔肉垫卷子，以面香、肉嫩、味美、营养丰富而著称。羊肉与精面刚柔并济，有羊肉之鲜美，更有河西优质面粉的地道嚼头，相得益彰。

四 味甜汤糊灰豆王

灰豆王是用麻色豌豆制作的一种独特食品，先把麻色豌豆洗净，在铁锅里煮到半熟再加入水，放适量食用碱和红枣等调料文火煮成稀糊，吃时加入白糖，别具风味，老少皆宜。灰豆王的制作方法是兰州市杜维成师傅继承灰豆名家马有德灰豆子制作技艺。灰豆王豆绵汤糊，枣甜味香，营养丰富，热食冷饮均可，在1989年被甘肃省工商厅授予"金城灰豆王"称号，列入金城美食八宝之一。

五 酸辣清凉酿皮子

酿皮子在陕、甘两省均有，唯有兰州酿皮以酸辣清凉最受人们喜爱。兰州酿皮子的制作过程是先把优质面粉加少许食用碱调水和成面团，在清水中揉搓分离出蛋白质和淀粉，在淀粉中倒入清水放一点食用碱调成面浆，舀入平底铁盘中蒸熟，晾凉后切成细条即成为酿皮子（如果加入各色食用色素，可使酿皮呈现黄色、红色、绿色），蛋白质蒸熟后成为柔韧多孔的面筋，晶莹黄亮，雪白如玉，调上辣椒油、蒜汁、芥末、酱油、精盐和食醋，其味酸辣清凉，软韧筋柔，成为夏天解热清暑的美味佳肴。

六　清爽溜滑浆水面

浆水面是以浆水做汤汁的一种面条，兰州浆水面先把芹菜、箭杆白菜、莲花菜煮熟投入面汤，加上浆水酵子，盛入缸内存放发酵3天，即可成为酸爽可口的浆水。浆水里含有人体需要的酶，清暑解热，促进食欲。浆水面是先把手工面擀成，下锅煮熟，用凉开水浸过，盛到碗里，浇上油炝的葱花、花椒水，调入辣椒油，撒上香菜末，再舀上浆水调制而成。如果食用时加上油炸虎皮辣椒、凉拌龙豆、黄瓜等佐料，其味清爽溜滑，炎暑顿消，可解除疲劳，让人恢复体力。长期食用浆水面，对高血压、肠胃病和泌尿系统疾病有辅助治疗效果。

七　生津润肺热冬果

"热冬果"其实就是梨子，兰州梨子品质极佳，有生津解渴、滋润心肺之功效。兰州"热冬果"制作很简单，把冬果梨和冰糖一起烹食。因为冰糖甘甜湿润，归经入肝，冬果梨和冰糖结合对心腹胀满、口干咽痛、肺肠燥热均有疗效，还会甜上加甜，是宴待亲友的佳品。

八　别具一格的藏族风情美食

随着旅游业的发展，甘南藏族自治州作为一个新的旅游热点已经被越来越多的游客知晓，并慕名前往，所以甘南藏族自治州旅游业发展的同时，也促进了餐饮业、交通业等各业的发展，促进了甘南州整体的发展。形成了以藏族独有的——酥油糌粑、藏包子、蕨麻米饭、蕨麻猪等——特色食品，同时，酥油茶、沃奶子、牦牛酸奶也成为游客的新宠，大家争相感受民族风情的魅力。

第四篇

传承与展望

第十三章

甘肃黄河流域生态保护与高质量发展

甘肃是黄河重要水源补给区。黄河全长约5464公里，面积约79.5万平方公里，其中，甘肃段长约913公里，约占总面积的18%。作为《全国主体功能区规划》确定的全国生态安全战略"两屏三带"格局中的重要组成部分，黄河流域甘肃段承担着保障水源涵养、下泄流量、水土保持、维系生态安全的重要功能，对保障国家生态安全具有不可替代的作用。

2019年9月，习近平总书记在黄河流域生态保护和高质量发展座谈会上强调指出，黄河文化是中华文明的重要组成部分，是中华民族的根和魂。新中国成立后，党和国家对治理开发黄河极为重视，把它作为国家的一件大事列入重要议事日程，取得了举世瞩目的成就。抚今追昔，我们更加深刻理解毛泽东提出"要把黄河的事情办好"伟大号召的重要战略意义，以及在这一号召指引下所取得的巨大成就。要深入挖掘黄河文化蕴含的时代价值，讲好"黄河故事"，延续历史文脉，坚定文化自信，为实现中华民族伟大复兴的中国梦凝聚精神力量。习近平总书记的重要讲话是黄河文化保护传承弘扬的根本精神。

第一节 战略定位

一 甘肃是黄河流域重要的水源涵养区和补给区

甘肃省地处我国西北干旱区、青藏高原区和东部季风区三大自然区的交会地，是国家"两屏三带"生态安全战略格局中的青藏高原生态屏障、黄土高原—川滇生态屏障和北方防沙带，生态功能极其重要，是黄河流域重要的水源涵养区。祁连山被誉为河西走廊"生命线"和"母亲山"，是黄河流域重要水源产流地。甘南高原在涵养水源、调节洪峰等方面起着十分重要的作用。黄河每年在甘肃获得补水约137亿立方米，其中仅玛曲段就获得补水85亿立方米[1]。渭河、泾河、洮河、大夏河等河流是黄河重要的补给水源。基于甘肃是黄河流域水源涵养区和补给区的战略定位，以提升水源涵养能力为目标，统筹推进山水林田湖草系统治理，加大流域治理和水土流失综合治理力度，是甘肃责无旁贷的责任担当。

二 甘肃是黄河流域水资源利用的标杆区

甘肃是严重缺水的省份，省内大部分地区常年干旱少雨，水资源时空分布不均，多年平均降水量只有276.9毫米，人均水资源量只有1152立方米，亩均水资源量只有389立方米，河川径流量受降雨量影响变化幅度较大。[2] 受全球气候变化、用水结构等的影响，甘肃黄河流域水资源供需矛盾日益突出，沿黄流域用44%的水资源量支撑着全省70%的人口和经济总量。为破解这一矛盾，甘肃实行最严格的水资源管理制度，建立流域节水评价机制，发展节水产业、技术与模式，实施全社会节水行动，加快重大跨流域调水工程

---

[1] 赵映东：《黄河甘肃段干支流输沙情况及治理保护建议》，《中国水利》2019年第23期。
[2] 曾发琛：《甘肃省黄河流域水资源开发利用存在问题及对策研究》，《甘肃水利水电技术》2016年第2期。

建设，建成引洮一期、引洮入潭、古浪黄花滩生态移民供水等引调水项目，为黄河流域其他省份提供了示范和经验。

三 甘肃是黄河流域乡村振兴的主区域

由于历史、自然条件等原因，甘肃沿黄区域多是生态脆弱区、民族地区、革命老区和"一带一路"的叠加交织区域，经济社会发展相对滞后，贫困人口多、贫困程度深，人民日益增长的美好生活需要和不平衡不充分的发展之间的矛盾突出。甘肃不断发展特色产业，拓展增收渠道，推动基础设施、公共服务向农村延伸，逐步缓解城乡发展不平衡状况，持续巩固拓展脱贫攻坚成果，打造黄河流域乡村振兴样板，确保黄河流域生态保护和高质量发展的宏伟蓝图实现。

四 甘肃是黄河文化保护弘扬的示范区

甘肃黄河文化历史悠久、特色鲜明，大地湾文化、马家窑文化、齐家文化等都发源于黄河一级或二级支流上[①]，敦煌莫高窟、麦积山石窟等世界文化遗产影响深远，红军长征路线成为中国工农红军革命历史的伟大见证。甘肃是黄河流域文化保护弘扬的示范区，深入挖掘黄河文化的当代价值，展现黄河文化魅力，打造黄河文化带，推动黄河文化旅游融合发展，提升发展内涵，是甘肃落实黄河流域生态保护和高质量发展国家战略的重要举措。

五 甘肃是黄河流域生态经济带建设的实验区

甘肃是黄河上游经济地带中的老工业基地，是黄河流域生态经济带建设的实验区，生态产业发展势头强劲，沿黄区域产业结构不断优化，十大生态产业建设初见成效，建成了以兰州、白银、金

---

① 赵映东：《黄河甘肃段干支流输沙情况及治理保护建议》，《中国水利》2019 年第 23 期。

昌、嘉峪关、天水等城市为主的工业基地。面对经济发展新挑战，甘肃通过调结构、转方式，建立现代化经济体系，建设绿色生态产业示范区、生态保护性农业示范区等，培育经济增长的新动能，为全流域提供模式借鉴。

第二节 现实问题

一 水源涵养功能出现退化

受全球气候变暖等自然条件变化影响，甘肃省黄河干流及主要支流的源头地区生态环境呈逐步恶化趋势，作为重要水源涵养区的甘南高原草场存在严重沙化退化现象，草原生产能力大幅下降，湿地面积锐减等问题，致使黄河干流玛曲段、洮河、大夏河等河流来水呈衰减趋势，已经严重威胁到黄河上游水量的汇集和生态系统的安全。

二 生态补偿机制亟待完善

在实践中存在如下几种情况：一是生态补偿法律基础欠缺，生态补偿立法进程已经明显滞后于生态补偿实践；二是生态补偿技术体系亟待确立，目前尚缺乏对甘南草地生态系统相对统一完善的生态补偿标准核算方法体系；三是甘南黄河水源补给区生态补偿方式有待明确。

三 沿黄流域发展不平衡问题突出

城乡之间的基础设施发展失衡，医疗卫生、教育资源等公共服务差距明显。产业结构失衡，经济增长方式粗放，产业结构以资源输出型为主，科技投入不足，社会信息化程度、数字经济发展水平仍全面处于全国下游，高质量发展的动力系统尚未形成，科技创新欠缺。现代产业发展缺乏完整的配套服务支撑体系，经济与科技创新、现代金融、人才资源之间存在不协调现象，企业自主创新能力普遍不高。

四 黄河文化的传承保护不够

甘肃在黄河文化的传承、保护与利用方面还存在不少问题，主要表现为重硬轻软、手段单一，注重文物古迹物理形态的保护，缺少对黄河文化时代价值的挖掘、传承和展现，流域内文化保护传承的碎片化现象存在，未能运用数字化手段对黄河文化进行传播，黄河文化的开发利用程度不高，偏重旅游开发层面，缺乏对文化价值的深度挖掘、文化传承体系的构建，文化影响力、传播力、感染力均显不足。

第三节 发展建议

一 科学制定对策，提升水源涵养功能

一是科学评估甘南临夏黄河重要水源区水源涵养功能现状，甄别和量化人类活动和气候变化对水源涵养功能的影响。二是精准研发甘南临夏黄河重要水源区水源涵养功能提升技术体系，提升甘南临夏黄河重要水源地水源涵养功能，综合提升生态保护方案。三是实施有针对性的系统性治理工程。四是建构节约能源资源＋保护生态环境的产业结构。五是建议国家在编制黄河流域生态保护和高质量发展规划纲要和各专项规划时，将甘肃省整体纳入规划范围。六是设立甘南州草原生态管护公益岗位，把农牧民群众转化为草原及林业生态管护员。

二 建立生态补偿机制，加快黄河流域生态保护与治理步伐

一是积极促进相关法律法规制定，实现生态补偿程序化、法制化。二是构建多元补偿机制，不断优化政府主导模式，以资金和实

物补偿等造血式补偿为主，以政策、项目和智力技术补偿等输血式方式为辅；同时，建立以市场调节为手段、以法律保障为前提的生态保护补偿机制。三是准确测算补偿标准。四是建议国家强化对生态补偿的干预力度，建立甘南黄河上游生态保护与修复治理基金、建立国家生态补偿专项基金，加快水资源税费制度改革，落实水量分配和水权制度，科学合理征收流域生态补偿费，加大水源保护支持力度。五是立足于省情，积极探索多元化生态补偿工作机制，探索适合本地实际的生态补偿路径。六是将甘南州的湿地全部纳入湿地生态效益补偿试点范围。七是提高原有的纵向补偿标准，提高农牧民响应政策的积极性。

三 发展生态产业，加快培育经济新动能

有关部门考虑可利用土地和水资源、生态系统脆弱性、环境容量、人口集聚度、经济发展水平等因素，着力发展生态产业，创新生态文明建设模式，强化各类要素支撑，推动区域高质量发展。沿黄农业产业带要发展现代农业，做强做优现代丝路寒旱农业，促进农业与休闲、旅游、文化、教育等产业的深度融合。实施创新驱动战略，大力发展智能制造、新一代信息技术等新兴产业，扶持科技型中小企业、高新技术企业、创新型企业发展，培育企业家精神，形成以创新为引领的经济体系和发展模式。

四 制定专门立法，强化法治保障

黄河流域的高质量发展离不开高质量的法治环境。国家层面应抓紧制定《黄河法》，通过立法明确流域管理机构职责，完善黄河流域空间管控、环境总体规划、污染防治、生态保护与修复、生态补偿、流域综合监管等制度。国家立法面临诸多困难，甘肃应先行先试，开展《甘肃省黄河流域生态保护条例》《甘肃省黄河工程管理条例》《甘肃省水资源节约利用条例》等地方立法工作，科学制

定发展规划，明确甘肃黄河流域生态环境保护监管体制，健全流域联防联控机制、生态文明考核机制、环境资源税收制度等，为黄河开发和保护提供法治支撑。加大环境资源司法保护力度，探索跨区域纠纷解决的联动联调机制，加强与周边省区在立案、审判、执行等方面的司法合作，发挥司法的服务保障作用。

第十四章

甘肃黄河文化遗产系统保护

习近平总书记强调要推进黄河文化遗产的系统保护，守好老祖宗留给我们的宝贵遗产。因此要深入贯彻落实习近平总书记对甘肃的重要讲话和指示精神，全面开展黄河文化遗产资源调查和认定，对黄河文化遗产进行分类，树立连片整体利用的思维，分区规划布局。加大黄河文物保护和非遗保护传承力度，突出系统性、整体性和科学有效性，全面夯实保护基础，守好甘肃黄河文化的历史根脉。

第一节 开展黄河文化资源普查整理

一 开展黄河文化资源普查工作

相关部门结合中华文化资源普查工程，全面开展文物、非遗等黄河文化资源调查、统计、分类、评估、定级工作，厘清甘肃黄河文化资源底数，形成数据台账和资源地图。

二 推进黄河文化资源数字化建设

相关部门开发建设甘肃黄河文化资源云平台，推进基础档案、影像素材的数字化管理，形成线上线下相统一的精细化管理体系，打造准确权威、开放共享的公共服务平台和宣传展示平台。

三 实施黄河文化资源整理出版工程

有关部门应利用黄河文化资源普查结果，分类编制黄河文化遗产资源档案和保护开发目录，出版发行《甘肃黄河文化资源名录》和"一本图册看黄河"精品资源图册，积极开展黄河文化古籍文献收集整理和数字化保护利用工作。

第二节 加大黄河文物保护力度

一 推进黄河文物系统保护

有关部门应积极参与"中华文明探源工程"和"考古中国"重大项目，做好黄河流域重点文物考古发掘工作，深入推进大遗址、石窟寺保护工程，加强革命文物集中连片保护利用，实施古城古建、古村古居、古渡古驿整体保护，支持重点考古和文物保护研究基地建设，开展黄河文物保护合作交流，鼓励历史文化价值突出、代表性强、影响力大的黄河文化遗址申报世界文化遗产。

二 强化黄河文物保护管理

有关部门应坚守文物安全底线，健全文物法规制度体系，实施区划管控，统筹推进黄河文物抢救性保护和预防性保护，协同推进文物本体保护与周边环境保护，强化文物安全防范设施建设，实施文物保护动态监测，分步建设全省黄河文化遗产监测预警体系，研究制定相关标准体系，提升文物保护科技化、数字化水平。

三 实施黄河文物保护示范工程

有关部门应实施一批具有标识功能和示范效应的重大文物保护工程和重点保护项目，高标准建设数字化体验型大地湾文化遗址公园，加快推进长城国家文化公园建设，实施甘肃石窟艺术长廊整体保护展示工程，支持马家窑、大堡子山、金川三角城等遗址创建国家考古遗址公园，推进黄河干支流文化遗产示范区建设，支持敦煌、天水等地创建国家文物保护利用示范区。

第三节 加强黄河非物质文化遗产保护传承

一 健全非物质文化遗产保护体系

有关部门应加强对黄河非遗的重要载体和空间保护，全面推进分级分类保护，健全完善代表性非遗项目名录体系，统筹推进非遗抢救性保护和生产性保护工作，注重区域性整体性保护和跨区域协同保护，大力实施文化生态保护试验区建设，健全甘肃黄河流域非遗知识产权服务体系。

二 提高非物质文化遗产保护传承水平

有关部门应大力实施黄河流域文明发源文化发祥非遗保护工程，积极开展非遗保护传承理论研究，推动非遗数字化保护和活态传承，加大对非遗传承人的扶持力度，促进非遗全方位创新融合发展。注重加强对地方戏曲、特色民俗、传统技艺、传统节庆的保护，建设一批具有黄河文化韵味的非遗街区、特色村镇、主题公园等，申创一批"中国民间文化艺术之乡"。

三 创新非物质文化遗产传承利用方式

有关部门应加强非遗综合展示和传承实践，推进多元化、多层次的传习基地建设。建设一批非遗代表性项目传习体验中心，开发一批非遗文化衍生产品，积极提升非遗展演水平和实践频次，探索设立"黄河非遗曲艺书场"，大力扶持曲艺驻场演出。支持筹办黄河非物质文化遗产周活动，积极参与国家黄河非遗大展及其他省区举办的非遗宣传展览活动。

第十五章

甘肃黄河文化旅游新格局的构建

第一节 建设黄河国家文化公园

一 构建甘肃黄河文化标识体系

有关部门应整合甘肃黄河文化资源，构建以始祖文化、红色文化、治水文化、生态文化等为代表的黄河文化精神标识体系，以大地湾、马家窑、麦积山石窟、炳灵寺石窟及花儿、皮影等为代表的黄河文化遗产标识体系，以黄河首曲、黄河三峡、黄河石林、渭河源、崆峒山等为代表的黄河文化地理标识体系，形成黄河国家公园资源主干，打造黄河国家文化公园甘肃地标。

二 完善黄河国家文化公园功能

有关部门应统筹推进管控保护、主题展示、文旅融合、传统利用四类主体功能区建设，实施保护传承、研究发掘、环境配套、全域旅游、数字再现等重点项目，形成集保护、传承、展示、利用功能于一体，具有特定开放空间的公共文化载体，全面提升甘肃黄河文化综合利用价值。

三 建设黄河文化精品展示廊道

有关部门应按照黄河主干水系和重点资源分布，着力打造洮河文化廊道、渭河文化廊道、泾河文化廊道、绿洲文化廊道四大黄河文化精品展示带，充分发挥"黄河文化+"融合示范效应，加快培育文化产业聚集带和文旅消费经济带，切实发挥黄河国家文化公园助力经济社会高质量发展的重要作用。

第二节　放大黄河文化旅游综合效应

一　培育文旅融合新业态

有关部门应按照"宜融则融，能融尽融"原则，整合各类资源动力要素，加快推动黄河文化与商务会展、生态康养、休闲度假、户外运动、赛事活动、红色励志、研学体验等领域深度融合，提高产业关联度和附加值。大力发展黄河文化主题酒店、特色民俗、休闲街区等，积极培育黄河旅游驻场、实景演艺精品，因地制宜发展中小型、主题型号、特色类旅游演艺项目。

二　打造文旅融合新支撑

有关部门应深入推进全域旅游示范区、文化产业示范园区、文化旅游产业融合发展示范区创建行动和旅游大景区提质增效行动，集中建设、提升一批黄河文化创意产业园区（基地），重点打造一批文旅融合示范村镇，改造一批城市文化游憩功能街区，推动公共文化机构旅游功能化改造提升，将黄河文化的传承展示体验融入旅游设施和服务，打造宜居宜游宜业的综合服务空间。

三　构建文旅融合新市场

旅游产业借助文化产业市场进行文脉挖掘寻找文化依托，文化产业借助旅游产业市场增加经济附加值获取更多收益。文化产业与旅游产业融合的过程中，应当坚持以市场为主体，让市场在资源配置中发挥决定性作用，政府起到辅助、支持的作用，做好监督、纠正的角色。也就需要加强旅游与文化产业的发展环境的构建，营造一个良好的市场消费环境与产业发展投资环境。在两大产业的市场融合发展中，必将加大旅游与文化市场的开发深度与开放广度。

第三节 创新培育黄河文化旅游品牌

一 打造甘肃黄河文化旅游龙头品牌

所有旅游目的地都具有自然、历史、文化等核心旅游吸引物，应当围绕区域内核心吸引物进行旅游形象构建，再将旅游目的地打造成一个具有响亮名称、突出标志的代表性的地方品牌，也称为龙头品牌。

一是甘肃黄河文化旅游发展应当紧紧围绕黄河水系这一空间结构中的主体场域，贯通甘肃省各市，打造甘肃旅游"大景区"。深挖并围绕黄河文化进行旅游资源开发，做精做细旅游产品，从大处着眼从小处着手，逐步打造旅游目的地地方品牌。二是甘肃黄河文化应以兰州"百里黄河风情线"为龙头，带动黄河流域四州市，根据自身的黄河旅游文化资源进行分化发展，逐步形成"两州两市黄河文化旅游片区"。再辐射到甘肃其他市域范围内，围绕黄河文化发展旅游，建立特色品牌优势。三是建立黄河文化旅游龙头品牌，需要紧抓黄河文化旅游资源，发展符合现代旅游特质和需求的黄河溯源自驾游、自助游和自由游，追寻黄河的流淌脚步与变迁；同时发展文化遗址观光旅游、自然生态旅游、民俗文化旅游、休闲度假旅游，通过传统文化旅游产品的升级换代和新型文化旅游产品的创新再造结合，并且要紧抓现有的文化旅游品牌，大力发展沿黄河举办的"兰州国际马拉松"，加大对于黄河文化的宣传与推广，逐步完善黄河文化旅游节等节事活动，使"两州两市黄河文化旅游片区"发展成为黄河文化旅游的核心及龙头品牌。

二 发展甘肃黄河文化旅游特色品牌

在打造龙头品牌的同时也应当注重其他地区的协同发展，主要以三个次级场域为核心，融合甘肃特有的旅游文化资源，如始祖文化、丝绸之路文化等，打造甘肃黄河文化旅游的特色品牌。

第一，陇东南五市重点发展以伏羲庙、大地湾遗址等为代表的华夏寻根祭祖旅游；同时主要开发以崆峒山、武山温泉为基础的养生旅游；以马家窑文化和齐家文化为依托的农耕文化旅游以及以红色南梁、会宁会师等为核心的红色文化旅游。通过"陇东寻根文化、农耕文化和红色文化全域旅游片区"的规划和打造，使之成为我国最重要的中华祖脉文化旅游线路，构建甘肃寻根文化的特色品牌。

第二，以甘南、临夏少数民族自治州为核心，深入挖掘多元的少数民族文化，打造民族文化全域旅游区。在巩固临夏—甘南回藏民俗风情草原风光旅游和肃南—肃北—阿克塞民俗风情旅游的基础上，推进对原有基础较好、景区建设已有一定规模或拥有一定国内外影响的夏河拉卜楞寺、桑科草原等景区的开发建设；加强南线旅游平台建设的薄弱部位，即临夏州的旅游开发。将莲花山、松鸣岩等山地景观与东乡、保安等特色民俗风情资源联合开发，深度发掘、展示宝贵的民俗风情，使甘肃民俗风情全域旅游片区成为我国民俗风情旅游的重要基地和示范区，构建甘肃民俗风情的特色品牌。

第三，深入挖掘河西走廊地区丝绸之路文化旅游特色，紧抓以敦煌为核心的"河西走廊国际文化旅游廊道"，贯通河西五市，重现古丝绸之路河西走廊的繁盛。以河西走廊为龙头，率先打造"丝绸之路国际文化旅游廊道"文化旅游发展示范区，优先以"河西走廊国际文化旅游廊道"作为推进甘肃黄河文化旅游的次级场域，通过"一廊多点"的规划和发展，把河西走廊五市按照丝绸之路文化的内在逻辑脉络连接起来，辐射丝绸之路上的天水、平凉、兰州、等重要的历史文化名城，形成甘肃文化旅游发展的国际品牌，打造甘肃丝绸之路文化旅游特色品牌。

第四节 优化黄河文化旅游服务功能

一 推进黄河风景道体系建设

有关部门应依托黄河干流及湟、洮、渭、泾等支流岸线和主干道路分布，强化城镇、村落、景区之间的衔接和沿线生态环境综合治理、自驾营地、绿道系统建设等内容，打造一批景观优美、体验性强、带动效应明显的自然与人文风景道。

二 完善文化旅游配套服务设施

有关部门应以补短板、拓功能、促衔接、强服务为重点，加快构建黄河流域"快进慢游"现代综合交通体系，优化提升三级旅游集散中心体系，高质量推进"厕所革命"，大力发展黄河文化特色民宿，健全完善旅游安全保障体系，全面提升旅游服务保障能力。

三 实施文化旅游智慧赋能行动

有关部门应深入黄河流域推进智慧文旅服务体系建设，优化提升"一部手机游甘肃"综合服务平台，加快5G、AI等新技术在智慧文旅消费场景中的应用，促进线上线下文旅信息服务同步融合发展，持续推进智慧城市、智慧景区、智慧交通建设，全面提升文化旅游智能化、信息化服务水平。

参考文献

一 著作

宋瑞、金准、吴金梅：《"一带一路"与黄河旅游》，社会科学文献出版社 2017 年版。

王明德：《从黄河时代到运河时代：中国古都变迁研究》，巴蜀书社 2008 年版。

赵荣光：《中国饮食文化史·黄河中游地区卷》，中国轻工业出版社 2013 年版。

郎树德、贾建威：《甘肃考古文化丛书·彩陶》，敦煌文艺出版社 2004 年版。

临夏州志编制委员会：《临夏回族自治州志》，甘肃人民出版社 1993 年版。

刘再聪：《民以食为天：甘肃饮食民俗》，兰州大学出版社 2009 年版。

游修龄：《中国农业通史·原始社会卷》，中国农业出版社 2008 年版。

费正清：《剑桥中国晚清史》上卷，中国社会科学出版社 1996 年版。

朱士光：《黄河文化丛书·黄河民俗卷》，陕西人民出版社 2001 年版。

郭厚安、陈守忠：《甘肃古代史》，兰州大学出版社 1989 年版。

刘德久、张安塞主编：《文苑卷》，山东人民出版社2001年版。
张华侨、王健：《中国黄河调查》，湖北人民出版社2006年版。
薛麦喜：《黄河文化丛书·民俗卷》，陕西人民出版社2001年版。
林少雄：《甘肃彩陶的文化意蕴》，甘肃教育出版社1997年版。
《中华文明史话》编委会：《中华文明史话》黄河史，中国大百科全书出版社2007年版。
张紫晨：《中国民俗与民俗学》，浙江人民出版社1985年版。
康秀林：《环县道情皮影志》，甘肃文化出版社2006年版。
王星光：《黄河与科技文明》，黄河水利出版社2000年版。
《中国古代诗歌流变》木斋，京华出版社1998年版。
夏鼐：《中国文明的起源》，文物出版社1985年版。
钱穆：《中国文化史导论》，商务印书馆1988年版。
梁和平：《走进甘南》，甘肃人民出版社2005年版。
董恒年：《美丽甘肃》，蓝天出版社2014年版。

二 期刊

彭岚嘉、王兴文：《黄河文化的脉络结构和开发利用——以甘肃黄河文化开发为例》，《甘肃行政学院学报》2014年第2期。
王连旗、崔广庆、高汝东：《先秦秦汉时期陆上丝绸之路与中国西北边疆安全》，《塔里木大学学报》2017年第1期。
唐荀：《文明的曙光 陶苑的绝响——事前黄河流域彩陶文化的地域性特征》，《艺术评论》2007年第7期。
王兴堂、蒋晓春、黄秋莺：《黄河流域新时期时代陶鼎文化初探》，《中国陶瓷》2008年第7期。
王生鹏、孙永龙：《甘肃旅游资源与文化资源整合战略研究》，《西北民族大学学报》2010年第3期。
刘长庆、王桂琴：《论我国早期的佛经翻译特点——从东汉到西晋》，《襄樊学院学报》2006年第4期。
高军：《华夏文明传承创新区背景下兰州黄河文化传承的思考》，

《文学教育》2017年第9期（上）。

张海燕、王忠云：《旅游产业与文化产业融合发展研究》，《资源开发与市场》2010年第4期。

王俊国：《魏晋南北朝黄河中游区域的饮品文化》，《安阳工学院学报》2005年第3期。

吕军旺：《汉唐初年统治阶层指导思想之比较》，《内蒙古农业大学学报》2011年第6期。

冯英：《大月氏对汉代中外文化交流的贡献》，《广东第二师范学院学报》2011第2期。

乌丙安、向云驹、潘鲁生、赵屹：《中国民间文化分类》，《中国民族》2003年第5期。

王兴文：《论宁夏黄河文化的内涵及其符号表达》，《西夏研究》2015年第6期。

李民、史道祥：《黄河文化的历史价值》，《郑州大学学报》1994年第6期。

惠富平：《清末民初兴农思想述评》，《南京农业大学学报》2003年第1期。

鲁涛：《留美幼童与近代中国实业》，《东北农业大学学报》2010年第5期。

王雪萍：《先秦饮食文化的区域特征》，《青海社会科学》2006年第4期。

曾骐：《黄河流域史前文化中的彩陶》，《中山大学学报》1992年第4期。

王志远：《黄河流域宗教文化发展论略》，《运城学院学报》2002年第2期。

李振宏、周雁：《黄河文化论纲》，《史学月刊》1997年第6期。

吴福环：《总理衙门与洋务运动》，《河北学刊》1994年第1期。

尤农、亚奎：《马家窑文化》，《甘肃教育》2007年第7期。

林铎：《切实担负起黄河上游生态保护重任》，《求是》2019年第

20 期。

赵映东:《黄河甘肃段干支流输沙情况及治理保护建议》,《中国水利》2019 年第 23 期。

曾发琛:《甘肃省黄河流域水资源开发利用存在问题及对策研究》,《甘肃水利水电技术》2016 年第 2 期。

三 报纸

王朝霞、杨唯伟:《甘肃着力推进黄河流域治理保护》,《甘肃日报》2020 年。

徐哲:《积极探索黄河生态司法保护机制》,《濮阳日报》2019 年。

后　　记

　　《甘肃黄河文化》这本书在编写过程中不断地充实、修改、完善，在写书的过程中也在无形中接受了甘肃黄河文化的熏陶。生于甘肃、长于甘肃又工作在甘肃，虽然已在甘肃扎根数十年，一直处于甘肃黄河文化的氛围之中，但每次对此做一些相关研究，依然会心潮澎湃，被甘肃黄河地区人民艰苦不饶的奋斗精神所感动。作为一名本土学者，最大的愿望便是希望甘肃的黄河文化能够得到保护、传承和发展。

　　在本书编写过程中，作者尽量避免使用学术化的语言，就是希望让普通人也能够了解甘肃，了解甘肃的黄河文化，让更多的人来甘肃走一走、看一看，让甘肃不仅仅是社会刻板印象中又穷又落后的形象，也不是只有敦煌文化和丝绸之路文化，还有更多的文化值得大家去了解和探索。

　　全书由梁旺兵、席武辉负责整体提纲的设计、修改及统稿，梁旺兵、甘伟、席武辉、魏欣分工写作，雷雪、张馨月、高璐、申聆慧、曹智辉、易义湘、田红旭、郝冉、张瑞丽、刘惠参与了资料搜集、整理、实地调研、校对等工作，谨致谢忱！

　　本书在编写过程中，张克复先生、王知三先生、王中王先生等提出了很多诚挚、宝贵的意见，中国社会科学出版社的马明编辑对本书的出版给予了大力支持。没有他们的支持，本书是难以完成的，特此致谢！

　　黄河文化博大精深，源远流长，本书肯定难以窥其全貌，本书只是抛砖引玉，希望能够为黄河文化的传承发展有所裨益。由于水平有限，疏漏之处在所难免，敬请广大读者批评指正。

编著者

2023 年 5 月于兰州